SAVOIR DIRE

COURS DE PHONÉTIQUE ET DE PRONONCIATION

DIANE M. DANSEREAU
UNIVERSITY OF COLORADO DENVER

ENHANCED SECOND EDITION

CENGAGE
Learning·

Australia • Brazil • Japan • Korea • Mexico • Singapore • Spain • United Kingdom • United States

CENGAGE
Learning®

Savoir dire: Cours de phonétique et de prononciation Enhanced Second Edition
Diane M. Dansereau

Product Director: Beth Kramer

Senior Product Manager:
Martine Edwards

Product Development Manager:
Katie Wade

Managing Content Developer:
Harriet C. Dishman

Associate Content Developer:
Daniel Cruse

Product Assistant:
Zenya Molnar

Media Producer:
Amanda Sullivan

Marketing Manager:
Sean Ketchem

IP Analyst: Jessica Elias,
Christina Ciaramella

IP Project Manager: Farah Fard

Manufacturing Planner:
Betsy Donaghey

Art and Design Direction,
Production Management,
and Composition:
Lumina Datamatics, Inc.

For product information and
technology assistance, contact us at **Cengage Learning
Customer & Sales Support, 1-800-354-9706**

For permission to use material from this text or product,
submit all requests online at **www.cengage.com/permissions**
Further permissions questions can be emailed to
permissionrequest@cengage.com

Library of Congress Control Number: 2015940369

ISBN-13: 978-1-305-65259-0

Cengage Learning
20 Channel Center Street
Boston, MA 02210
USA

Cengage Learning is a leading provider of customized learning solutions with office locations around the globe, including Singapore, the United Kingdom, Australia, Mexico, Brazil, and Japan. Locate your local office at **www.cengage.com/global**

Cengage Learning products are represented in Canada by Nelson Education, Ltd.

To learn more about Cengage Learning, visit **www.cengage.com**

Purchase any of our products at your local college store or at our preferred online store **www.cengagebrain.com**

À mes étudiants

Printed in the United States of America
Print Number: 01   Print Year: 2015

Table des matières

Deuxième partie   Les voyelles et les semi-voyelles   59

Chapitre 3   Étude détaillée des voyelles orales   62

Chapitre 4 Étude détaillée des voyelles nasales   130

Liste des figures

Liste des tableaux

Avant-propos

Le cours: Buts et méthodes

Ce livre a été conçu pour une utilisation dans le cours de phonétique et de prononciation généralement offert en troisième année d'études de français dans les universités américaines. Son objectif principal est d'aider l'étudiant anglophone à améliorer sa prononciation de la langue française. À cette fin, nous visons à enseigner non seulement les sons (voyelles, consonnes et semi-voyelles), mais aussi la prosodie, c'est-à-dire les phénomènes de la langue parlée portant sur des segments qui se situent au-delà du niveau des sons, phénomènes tels que l'intonation, l'accentuation, la division syllabique et le rythme. Ce sont précisément ces nuances au niveau prosodique qui permettent de distinguer la prononciation d'un Américain qui parle bien la langue française de celle d'un Français.

Pour illustrer tous ces différents aspects de l'enseignement de la phonétique, nous procédons de la manière suivante:

• Nous enseignons les symboles de l'alphabet phonétique international (API) qui correspondent aux sons du français. Ces symboles sont très importants parce qu'ils constituent une notation non ambiguë qui reflète les différences entre les sons en français. L'étudiant pourra donc tout d'abord comprendre, puis entendre, ces différences de prononciation, ce qui l'aidera dans son travail de prononciation. De plus, la connaissance des symboles phonétiques sera utile à l'étudiant, qui pourra ainsi lire correctement les mots inconnus à partir de leur transcription phonétique dans le dictionnaire.

• Nous donnons la liste des *Organes de la parole*, que l'étudiant doit mémoriser afin de pouvoir comprendre l'articulation des sons individuels.

• Nous décrivons l'articulation des sons, c'est-à-dire la manière dont les sons sont produits par les organes de la parole.

• Nous comparons les systèmes des sons et de la prosodie du français aux systèmes équivalents en anglais et signalons les *Tendances à éviter* pour l'étudiant anglophone.

• Nous présentons les rapports entre son et graphie, surtout pour les consonnes, car c'est là que l'étudiant anglophone a le plus de difficultés à identifier le son à partir de l'écrit.

• Nous expliquons les règles de prononciation en tenant compte de l'environnement phonologique. Nous traitons par exemple des règles établissant la distinction entre syllabes **ouvertes** et syllabes **fermées**, celles qui concernent les voyelles **d'aperture moyenne** et celles qui concernent les voyelles **toniques** ou **prétoniques**.

• Nous mentionnons les exceptions principales à ces règles en dressant une liste des groupes de mots individuels dont la prononciation diffère de celle prévue par les règles.

• Nous faisons remarquer l'importance de chaque son dans le système grammatical du français: par exemple, il faut bien prononcer le son [e] à la fin du participe passé des verbes en *-er: parlé*.

• Nous présentons les variations dialectales et stylistiques que l'étudiant entendra le plus souvent.

La description contenue dans ce livre est donc nécessairement linguistique et théorique, puisque la compréhension de la théorie aide l'étudiant dans la réalisation du but pratique que nous visons: l'amélioration de sa prononciation. Nous avons choisi d'écrire le livre en français, ce qui contribue également à l'amélioration des connaissances de l'étudiant, dans le domaine de la lecture aussi bien qu'en grammaire et en vocabulaire. Enfin, puisqu'il s'agit de prononciation, le livre s'accompagne d'un programme d'exercices oraux, disponibles en ligne sur le site étudiant du livre, que l'étudiant doit faire tout en progressant dans le texte.

Le livre: Structure et utilisation

La première tâche de l'étudiant de phonétique est de mémoriser les symboles de l'alphabet phonétique international qui correspondent aux sons du français standard, d'où les quatre phrases d'illustration du premier chapitre. Ces phrases contiennent tous les sons du français standard; donc en les mémorisant, l'étudiant apprend la relation entre ces sons et les symboles phonétiques qui les représentent.

Dans le premier chapitre, l'étudiant commencera aussi à se familiariser avec les grands traits de la prosodie française: la joncture, la syllabation, l'enchaînement, l'accentuation et l'intonation. Tous ces traits aussi bien que la liaison seront étudiés en détail dans le Chapitre 2.

Les chapitres qui suivent présentent des détails sur les sons individuels: voyelles orales, voyelles nasales, *e muet*, semi-voyelles et consonnes. Dans ces chapitres, on trouvera les sections suivantes:

• *Articulation* – ce qui explique la manière dont on produit le son
• *Orthographe* – ce qui donne la correspondance entre le son et ses représentations dans la langue écrite
• *Tendances à éviter* – ce qui énumère les interférences de l'anglais qui entraînent souvent une mauvaise prononciation chez l'étudiant anglophone

- *Le son et la grammaire* – ce qui souligne l'importance de bien prononcer le son dans des contextes grammaticaux
- *Variations dialectales et stylistiques* – ce qui présente des prononciations qu'on entend dans des dialectes et des styles de langue différents du français standard
- *Exercices d'application* – ce qui accorde à l'étudiant plusieurs possibilités d'entendre le son, de le prononcer à haute voix, de l'identifier à partir de symboles phonétiques et de le transcrire en symboles phonétiques

Les nombreux exercices de **Savoir dire** offrent des exemples de la langue parlée ainsi que de la langue littéraire et permettent au professeur de sélectionner ceux qui intéressent le plus sa classe. Les exercices écrits peuvent être ramassés pour une correction individuelle, corrigés par les étudiants chez eux ou corrigés en classe. (Le professeur peut fournir à ses étudiants la correction aux exercices, qui se trouve sur le *website* pour enseignants.) Quant aux exercices oraux, chaque étudiant pourra choisir ceux dont il a le plus besoin pour améliorer sa prononciation. Ces exercices peuvent être appris par cœur, présentés en classe, préparés pour des examens oraux ou simplement répétés.

Tous les renseignements donnés dans ce livre sont basés sur des études linguistiques récentes, dont une liste complète se trouve dans la *Bibliographie*. Ces lectures supplémentaires donnent la source de ces renseignements et fournissent aussi bien à l'étudiant qu'au professeur intéressé par la linguistique la possibilité d'approfondir leurs études de phonétique.

La langue parlée

Quand on considère la langue française parlée, les possibilités de variation de la prononciation sont énormes et dépendent de facteurs géographiques, sociaux et stylistiques. Dans ce livre, nous décrivons la langue parlée *standard*, c'est-à-dire le français de la région parisienne, des classes cultivées et de la conversation soignée, ce qu'on appelle *le bon usage*. En choisissant cette forme de la langue, nous ne voulons nullement prétendre qu'elle est meilleure que d'autres formes du français. Le terme *standard* veut dire que cette forme est *non-marquée*, c'est-à-dire qu'elle ne contient pas de traits phonétiques qui la marqueraient comme le parler d'un certain groupe géographique ou social. C'est le français *neutre* que l'étudiant entendra le plus à la télévision et à la radio. L'étudiant qui imite la langue *standard* n'aura aucun problème à se faire comprendre par les personnes dont la langue maternelle est le français, quel que soit leur propre dialecte.

Ceci dit, il faut aussi reconnaître qu'une langue parlée est vivante, dynamique, toujours en train d'évoluer. Il s'ensuit que dans certains cas l'usage de la prononciation *standard* tend à diminuer, tandis que dans d'autres cas, la prononciation encore considérée comme *non-standard* devient de plus en plus fréquente. Dans cette deuxième édition de *Savoir dire,* nous tenons compte de la nature changeante de la langue parlée.

La deuxième édition de *Savoir dire*

Dans cette édition de *Savoir dire* nous avons choisi de ne plus distinguer certains sons considérés comme *standard* lors de l'apparition de la première édition. (Il s'agit de la quatrième voyelle nasale [œ̃], de la voyelle postérieure [ɑ] et de la voyelle ouverte [ɛ] en syllabe ouverte.) Nous présentons plutôt une *norme pédagogique,* une prononciation parfaitement correcte et compréhensible, mais peut-être moins élégante que celle d'un orateur français. En même temps, nous ne négligeons pas les variations stylistiques citées ci-dessus: ce sont des prononciations que certains trouvent *conservatrices,* mais qui restent tout de même dans le parler de beaucoup de Français. Nous accordons aux professeurs qui préfèrent garder ces variations le moyen de les enseigner à partir de notes linguistiques, d'exercices supplémentaires et de corrections alternatives aux exercices. Tous ces détails permettent à l'étudiant de comprendre les nombreux types de prononciation qu'il entendra au cours de ses séjours dans le monde francophone.

Dans la description des sons individuels, nous avons ajouté les sections suivantes (décrites ci-dessus):

• *Tendances à éviter*
• *Le son et la grammaire*
• *Variations dialectales et stylistiques*

La deuxième édition contient de nombreux nouveaux exercices d'application, tels que:

• Transcription de symboles phonétiques en français écrit (il s'agit du français de tous les jours, et non de littérature comme dans la première édition)
• Exercices oraux de discrimination
• Exercices oraux pour souligner les *Tendances à éviter* ainsi que les sons importants à la grammaire (*Le son et la grammaire*)
• Répétition et transcription du français «parlé», par exemple des proverbes, des comptines, des expressions de tous les jours et des noms propres, pour complémenter les textes littéraires de la première édition

Le nouveau *website* pour enseignants comprend les rubriques suivantes:

- Clé aux exercices d'application
- Équivalents en anglais des proverbes et expressions de tous les jours employés dans le livre
- Suggestions détaillées pour la présentation du livre: Emplois du temps possibles, activités à faire en classe, contrôles continus et examens oraux et écrits
- Explications plus approfondies de certains phénomènes phonétiques que le professeur peut ou non donner à ses étudiants, selon leur niveau de sophistication linguistique

Dans la deuxième édition augmentée, le programme d'exercices oraux vient avec le livre.

Remerciements

J'aimerais remercier Sophie Raynard-Leroy pour sa lecture détaillée du manuscrit. Il faut aussi signaler et remercier Florence Kilgo du Département des Langues Mondiales du Houghton Mifflin Company et Stacy Drew de Elm Street Publications qui ont travaillé inlassablement à surmonter les nombreuses obstacles entraînées par la publication d'un manuel de phonétique française. Je tiens aussi à remercier Patricia Mosele qui m'a donné de la critique constructive et judicieuse et m'a offert des observations sensées à tous les stages dans la préparation de la deuxième édition de *Savoir dire*.

Diane M. Dansereau

La chanson du français

Du *a* jusques au *z* l'alphabet étudié,
Et toutes les voyelles ainsi bien prononcées,
Les voyelles nasales, aussi bien distinguées,
Et les semi-voyelles, extrêmement fermées.

Pas de diphtongues, souvenons-nous, quand nous parlons;
Quelques semi-voyelles, cependant, nous avons;
Les arrondissements aussi sont de saison
Et les voyelles *o* ouvertes elles sont.

La syllabe est fermée? La voyelle est ouverte!
La syllabe est ouverte? La voyelle est fermée!
Quant à la voyelle *e*, elle est parfois muette
Et les moindres accents, il faut les respecter!

La détente finale et le *h* aspiré,
Les consonnes finales rarement prononcées;
Attention toutefois à ne pas oublier
Le genre féminin qu'il faut bien préciser!

Enfin, c'est aux consonnes que nous arrivons;
Le *b* devient un *p* quelquefois nous savons;
Les liquides ont la force d'altérer tous les sons;
D'autres consonnes offrent aussi des variations.

Mes amis, prenez garde, faites bien attention!
Faites très attention, mes amis, attention
À cette multitude de règles et d'exceptions!
Une consolation? Les harmonisations!

N'oubliez pas: ni l'enchaînement, ni la liaison
Ni l'élision ni la correcte intonation.
C'est ainsi que tous ensemble nous allons
Du français faire une belle chanson!

Adaptation en alexandrins par Sophie Raynard-Leroy (mai 2004) du poème de Julian Bravo,
étudiant dans la classe de phonétique de Mme Dansereau (décembre 1995)

Première partie

Les symboles phonétiques et la prosodie

Chapitre *1*
Les organes de la parole et les symboles phonétiques

Les organes de la parole

On ne peut pas parler de sons sans parler des organes de la bouche et de la gorge, où ces sons sont articulés. Pour la liste des organes de la parole et leur représentation graphique, voir Figure 1.1.

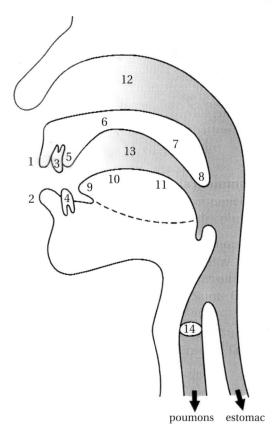

1. la lèvre supérieure
2. la lèvre inférieure
3. les dents supérieures
4. les dents inférieures
5. les alvéoles
6. le palais dur
7. le palais mou / le vélum
8. la luette / l'uvule
9. la pointe de la langue
10. la partie antérieure de la langue
11. le dos de la langue
12. la cavité nasale
13. la cavité buccale
14. les cordes vocales

poumons   estomac

Figure 1.1
Les organes de la parole.

La notation phonétique

Les sons du français se divisent en trois catégories: voyelles, consonnes et semi-voyelles. Nous étudierons la production de chacun de ces sons dans les chapitres suivants. Pour chaque son, il existe un symbole phonétique (de l'alphabet phonétique international). En étudiant la correspondance entre les sons et les symboles phonétiques, on apprend non seulement à distinguer les sons du français les uns des autres mais aussi à les prononcer mieux. Pour les symboles phonétiques qui correspondent aux sons du français, voir Tableau 1.1. Le Tableau 1.2 montre d'autres sons de l'anglais qu'on emploie dans ce livre.

Tableau 1.1 Les sons du français: l'alphabet phonétique international[1]

Voyelles	Consonnes	Semi-voyelles
[i] *ici*	[p] *papier*	[j] *yeux*
[e] *bébé*	[b] *bébé*	[ɥ] *lui*
[ɛ] *belle*	[t] *tentative*	[w] *loué*
[a] *papa*	[d] *Dordogne*	
[ɑ] *pâte*	[k] *coquille*	
[y] *tu*	[g] *gorille*	
[ø] *peu*	[f] *face*	
[œ] *peur*	[v] *vive*	
[u] *tout*	[s] *salle*	
[o] *trop*	[z] *zodiaque*	
[ɔ] *donne*	[ʃ] *chiche*	
[ə] *le*	[ʒ] *gitan*	
[ɛ̃] *vin*	[l] *les*	
[ɑ̃] *dans*	[r] *rare*	
[ɔ̃] *bon*	[m] *marmite*	
[œ̃] *un*	[n] *nonne*	
	[ɲ] *vigne*	
	[ŋ] *parking*	

---

[1] Vous pouvez écouter la version audio du Tableau 1.1 audio en ligne. Ce tableau se trouve aussi à l'Appendice A.

Tableau 1.2 D'autres sons prononcés en anglais (américain standard) et employés dans ce livre[2]

Voyelles		Diphtongues
[ɒ] hot	[õ] on	[uʷ] two
[ʌ] cup	[ʌ̃] -un	[iʲ] sea
[æ] cat	[æ̃] and	[eʲ] say
[I] bit	[Ī] sing	[oʷ] sow

Les quatre phrases

Pour apprendre les sons du français et leur représentation en symboles phonétiques, nous allons étudier quatre phrases. Ces phrases offrent aussi une petite introduction aux autres éléments importants dans la prononciation du français: la syllabation, le rythme, l'intonation et l'accentuation. Nous étudierons ces traits en détail dans le Chapitre 2.

Pour chacune des quatre phrases dans ce chapitre, imitez le modèle que vous pouvez écouter en ligne, afin de:

• mémoriser la phrase
• bien distinguer les sons les uns des autres
• apprendre la syllabation, le rythme, l'intonation et l'accentuation de la phrase.

Étudiez aussi la phrase écrite afin de:

• mémoriser sa transcription en symboles phonétiques et la correspondance orthographe–symboles phonétiques.

Phrase 1

Patrick et sa femme Annick habitent à Lille, |
et ils passent le mois de février chez sa mère, |
qui est parisienne. |

[pa tri ke sa fa ma ni ka bi ta lil
e il pa slə mwa də fe vri je ʃe sa mɛr
ki e[3] pa ri zjɛn]

---

[2] Ce tableau se trouve aussi à l'Appendice A.
[3] La prononciation du verbe *est* peut varier entre [e] et [ɛ]. Nous étudierons ce phénomène au Chapitre 3.

Choses à remarquer sur la notation phonétique

- Les symboles phonétiques s'écrivent toujours entre crochets:
  parisienne = [pa ri zjɛn]

- Seuls les sons prononcés sont notés en symboles phonétiques.
  Ainsi,
  - si deux lettres écrites forment un son unique, on transcrit ce son par un seul symbole phonétique:

    ck = [k]   *mm* = [m]   *nn* = [n]   *ll* = [l]   *ss* = [s]

  - les lettres écrites mais non prononcées ne sont pas transcrites en symboles phonétiques:

    et, est = [e]   *habitent* = [a bit]   *femme* = [fam]

    passent = [pas]   *Lille* = [lil]

    ils = [il]   *mère* = [mɛr]

    mois = [mwa]   *parisienne* = [pa ri zjɛn]

    chez = [ʃe]

    février = [fe vri je]

Les voyelles dans la Phrase 1 sont:

[a]   dans   *Patrick, sa, Annick, habitent, à, passent, mois* ([wa]), *parisienne, femme* (une prononciation exceptionnelle)

[i]   dans   *Patrick, Annick, habitent, Lille, ils, février, qui, parisienne*

[e]   dans   *et, est, février, chez*

[ɛ]   dans   *mère, parisienne*

[ə]   dans   *le, de*

Note linguistique

La prononciation de la voyelle dans le verbe *est* peut varier entre [e] et [ɛ]. Nous étudierons ce phénomène dans le Chapitre 3.

Les semi-voyelles dans la Phrase 1 sont:

[j]   dans   *février*[4], *parisienne*

[w]   dans   *mois*

Les consonnes *p, t, r, s, f, m, n, b, l, v, d* sont représentées par des symboles phonétiques qui ont la même forme que les lettres alphabétiques correspondantes. Par exemple:

p = [p]

Remarquez aussi les consonnes suivantes:

[k]   dans   *Patrick, Annick, qui*

[ʃ]   dans   *chez*

[z]   dans   *parisienne*

Choses à remarquer dans la phrase entière

La syllabation ouverte

La tendance à terminer la syllabe en français par une voyelle prononcée (même à la jonction de deux mots) se voit dans la transcription phonétique de la Phrase 1. Remarquez que, bien que neuf des mots dans la phrase se terminent par une consonne prononcée, quand on les prononce dans la phrase, seulement trois de ces mots se terminent par une consonne prononcée (*Lille, mère, parisienne*):

Patrick et sa femme Annick habitent à Lille

[pa tri **k**e sa fa **m**a ni **k**a bi **t**a li**l**]

Notez qu'en anglais, on préfère une syllabation «fermée», c'est-à-dire la formation de syllabes dans lesquelles le dernier son est une consonne (comme *Lille* dans l'exemple ci-dessus)[5]. Comparez les mots suivants (où les syllabes fermées sont soulignées):

anglais	*français*
prob-lem-at-i-cal	*pro-blé-ma-tique*

Il faut ajouter toutefois que la syllabe dite «fermée» (c'est-à-dire terminée par une consonne prononcée) n'est pas impossible en français.

---

[4]Notez la prononciation en trois syllabes de ce mot: [fe vri je].

[5]Dans une étude de Delattre (1965), 74.1% des syllabes étaient ouvertes en français, comparé à 31.6% en anglais.

Elle se trouve même avec régularité. Ce qui est important pour la syllabation française, c'est que — **là où c'est possible** — la consonne se prononce avec la voyelle qui la suit. Comparez les deux phrases suivantes. Dans la première, la consonne du mot *il* se prononce dans la syllabe suivante, c'est-à-dire avec le mot *aime*. Dans la deuxième phrase on est obligé de prononcer le *l* dans la première syllabe puisqu'on ne peut pas le prononcer avec le *p* suivant:

> *Il aime* [i lɛm]   mais   *Il passe* [il pas]

Pour les détails sur la syllabation, voir Chapitre 2.

Les groupes rythmiques

En anglais, on marque la division entre mots par une petite rupture. Ceci permet la distinction entre des paires comme par exemple:

> *it stops*   et   *it's tops*

En français, par contre, il n'existe aucune pause ni rupture entre les mots d'une phrase. On n'entend aucune différence entre par exemple:

> *qui l'aime* [ki lɛm]   et   *qu'il aime* [ki lɛm]

La pause en français se trouve uniquement à la fin de chaque **groupe rythmique**. Ceci est un groupe de mots qui forme une unité grammaticale, par exemple:

> un groupe nominal: *Patrick et sa femme Annick*
> un groupe verbal: *habitent à Lille*
> un groupe prépositionnel: *chez sa mère*

Si l'unité grammaticale est longue, on peut la diviser en deux (ou plusieurs) groupes rythmiques. Si le groupe est court, on peut le combiner avec un autre groupe pour former un seul groupe rythmique: *Patrick et sa femme Annick habitent à Lille.*

L'intonation

Dans la Phrase 1, comme dans toutes les phrases déclaratives, l'intonation monte légèrement à la fin de chaque groupe rythmique à l'intérieur de la phrase, mais elle tombe à la fin du dernier groupe de la phrase. On marque l'intonation montante et descendante par des flèches. (On trouvera une discussion plus détaillée de l'intonation au Chapitre 2.)

> *Patrick et sa femme Annick habitent à Lille,* |
> *et ils passent le mois de février chez sa mère,* |
> *qui est parisienne.* |

Remarquez que la division en groupes rythmiques peut varier selon le locuteur (la personne qui parle), le niveau de langue et la rapidité du parler. Par exemple, dans le cas de la phrase ci-dessus, si on parlait plus lentement, on pourrait dire:

> *Patrick et sa femme Annick* | *habitent à Lille,* |
> *et ils passent le mois de février* | *chez sa mère,* |
> *qui est parisienne.* |

L'accent tonique

En français, on ne prononce qu'un seul accent dans chaque groupe rythmique, et celui-ci tombe toujours sur la dernière syllabe du groupe. L'accent tonique est plutôt un accent de **durée**, comparé à l'accent tonique en anglais, qui est plutôt un accent d'**intensité**. Cela veut dire que la syllabe accentuée en français est plus **longue**, tandis que la syllabe accentuée en anglais est plus **forte**. Toutes les syllabes du groupe rythmique en français se prononcent donc plus ou moins avec la même longueur et la même intensité, excepté la dernière, qui est plus longue. L'égalité des syllabes ainsi que l'existence d'un seul accent tonique sur la dernière syllabe du groupe donnent au rythme de la langue française un caractère très mesuré et en font un rythme qui est très différent de celui de la langue anglaise. (Pour plus de détails sur l'accent tonique et le rythme du français, voir Chapitre 2.) Seules les syllabes soulignées dans la phrase suivante portent l'accent tonique; elles sont plus longues.

> *Patrick et sa femme Annick habitent à <u>Lille</u>,* |
> *et ils passent le mois de février chez sa <u>mère</u>,* |
> *qui est pari<u>sienne</u>.* |

Exercices d'application

Exercice oral

🎧 Répétez la Phrase 1 après le modèle enregistré. Faites bien attention à la prononciation des sons individuels et aussi à l'intonation, à l'accent tonique, à la syllabation et aux groupes rythmiques. Ensuite, répondez aux questions orales jusqu'à ce que vous ayez mémorisé la phrase.

Exercice écrit

Écrivez les phrases qui correspondent aux symboles phonétiques suivants.

1. [ma ʃɛr fam na pa də plas].
2. [la fi ja fi ni də sə la ve le pje].
3. [wi], [i le pɛr də fa mij].
4. [ma mɛ re me frɛr pa tri ke ʃar la ri va mi di].
5. [lə ma ri da nik tra va ja pa ri].
6. [ka trə də mwa zɛl ti mid ʃɛr ʃa par tir].
7. [rə gar de lə ʃa də ma fij]. [il sə lav le pat].

Exercices écrits et oraux

Exercice 1 Divisez les phrases suivantes en groupes rythmiques et marquez l'intonation par des flèches. Ensuite, répétez chaque phrase à voix haute en imitant le modèle enregistré.

1. La femme de Patrick habite à Lille avec son mari.

2. La mère de Patrick habite à Paris, et elle voyage beaucoup.

3. Patrick est parisien et il a grandi à Paris, et il habite maintenant à

Lille avec sa femme Annick.

Exercice 2 Écoutez les phrases suivantes. Après chaque phrase, imitez le modèle en essayant de bien prononcer tous les sons ainsi que l'intonation, l'accentuation et la syllabation du français. Ensuite, transcrivez les phrases à l'aide de symboles phonétiques.

1. La mère d'Annick va à Lille avec Patrick et sa femme.
2. Annick n'est pas parisienne; elle est de Lille.
3. La mère de Patrick habite à Paris.
4. Patrick passera chez sa mère avec sa femme Annick ce février. Il visitera Paris.

Exercice 3 Écoutez les mots suivants. Après chaque mot, imitez le modèle en essayant de bien prononcer tous les sons. Ensuite, transcrivez les mots à l'aide de symboles phonétiques.

1. si, ces, cette, ça, ce
2. mie, mes, mette, ma, me
3. lit, les, laide, là, le
4. chiche, chez, chaise, chat, chemise

🎧 ***Exercice 4*** Écoutez les phrases suivantes. Après chaque phrase, imitez le modèle en essayant de bien prononcer tous les sons ainsi que l'intonation, l'accentuation et la syllabation du français. Ensuite, transcrivez les phrases à l'aide de symboles phonétiques.

1. Cécile a six livres difficiles.
2. Papa est là-bas à Tahiti.
3. Hervé cherche les clés de René.
4. Elle a les sept chaises vertes chez elle.
5. Hélène amène sa fille à la Place de l'Étoile.
6. Philippe va chercher sa camarade Sylvie à Paris.

Phrase 2

Pourquoi veux-tu que ma sœur Agnès, |
qui est une jolie jeune fille, |
ne vienne pas trop chez nous? |

[pur kwa vø ty kə ma sœ ra ɲɛs
ki ɛ[6] tyn ʒɔ li ʒœn fij
nə vjɛn pa tro ʃe nu]

Choses à remarquer sur la notation phonétique

Nouvelles voyelles

[y]   dans   *tu, **u**ne*
[ø]   dans   *ve**u**x*
[œ]   dans   *sœur, jeune*
[u]   dans   *p**ou**rquoi, n**ou**s*
[o]   dans   *tr**o**p*
[ɔ]   dans   *j**o**lie*

---

[6]La prononciation du verbe *est* peut varier entre [e] et [ɛ]. Suivi d'une consonne il se prononce souvent [e] (*est parisienne*, Phrase 1) mais suivi d'une voyelle (et devant la liaison) il se prononce souvent [ɛ] (*est une*, Phrase 2). Nous étudierons ce phénomène dans le Chapitre 3.

Les voyelles [ø], [œ] et [ə]

La prononciation de la voyelle [ə] ne diffère pas beaucoup de celle de la voyelle [ø] dans la Phrase 2. Elle se prononce comme la voyelle [œ] dans d'autres contextes. Une discussion détaillée de la voyelle [ə], qu'on appelle «e muet», se trouve au Chapitre 5. Pour le moment, il suffit de savoir que le son [ə] est presque toujours représenté dans la langue écrite par la lettre *e*, tandis que les sons [œ] et [ø] sont représentés par les lettres *eu*. On prononce normalement le son [œ] si la combinaison de lettres *eu* est suivie d'une consonne prononcée dans la même syllabe (syllabe fermée): *sœur* [sœr], *jeune* [ʒœn]. Par contre, les lettres *eu* se prononcent presque toujours [ø] dans une syllabe ouverte, c'est-à-dire dans une syllabe dont le dernier son est une voyelle: *veux* [vø], *jeux* [ʒø] (pour les exceptions et les détails, voir Chapitre 3). Étudiez les exemples suivants:

ce [sə]	*ceux* [sø]	*sœur* [sœr]
de [də]	*deux* [dø]	*d'heure* [dœr]

EXCEPTION IMPORTANTE: Mémorisez la prononciation exceptionnelle de ce mot:

monsieur [mə sjø]

Nouvelles consonnes dans la Phrase 2

[ɲ] dans *Agnès*
[ʒ] dans *jolie, jeune*

Choses à remarquer dans la phrase entière

Notez la tendance à la syllabation ouverte dans la Phrase 2: [ma sœ ra ɲɛs]. Remarquez aussi, dans la représentation qui suit, l'accent tonique à la fin de chaque groupe rythmique (syllabe soulignée), l'intonation montante de chaque groupe rythmique à l'intérieur de la phrase et l'intonation descendante à la fin de la phrase (bien que ce soit une question).

Pourquoi veux-tu que ma sœur Agnès, |
qui est une jolie jeune fille, |
ne vienne pas trop chez nous? |

Exercices d'application

Exercice oral

🎧 Répétez la Phrase 2 après le modèle enregistré. Faites bien attention à la prononciation des sons individuels et aussi à l'intonation, à l'accent tonique, à la syllabation et aux groupes rythmiques. Ensuite, répondez aux questions orales, jusqu'à ce que vous ayez mémorisé la phrase.

Exercice écrit

Écrivez les phrases qui correspondent aux symboles phonétiques suivants.

1. [u va ty sə swar]?
2. [ʒə rɛst ʃe mwa a vɛk ma sœr].
3. [ʒe ʃɛr ʃe me kle], [me ʒə nə le ze pa tru ve] [e las]!
4. [lə pə ti ta ɲo a pɛr dy sa mɛr], [e i la pœr].
5. [ʒe ro ma a plo di la pjɛs], [e sa sœ ra par le o zak tœr].
6. [lə prɔ fɛ sœr di a djø a sa pə tit ka rjɛr]: [ɛl va sə ma rje a vɛk lə di rɛk tœr].
7. [yn ʒœn fi ja grɛ siv] [a po ze bo ku də prɔ blɛm].

Exercices écrits et oraux

🎧 *Exercice 1* Divisez les phrases suivantes en groupes rythmiques, et marquez l'intonation par des flèches. Ensuite, répétez chaque phrase à voix haute en imitant le modèle enregistré.

1. Agnès veut que sa sœur Suzanne, qui habite à Nice, vienne chez elle cet automne.
2. Pourquoi ne veux-tu pas parler avec ma sœur, qui est avocate?
3. À quelle heure arrive le car de l'ouest du pays?
4. Le TGV de Paris arrivera à neuf heures du soir parce qu'il n'a quitté la gare d'origine qu'à trois heures de l'après-midi.

🎧 ***Exercice 2*** Écoutez les phrases suivantes. Après chaque phrase, imitez le modèle en essayant de bien prononcer tous les sons ainsi que l'intonation, l'accentuation et la syllabation du français. Ensuite, transcrivez les phrases à l'aide de symboles phonétiques.

1. Agnès veut que sa sœur vienne chez elle.
2. Annick et Patrick ne viennent pas chez nous parce qu'Agnès passe l'été chez eux.
3. Annick est triste qu'Agnès, la sœur cadette de Patrick, ne veuille pas passer l'été chez eux cette année.

🎧 ***Exercice 3*** Écoutez les mots suivants. Après chaque mot, imitez le modèle en essayant de bien prononcer tous les sons. Ensuite, transcrivez les mots à l'aide de symboles phonétiques.

1. su / ceux / sœur
2. bu / bœufs / bœuf
3. vu / veux / veulent
4. eu / œufs / œuf
5. jupe / jeu / jeune
6. fou / faux / folle
7. boue / beau / botte
8. chou / chaud / choc
9. mou / maux / molle
10. tout / tôt / tonne

🎧 ***Exercice 4*** Écoutez les phrases suivantes. Après chaque phrase, imitez le modèle en essayant de bien prononcer tous les sons ainsi que l'intonation, l'accentuation et la syllabation du français. Ensuite, transcrivez les phrases à l'aide de symboles phonétiques.

1. Je n'aime pas le neveu de Monsieur LeBœuf.
2. Tu as eu mal?
3. Elle aime les yeux bleus de ce vieux monsieur.
4. La jeune sœur du professeur est docteur.
5. Tous les jours vous jouez comme des fous.
6. Au tableau, il y a des mots.
7. La jolie bonne donne du fromage à l'homme.
8. Le vieux a gagné le pari.
9. J'ai lu que le jeune homme malheureux est paralysé; il ne peut plus bouger ses pieds.

Phrase 3

Mon oncle Vincent, | qui est agent immobilier, |
veut me louer son vieux studio parisien, |
mais je n'en ai pas besoin |
parce que j'habite la banlieue depuis juin. |

[mɔ̃ nɔ̃ klə vɛ̃ sɑ̃ ki ɛ[7] ta ʒɑ̃ i mɔ bi lje
vø mə lwe[8] sɔ̃ vjø sty djo pa ri zjɛ̃
me[7] ʒə nɑ̃ ne pa bə zwɛ̃
par skə ʒa bit la bɑ̃ ljø də pɥi ʒɥɛ̃]

Choses à remarquer sur la notation phonétique

Nouvelles voyelles

[ɔ̃]   dans   *mon, oncle, son*
[ɛ̃]   dans   *Vincent, parisien, besoin, juin*
[ɑ̃]   dans   *Vincent, agent, en, banlieue*

Nouvelle semi-voyelle

[ɥ]   dans   *depuis, juin*

Comparez la prononciation de [ɥ] et de [w]: *lui* [lɥi], *Louis* [lwi]. Pour une explication de la différence articulatoire entre ces deux semi-voyelles, voir Chapitre 6.

Choses à remarquer dans la phrase entière

Notez les accents toniques et l'intonation descendante à la fin de la Phrase 3:

Mon oncle Vin<u>cent</u>, | qui est agent immobi<u>lier</u>, |
veut me louer son vieux studio pari<u>sien</u>, |
mais je n'en ai pas be<u>soin</u> |
parce que j'habite la banlieue depuis <u>juin</u>. |

---

[7]La prononciation de la voyelle dans les mots *est* et *mais* peut varier entre [e] et [ɛ]. Nous étudierons ce phénomène dans le Chapitre 3.
[8]Le mot *louer* peut se prononcer [lwe] ou [lu e].

Exercices d'application

Exercice oral

🎧 Répétez la Phrase 3 après le modèle enregistré. Faites bien attention à la prononciation des sons individuels et aussi à l'intonation, à l'accent tonique, à la syllabation et aux groupes rythmiques. Ensuite, répondez aux questions orales, jusqu'à ce que vous ayez mémorisé la phrase.

Exercice écrit

Écrivez les phrases qui correspondent aux symboles phonétiques.

1. [sə vẽ vo lə pri kə nu za võ pe je].   *this wine is worth the price we paid*
2. [i lɛ tã tre dã lə sa lõ ã mã ʒã yn pɔm].
3. [si mõ e si mɔn vjɛn ʃe nu o prɛ̃ tã].
4. [ʒə sɥi ã nɥi je]. [tut me klas sõ tã nɥi jøz].
5. [õ va prã dryn bu tɛj də vẽ blã].
6. [ɛl vø a ʃte mõ nã sã blə blã].
7. [õ nə kõ prã rjɛ̃ dã sɛ ta fɛr].
8. [vẽ sã a pɛr dy sõ ka je].
9. [il vjɛ̃ par lə trɛ̃ də mɛ̃ ma tɛ̃].
10. [sa mõ tre tõ be dã lo se ã].
11. [ø røz mã kil na pa zu bli je sõ nɛ̃ pɛr me abl].

Exercices écrits et oraux

🎧 *Exercice 1* Divisez les phrases suivantes en groupes rythmiques et marquez l'intonation par des flèches. Ensuite, répétez chaque phrase à voix haute en imitant le modèle enregistré.

1. Quand le train de Reims est-il entré en gare?
2. Les enfants, qui avaient froid, ont mis leur manteau et leur chapeau en sortant de chez eux.
3. Combien de temps les Martin ont-ils passé à la campagne en novembre dernier?

🎧 ***Exercice 2*** Écoutez les phrases suivantes. Après chaque phrase, imitez le modèle en essayant de bien prononcer tous les sons ainsi que l'intonation, l'accentuation et la syllabation du français. Ensuite, transcrivez les phrases à l'aide de symboles phonétiques.

1. Vincent veut que je lui loue une maison parisienne.
2. J'en ai besoin, mais je lui ai répondu que non.
3. Mon oncle partage son vieux studio avec mon cousin Vincent.
4. Mon agent immobilier m'a loué une maison à la campagne.

🎧 ***Exercice 3*** Écoutez les mots suivants. Après chaque mot, imitez le modèle en essayant de bien prononcer tous les sons. Ensuite, transcrivez les mots à l'aide de symboles phonétiques.

1. mes / main
2. cousine / cousin
3. bonne / bon
4. pardonne / pardon
5. Anne / an
6. bas / banc
7. entrer / entrons
8. entre / entrant

🎧 ***Exercice 4*** Écoutez les expressions suivantes. Après chaque expression ou phrase, imitez le modèle en essayant de bien prononcer tous les sons ainsi que l'intonation, l'accentuation et la syllabation du français. Ensuite, transcrivez les expressions et les phrases à l'aide de symboles phonétiques.

1. une journée ensoleillée
2. dans le bain
3. entre mon oncle et ma tante
4. le vingt-cinq décembre
5. au commencement du mois de janvier
6. la grande chambre de mes parents
7. deux cent cinquante timbres et enveloppes
8. En réfléchissant, on répond correctement à l'examen.
9. Tout le monde connaît mon oncle.
10. Son grand-père a cent ans.
11. Tiens, cinq simples jardins européens!

Phrase 4

Cette dernière phrase sert à réviser les sons de la langue française. Elle introduit aussi un nouveau modèle d'intonation.

Monsieur LaFleur | a-t-il lu les vingt journaux espagnols |
que vous aviez choisis et mis dans son salon |
vendredi dernier à minuit? |

[mə sjø⁹ la flœr a til ly le vɛ̃ ʒur no zɛ spa ɲɔl¹⁰
kə vu za vje ʃwa zi e mi dɑ̃ sɔ̃ sa lɔ̃
vɑ̃ drə di dɛr nje a mi nɥi]

Choses à remarquer dans la Phrase 4

Notation phonétique

La Phrase 4 contient toutes les voyelles et les semi-voyelles de la langue française, ainsi que les consonnes dont le symbole phonétique diffère de la graphie[11]. La liste suivante présente ces symboles phonétiques et les mots de la Phrase 4 qui les contiennent. Pour la liste complète des sons du français et de leur représentation en symboles phonétiques, voir Tableau 1.1, page 3.

Voyelles orales
[i] *il, choisis, lundi, minuit*
[e] *les, et, dernier*
[ɛ] *espagnols, dernier*
[a] *LaFleur, a, espagnols,*
    aviez, choisis, salon, à
[y] *lu*
[ø] *Monsieur*
[œ] *LaFleur*
[ə] *Monsieur, que*
[u] *journaux, vous*
[o] *journaux*
[ɔ] *espagnols*

Semi-voyelles
[j] *Monsieur, aviez, dernier*
[ɥ] *minuit*
[w] *choisis*

Voyelles nasales
[ɑ̃] *dans, vendredi*
[ɔ̃] *son, salon*
[ɛ̃] *vingt*

Consonnes
[ʃ] *choisis*
[ɲ] *espagnols*
[ʒ] *journaux*

---

[9]N'oubliez pas la prononciation exceptionnelle de ce mot: *Monsieur* [mə sjø].
[10]La liaison ici est facultative; on peut aussi dire [ʒur no ɛ spa ɲɔl].
[11]Il existe — quoique dans très peu de mots et dans le parler de très peu de gens — deux autres voyelles ([ɑ] et [œ̃], qui seront présentées aux Chapitres 3 et 4) et une autre consonne ([ŋ], dans une petite liste de mots avec la terminaison *-ing*: voir Chapitre 7).

Les accents toniques et l'intonation

Comme dans les Phrases 1–3, les accents toniques dans la Phrase 4 se trouvent seulement à la fin de chaque groupe rythmique. L'intonation monte à la fin des groupes rythmiques à l'intérieur de la phrase, mais elle monte aussi à la fin de la phrase. Comparez cette intonation à celle de la Phrase 2. Bien qu'il s'agisse dans les deux cas de phrases interrogatives, l'intonation monte à la fin de la question d'affirmation (Phrase 4), à laquelle la réponse est *oui, non* ou *si*, mais elle descend à la fin de la question d'information (Phrase 2) qui commence par un mot interrogatif.

Monsieur LaFleur | a-t-il lu les vingt journaux espagnols |

que vous aviez choisis et mis dans son salon |

vendredi dernier à minuit? |

Exercices d'application

Exercice oral

Répétez la Phrase 4 après le modèle enregistré. Faites bien attention à la prononciation des sons individuels et aussi à l'intonation, à l'accent tonique, à la syllabation et aux groupes rythmiques. Ensuite, répondez aux questions orales jusqu'à ce que vous ayez mémorisé la phrase.

Exercice écrit

Écrivez les phrases qui correspondent aux symboles phonétiques suivants.

1. [le myr] [la mur] [la mɔr] [le mœrs] [la mɛr] [lar mwar]

2. [la kyr] [lə kur] [la kur] [lə kɔr] [lə kœr] [li kœr]

3. [ʃɑ̃ ta la ɛ̃ vi te sə gar sɔ̃ a rɔ gɑ̃ o rɛ stɔ rɑ̃ pur gu te lə pɛ̃ frɑ̃ se].

4. [lwi nə prɑ̃ pa su vɑ̃ də bɛ̃]. [ɔ̃ lɥi ɑ̃ na par le];
   [pur tɑ̃ il rə fyz də sɥivr no kɔ̃ sɛj]. [kɛ lɑ̃ nɥi]!

5. [ɔ̃ na prɑ̃ bo ku də ʃo za my zɑ̃t dɑ̃ tu le kur də frɑ̃ se].

6. [kɔ̃ bjɛ̃ a til dɑ̃ fɑ̃]? [ʒə krwa ki lɑ̃ na sɛ̃k].

7. [le zu vri je ɔ̃ se le bre le lɛk sjɔ̃ dy prə mje pre zi dɑ̃ sɔ sja list].

8. [lə vwa zɛ̃ də lɔ ma rɛ te par la pɔ lis] [a ɛk spri me sɔ̃ ne tɔn mɑ̃].

9. [ã nã trã dã lə te atr], [lɛ̃ spɛk tœ ra tut sᶣit rə mar ke də zɔm ky rjø a si o fɔ̃ də la sal].

10. [le kip blø a ã fɛ̃ ã pɔr te la vik twar dã sə dɛr nje matʃ pa sjɔ nã e par fwa vjɔ lã].

Exercice écrit et oral

Divisez les phrases suivantes en groupes rythmiques et marquez l'intonation par des flèches. Ensuite, répétez chaque phrase à voix haute en imitant le modèle enregistré. Enfin, transcrivez les phrases à l'aide de symboles phonétiques.

1. Patrick et Agnès ont lu les revues espagnoles que vous aviez mises dans le vieux studio parisien de mon oncle Vincent.

2. Les trois messieurs espagnols ont-ils lu le journal vendredi dernier?

3. J'ai mis les fleurs à côté du journal dans le salon de Monsieur LeBon.

4. Quand tu as mangé au restaurant avec ta famille vendredi dernier, as-tu essayé la truite amandine?

5. Qui a commandé les cuisses de grenouille?

6. Avez-vous bu du vin français ou du vin de Californie?

7. Comment vont les enfants ce matin?

8. Il est important qu'on puisse faire la distinction entre les deux voyelles nasales du mot *Vincent* et qu'on sache la différence de prononciation entre les semi-voyelles des mots *lui* et *Louis*, n'est-ce pas?

Chapitre 2
La prosodie

Quand on apprend la langue orale, il ne suffit pas d'apprendre à bien prononcer les sons individuels. Il faut aussi étudier la prosodie, c'est-à-dire les éléments phoniques de l'énoncé qui sont au-delà du niveau du son isolé. Mentionnons d'abord la **syllabation** et la **joncture**, c'est-à-dire la manière dont les sons se relient pour former des mots et des phrases. L'**enchaînement** et la **liaison** sont les principaux moyens par lesquels celle-ci se réalise dans les segments de l'énoncé supérieurs au mot. Il faudra aussi étudier les variations de longueur, d'intensité et de hauteur des sons qui contribuent respectivement au **rythme**, à l'**accentuation** et à l'**intonation** de la langue parlée.

La joncture

La syllabation

La plus petite unité phonique formée d'un ensemble de sons s'appelle la syllabe. La voyelle constitue le noyau de la syllabe en français. La syllabe peut aussi contenir une ou plusieurs consonnes ou semi-voyelles, mais elle n'a jamais plus d'une voyelle. L'expression suivante, par exemple, consiste de quatre syllabes: *une instruction* [y nɛ̃ stryk sjɔ̃].

L'unité phonique supérieure à la syllabe est le **groupe rythmique** (ou le **mot phonétique**). C'est un groupe de mots dans lequel les traits prosodiques (joncture, rythme, accentuation) sont définis de la même manière que dans le mot isolé. De plus, ce groupe de mots forme une unité grammaticale. Par exemple:

un groupe nominal: *La jeune femme*

un groupe verbal: *est entrée dans le magasin*

un groupe prépositionnel: *pour acheter du beurre*

La longueur typique d'un groupe rythmique est d'environ sept syllabes, mais elle peut varier en fonction de la rapidité du parler. En effet, la division d'un énoncé en groupes rythmiques dépend du débit[1]. Si celui-ci est rapide, on aura des groupes rythmiques plus grands, comme le montre le premier exemple ci-dessous (deux groupes rythmiques). Si le débit est plus lent, il y aura des groupes rythmiques plus nombreux et plus courts (voir le deuxième exemple, qui a quatre groupes rythmiques).

> *La jeune femme est entrée dans le magasin |*
>> *pour acheter du beurre et de la confiture.*
> *La jeune femme | est entrée dans le magasin |*
>> *pour acheter du beurre | et de la confiture.*

Nous avons déjà vu (Chapitre 1) la tendance en français à la syllabe ouverte, c'est-à-dire que la plupart des syllabes se terminent par une voyelle prononcée, comme dans le mot *bas* [ba]. Cette tendance se manifeste dans le mot isolé aussi bien que dans le mot phonétique. Nous avons dit que la consonne en français se prononce **autant que possible** avec la syllabe qui suit. Il faut alors connaître les cas où cette syllabation ouverte est possible.

- Une seule consonne ou semi-voyelle prononcée s'attache à la voyelle qui suit, s'il y en a une:

il [il]	mais	*îlot* [i lo]
patte [pat]	mais	*pâté* [pa te]
haute [ot]	mais	*hauteur* [o tœr]

- Si, entre deux voyelles prononcées, il y a deux ou trois consonnes qu'on peut trouver normalement au début du mot isolé, ces deux ou trois consonnes font partie de la syllabe suivante. Voici une liste des groupes consonantiques acceptés:

  [pr] *apprend* [a prã]
  [pl] *applaudir* [a plo dir]
  [br] *chambrer* [ʃã bre]
  [bl] *la blonde* [la blõd]
  [kr] *microbe* [mi krɔb]
  [kl] *enclos* [ã klo]
  [gr] *agrandir* [a grã dir]
  [gl] *la glace* [la glas]

---

[1] débit: manière d'énoncer, de réciter (*delivery*, en anglais)

[fr] *le front* [lə frɔ̃]

[fl] *des fleurs* [de flœr]

[vr] *février* [fe vri je]

[tr] *Patrick* [pa trik]

[dr] *vendredi* [vã drə di]

[sp] *espace* [ɛ spas]

[st] *restaurant* [rɛ stɔ rã]

[sk] *risquer* [ri ske]

[sf] *le sphinx* [lə sfɛ̃ks]

[ps] *le psychologue* [lə psi kɔ lɔg] (mots savants ou empruntés)

[pn] *le pneu* [lə pnø] (mots savants ou empruntés)

[tʃ] *le Tchèque* [lə tʃɛk] (mots savants ou empruntés)

[str] *instruction* [ɛ̃ stryk sjɔ̃]

[spl] *c'est splendide* [se splã did]

[skr] *inscription* [ɛ̃ skrip sjɔ̃]

- On trouve aussi les combinaisons d'une ou de deux consonnes avec la semi-voyelle [w]:

[vw] *revoir* [rə vwar] [krw] *je la crois* [ʒə la krwa]

[drw] *adroit* [a drwa] [frw] *j'ai froid* [ʒe frwa]

[trw] *en trois* [ã trwa] [blw] *à Blois* [a blwa]

[prw] *sa proie* [sa prwa] [glw] *la gloire* [la glwar]

- Bref, si un groupe de consonnes peut commencer un mot, ce groupe peut aussi commencer une syllabe. Pour toutes les autres combinaisons de consonnes prononcées, on fait la division syllabique entre les deux consonnes:

examen [ɛg za mɛ̃] *surgir* [syr ʒir]

important [ɛ̃ pɔr tã] *il part* [il par]

Patrick chante [pa trik ʃãt] *une chère fille* [yn ʃɛr fij]

correctement [kɔ rɛk tə mã]

L'enchaînement

Le groupe rythmique en français se divise en syllabes et non en mots, comme c'est le cas en anglais. Chacune des syllabes du groupe rythmique est étroitement liée, sans aucune rupture, à celle qui la suit par un procédé qui s'appelle **enchaînement**. Les expressions suivantes illustrent l'**enchaînement consonantique**, où une consonne prononcée à la fin d'un mot forme une syllabe avec la voyelle initiale du mot qui la suit:

>   *entre eux* [ɑ̃ trø]
>
>   *pour elles* [pu rɛl]
>
>   *Quel âge a-t-il?* [kɛ la ʒa til]
>
>   *Les acteurs américains viennent admirer notre hôtel.*
>
>   [le zak tœ ra me ri kɛ̃ vjɛ nad mi re nɔ tro tɛl]

CAS SPÉCIAL: Le seul exemple de l'enchaînement consonantique dans lequel la consonne finale **change de prononciation** c'est le numéro *neuf* devant les mots *ans* et *heures*, où [f] devient [v]. Devant tous les autres mots, le *f* se prononce [f]:

>   *neuf ans* [nœ vɑ̃] / *neuf heures* [nœ vœr]
>
>   *neuf enfants* [nœ fɑ̃ fɑ̃] / *neuf éléphants* [nœ fe le fɑ̃] /
>
>   *neuf olives* [nœ fɔ liv]

Quand deux voyelles consécutives apparaissent dans deux syllabes voisines, elles sont aussi liées sans rupture: c'est ce qu'on appelle l'**enchaînement vocalique**. Cet enchaînement est parfois difficile à prononcer pour les Anglophones, qui ont tendance à insérer une rupture entre les voyelles. Or, il n'y a pas d'arrêt ni de diminution de tension musculaire entre les voyelles en français. Par exemple:

>   *Il a haï Haïti.* [i la a i a i ti]

On peut donc voir que, dans le français parlé, il n'y a rien qui démarque la frontière entre les mots. Comparez cette situation à celle de l'anglais, où, en plus de la rupture qui marque la division syllabique à l'intérieur des mots, il existe une petite rupture entre les mots. Cette rupture, quoique légère, fait la différence entre les paires suivantes:

that stall / that's tall	*it stops / it's tops*
an A / a nay	*your ode / you rode*
an ape / a nape	*it stank / its tank*

En français, puisqu'il n'y a aucune division entre les mots, les paires suivantes sont homonymes:

>   *Il a mille pieds / Il a mis le pied* [i la mil pje]
>
>   *la croix / l'accroît* [la krwa]
>
>   *qui l'aime / qu'il aime* [ki lɛm]
>
>   *l'abouche / la bouche* [la buʃ]

Le deuxième moyen de réaliser la jonction en français est par la **liaison**. Nous étudierons ce phénomène à la fin de ce chapitre.

Exercices d'application

Exercices écrits et oraux

🎧 ***Exercice 1*** Transcrivez les phrases suivantes à l'aide de symboles phonétiques. Attention à la division syllabique et à l'enchaînement consonantique. Notez que dans les expressions suivantes, il n'y a pas de liaison (voir La liaison interdite, page 42): *cousin ennuyeux* (4), *un hibou* (6), *Américain ennuyeux* (8), *un hameau* (11). Ensuite, répétez les phrases après le modèle enregistré.

1. Il a haï Haïti.
2. Il y a eu une édition.
3. J'ai eu une lettre.
4. Il a un cousin ennuyeux.
5. Il va à l'aéroport.
6. Le bébé a un hibou en velours.
7. Tu as eu un accident?
8. Elle parle à un Américain ennuyeux.
9. Il a été étonné.
10. C'est absolument incroyable!
11. Il a été à un hameau isolé.

🎧 ***Exercice 2*** Transcrivez les phrases suivantes à l'aide de symboles phonétiques. Attention à la division syllabique et à l'enchaînement consonantique. Ensuite, répétez les phrases après le modèle enregistré.

1. Elle adore être active.
2. Il a réfrigéré le poisson.
3. Le prospecteur animé a exagéré sa découverte.
4. Le jeune homme a parlé de l'amour ardent.
5. Son psychiatre a expliqué que depuis son accident il ne peut plus reprendre son travail.
6. Il y a beaucoup d'adjectifs dans la proposition subordonnée.
7. Les chercheurs espèrent trouver des squelettes intacts.
8. Quelques-uns se plaignaient bruyamment de leur isolation.
9. L'agriculteur survit difficilement dans ce monde technologique.

🎧 ***Exercice 3*** Transcrivez à l'aide de symboles phonétiques les deux premières strophes de «Mon Rêve familier» par Paul Verlaine.

Attention à la division syllabique et à l'enchaînement consonantique. Ensuite, répétez le poème après le modèle enregistré.

> Je fais souvent ce rêve étrange et pénétrant
> D'une femme inconnue, et que j'aime, et qui m'aime,
> Et qui n'est, chaque fois, ni tout à fait la même
> Ni tout à fait une autre, et m'aime et me comprend.
>
> Car elle me comprend, et mon cœur, transparent
> Pour elle seule, hélas! cesse d'être un problème
> Pour elle seule, et les moiteurs de mon front blême,
> Elle seule les sait rafraîchir, en pleurant.

L'accentuation

En français comme en anglais, on fait ressortir certaines syllabes du mot ou de la phrase par le moyen de l'accentuation. On appelle l'accentuation principale d'une langue l'**accent tonique**. Nous commençons par une discussion de l'accent tonique en anglais et en français. Ensuite, nous mentionnons d'autres types d'accentuation possibles en français (comme par exemple l'accent qui exprime l'émotion).

L'accent tonique en anglais

L'accent tonique français diffère de l'accent équivalent en anglais par sa position, par le nombre d'accents possibles dans un mot ou une phrase et par sa qualité. Voici d'abord une description de l'accent tonique en anglais.

- **La place de l'accent tonique** dans un mot **dépend du mot lui-même**, ce qui veut dire qu'il faut connaître le mot pour savoir où mettre l'accent:

    in<u>vol</u>ve   *<u>in</u>come*

  Il y a même des cas où la place de l'accent suffit à changer la catégorie et le sens du mot; par exemple, *<u>rec</u>ord / re<u>cord</u>*, où le premier mot est un substantif et le deuxième un verbe.

  L'accent peut aussi se déplacer dans la phrase en anglais, de sorte qu'on peut insister sur des mots différents:

    <u>What</u> did you show her? / What <u>did</u> you show her? /
    What did <u>you</u> show her? / What did you <u>show</u> her? /
    What did you show <u>her</u>?

- **Le nombre d'accents.** Dans les mots longs, il y a souvent **deux ou trois accents** en anglais de degrés d'intensité différents:

  2 1   2 3 1
  elevation   *incomprehensibility*

  Au niveau de la phrase aussi on peut avoir quatre accents toniques, de degrés d'intensité différents:

  2 3 4 1
  Tell me a tale.

- **La qualité de l'accent.** Pour accentuer une syllabe en anglais, **on la prononce plus fortement** que les autres syllabes, et comme nous l'avons vu, on peut avoir plusieurs niveaux d'intensité, indiquant les accents primaire, secondaire, tertiaire et quadratique. C'est donc la qualité du ton qui varie en anglais.

L'accent tonique en français

Les règles pour l'accent tonique en français sont beaucoup plus faciles à apprendre que celles pour l'anglais. En français, il n'y a aucune variation dans la place de l'accent ni dans le nombre d'accents, comme c'est le cas en anglais.

- **La place de l'accent tonique.** C'est toujours la **dernière syllabe** du mot isolé ou du mot phonétique qui est accentuée en français:

  comprends   *comprenez*
  compréhensible *compréhensibilité*
  Il est entré dans le salon, où il avait laissé ses lunettes.

- **Le nombre d'accents.** Il n'y a **qu'un seul accent** dans le mot isolé ou le mot phonétique en français (et il se trouve toujours sur la dernière syllabe du mot/mot phonétique).

- **La qualité de l'accent.** En français la syllabe accentuée se prononce un peu plus fortement que les autres, mais ce qui la distingue surtout est **la durée** de sa voyelle: celle-ci est plus longue[2] que toutes les autres voyelles du mot ou du groupe, qui sont plus ou moins égales entre elles, c'est-à-dire de même durée et de même intensité. En plus de sa longueur, la voyelle accentuée est aussi plus haute ou plus basse que les voyelles inaccentuées. Nous discuterons la montée et la descente du ton dans la section consacrée à l'intonation.

---

[2] On a déterminé que la syllabe accentuée en français est de moyenne deux fois plus longue que la syllabe inaccentuée (Léon 1992:107).

L'accent tonique et le rythme du français

L'égalité de durée et d'intensité des syllabes à l'intérieur du mot phonétique donne au français un **rythme syllabique**, c'est-à-dire **mesuré**, avec
une force égale sur toutes les syllabes, excepté la dernière du groupe rythmique. L'étudiant anglophone devrait s'efforcer d'éviter de transposer le
rythme de l'anglais sur son français. L'anglais a un rythme accentuel, un
rythme déterminé par les accents à l'intérieur de la phrase, les syllabes
ayant alors une force inégale. Quand l'Anglophone met des accents
partout, il lui arrive souvent de ne pas bien prononcer les voyelles «inaccentuées», comme on le fait en anglais, ce qui rend son français difficile
à comprendre. L'accentuation et le rythme du français sont alors des
traits très importants à apprendre pour l'étudiant étranger.

Note linguistique: d'autres types d'accentuation en francais

L'accent d'insistance

En français standard, on ne peut pas mettre en relief n'importe quel mot à
l'intérieur d'une phrase en le prononçant avec une plus grande intensité,
comme on le fait, par exemple, dans la phrase en anglais *What did you
show her?* Pour insister sur un mot en français, on l'extrait normalement
de la phrase, ce qui a pour conséquence de le mettre dans une position
tonique (mot isolé). Quand l'insistance porte sur un pronom personnel, on
emploie alors la forme tonique du pronom. On peut également placer le
mot sur lequel on veut insister dans la construction *C'est... que*.

> *Paul, je l'aime bien. Il ne comprend rien, lui.*

> *C'est un sac qu'il a trouvé.*

In existe néanmoins des cas où le français permet de mettre en relief un
mot par un accent, qu'on appelle **l'accent d'insistance**. Cet accent a
comme fonction:

   a) L'opposition: *Ce n'est pas ce soir, c'est demain soir.*

   b) L'emphase: *C'était fantastique!*

   c) La différenciation: *Des échanges humains, commerciaux*[3]

---

[3] Cet exemple vient de Léon 1992:109, où vous trouverez une bonne discussion de
l'accentuation en français.

L'accent d'insistance ne remplace pas l'accent tonique, mais se surajoute au rythme normal de la phrase. Il se manifeste d'habitude par l'allongement de la première ou la deuxième consonne prononcée du mot. (Une consonne qui se trouve en liaison ou en enchaînement devant le mot en question constituera la première consonne du mot.) Dans les exemples suivants, le symbole: indique l'allongement du son.

> *C'est ̲fformidable!* [se f:ɔr mi dabl]
>
> *Quel i̲ddiot!* [kɛ li d:jo]
>
> *C'es̲tt abominable!* [sɛ t:a bɔ mi nabl] ou
>
> *C'est a̲bbominable!* [sɛ ta b:ɔ mi nabl]

Lorsque le mot accentué commence par un son vocalique et suit un autre son vocalique, on peut interposer une petite rupture devant le mot accentué:

> *C'est | incroyable!* [se // ɛ̃ krwa jabl]

L'accent affectif

Le français, comme toutes les langues vivantes et en cours d'évolution, manifeste bien d'autres types d'accentuation. Par exemple, quand le locuteur exprime une émotion forte, il tend à accentuer plus de mots: «L'émotion vive tend à introduire un désordre dans le rythme et peut favoriser l'exagération des accents d'insistance en amplifiant leur mélodie et leur durée.»[4]

L'accent didactique ou «intellectuel»

On remarque aussi un accent dit «didactique» ou «intellectuel» dans le parler des gens qui ont l'habitude de s'adresser à un groupe d'auditeurs. Les politiciens, les intellectuels, les annonceurs et les enseignants, par exemple, tendent à accentuer **la première syllabe** du groupe rythmique (même s'il s'agit de «petits mots»): *d̲ans un premier temps... / n̲ous allons nous occuper... / d̲e l'utilisation...*[5]

Une étude décrit une tendance en français moderne à accentuer n'importe quel mot, même un pronom ou autre «petit mot», pour le mettre en relief: *J̲e sais.* Cette tendance, loin d'être standard, devrait être due à l'influence du français entendu à la radio et à la télévision[6].

---

[4] Léon 1992:113
[5] Lucci 1979:107
[6] Léon 1992:110

Exercices d'application

Exercices oraux

Exercice 1 Répétez les expressions suivantes en faisant bien attention au rythme et à l'accent tonique. Chaque exemple contient un nombre croissant de syllabes.

  1. (deux syllabes) Sortez! / Entrez! / Cherchons! / Partons! / C'est toi! / C'est beau! / Je sais. / Il l'est. / Tu l'as.

  2. (trois syllabes) Finissez. / Choisissons. / Fantastique! / Incroyable! / C'est ma mère. / Je la cherche. / Nous croyons. / Nous partons.

  3. (quatre syllabes) Finissons-le. / Il se promène. / Je vais en ville. / Nous mangerons vite. / N'oubliez pas! / Parlons dehors. / Cherchez la femme. / Ne partez pas!

  4. (cinq syllabes) Portez vos lunettes. / Où sont les enfants? / Regardez les filles. / Il promène son chien. / Je ne vous comprends pas. / Je dîne chez ma mère.

  5. (six syllabes) Je crois qu'il est parti. / Il veut finir à l'heure. / Pourquoi dites-vous cela? / Apportez une salade. / Ne perdez pas patience. / Je ne veux pas qu'elle s'en aille.

Exercice 2 Répétez les expressions et les phrases suivantes en faisant bien attention au rythme et à l'accent tonique.

  1. Partons.
     Partons vite.
     Partons vite d'ici.

  2. Regardez.
     Regardez-moi.
     Regardez-moi et mes enfants.

  3. Entrez.
     Entrez donc.
     Entrez donc dans la salle.

  4. Finissez.
     Finissez la viande.
     Finissez la viande et les légumes.

  5. Choisissons.
     Choisissons une salade.
     Choisissons une salade et un dessert.

6. Le professeur.
 Le professeur arrive.
 Le professeur arrivera.
 Le professeur arrivera à midi.
 Le professeur arrivera à midi pile.

7. Le petit.
 Le petit enfant.
 Le petit enfant joue.
 Le petit enfant joue avec la balle.
 Le petit enfant joue avec la balle bleue.

8. Monique.
 Monique et Paul.
 Monique et Paul cherchent.
 Monique et Paul cherchent les clés.
 Monique et Paul cherchent les clés de leur voiture.

9. Chantal.
 Chantal Duprès.
 Chantal Duprès danse.
 Chantal Duprès danse au spectacle.
 Chantal Duprès danse au spectacle ce soir.

Lectures supplémentaires (accent et rythme)

Voir bibliographie.

L'intonation

On définit l'intonation d'une langue comme l'ensemble des différences de hauteur du ton dans les mots et dans les phrases: c'est la **mélodie** de la langue. Comme nous l'avons indiqué, le ton de la voyelle accentuée en français est plus haut ou plus bas que celui des autres voyelles du mot ou du mot phonétique.

Similarités d'intonation entre le français et l'anglais

Quand on décrit l'intonation, les ressemblances entre le français et l'anglais (et beaucoup d'autres langues, d'ailleurs) sont grandes. Les tendances suivantes valent pour l'anglais aussi bien que pour le français.

L'intonation tombe à la fin:

• du mot isolé
• des phrases déclaratives, impératives et exclamatives
• des questions commençant par un mot interrogatif.

L'intonation monte à la fin:

• des questions d'affirmation (dont la réponse est *oui, non* ou *si*)
• des phrases ou des pensées inachevées mais dont la suite est impliquée.

Dans les questions qui posent un choix, l'intonation monte après la première partie du choix et descend après la deuxième.

phrase déclarative[7]: *Il va dans le Midi.*

phrase impérative: *Va dans le Midi.*

exclamation: *Il va dans le Midi!*

question d'information: *Pourquoi va-t-il dans le Midi?*

question d'affirmation: *Va-t-il dans le Midi?*

implication: *Lui, il va dans le Midi... (et tu sais ce qu'il fera là-bas!)*

question contenant un choix: *Habite-t-il à Lille ou à Paris?*

Différences d'intonation entre le français et l'anglais

Il existe quand même quelques différences entre l'intonation de l'anglais et celle du français.

• Tout d'abord, la hauteur du ton en anglais peut changer **à l'intérieur de la syllabe**, créant ainsi une diphtongue:

two [tuᵂ]   tu
               └ w

Ceci n'est jamais le cas en français, où l'intonation change seulement entre les syllabes:

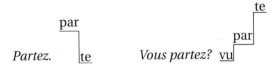

Partez.   *Vous partez?*

---

[7] La ponctuation point-virgule (;) marque aussi la fin d'un énoncé déclaratif:

Il est donc parti; il avait fini son travail.

En français, le changement de hauteur, toujours faible et progressif à l'intérieur du mot de plusieurs syllabes (ou du mot phonétique), contraste avec la descente ou la montée dramatique du ton entre les deux dernières syllabes de ce groupe. De plus, c'est entre les deux dernières syllabes *du dernier groupe rythmique* de l'énoncé qu'on entend la plus grande différence de ton:

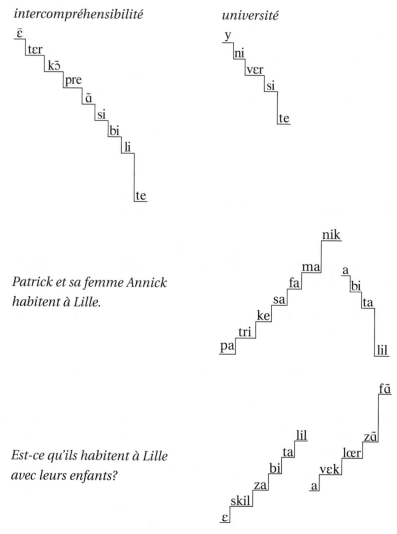

Une autre différence entre l'intonation en anglais et en français se voit dans les groupes rythmiques situés à l'intérieur de la phrase. La courbe intonative du mot phonétique intérieur à la phrase en français monte toujours, signalant la continuation de la phrase, tandis que son équivalent en anglais peut monter ou descendre.

anglais: *The students who left↗ | had forgotten their books↘.* ou

The students who left↗ | had forgotten their books↗.

français: *Les étudiants qui sont partis↗ | ont oublié leurs livres↗.*

Le français a donc plus de courbes intonatives ascendantes que l'anglais et plus de groupes ascendants que de groupes descendants.

Mes amies sont parties en ville↗ | il y a au moins une heure↗ |
    pour voir un nouveau film américain↗.

Est-ce que Catherine et Michel,↗ | les enfants du voisin,↗ |
    sont déjà partis pour l'école↗?

Ma mère et ma sœur,↗ | qui voyagent en Provence,↗ |
    viennent de passer deux semaines↗ |
    chez le cousin français↗ | de mon ancien professeur d'anglais↗.

Remarque sur la notation de l'intonation

En dépit de leur complexité réelle, nous avons choisi d'indiquer les courbes intonatives par de simples flèches ascendantes ou descendantes sur la dernière syllabe du groupe rythmique. Bien que ce système de flèches ne le montre pas, n'oubliez pas qu'il représente aussi la montée ou la descente graduelle du ton entre les syllabes prétoniques et le changement de hauteur plus grand entre les deux dernières syllabes.

Variations stylistiques et dialectales

Il faut dire que nous avons décrit ici les modèles d'intonation qu'on entend le plus souvent. Bien entendu, l'intonation d'un énoncé peut varier beaucoup, sous l'influence de nombreux facteurs comme l'émotion, le niveau de langue et les tendances individuelles ou dialectales. Quelques-unes des variations possibles suivent. (Voir la bibliographie, pour des discussions détaillées de l'intonation en français.)

Le français méridional

Dans le parler du Midi de la France, le ton monte souvent sur l'avant-dernière syllabe du mot et tombe sur un [ə] (prononcé) final, ce qui donne un aspect «chantant» à ce dialecte:

Il chante↗↘ des petites↗↘ mélodies↗↘.

Le français parisien

À Paris, on entend souvent des phrases à montée double, où la première courbe est plus haute que la deuxième:

Ça pousse en France?[8]

L'interrogatif

On entend souvent:

- l'intonation descendante à la fin d'une question commencée par *est-ce que*. (Le sens interrogatif de l'énoncé est déjà marqué sémantiquement.)
- l'intonation montante à la fin d'une question commencée par un mot interrogatif. Dans ce cas, on donne un signal redondant («C'est une question!») à l'auditeur.

Lectures supplémentaires (*intonation*)

Voir bibliographie.

Exercices d'application

Exercice oral

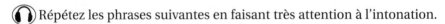

Répétez les phrases suivantes en faisant très attention à l'intonation.

1. Mon père cherche.
   Mon père cherche quelqu'un.
   Mon père cherche quelqu'un qui puisse l'aider.
   Mon père cherche quelqu'un qui puisse l'aider à finir.
   Mon père cherche quelqu'un qui puisse l'aider à finir le projet.
   Mon père cherche quelqu'un qui puisse l'aider à finir le projet qu'il a commencé.
   Mon père cherche quelqu'un qui puisse l'aider à finir le projet qu'il a commencé il y a six mois.

2. Regardez!
   Regardez le petit chat!
   Regardez le petit chat gris!
   Regardez le petit chat gris qui vient d'entrer!
   Regardez le petit chat gris qui vient d'entrer par la fenêtre!
   Regardez le petit chat gris qui vient d'entrer par la fenêtre du salon!

---

[8] Fónagy et Bérard 1973:57

3. Finissez!

   Finissez les exercices!

   Finissez les exercices écrits!

   Finissez les exercices écrits de la page dix!

   Finissez les exercices écrits de la page dix avant d'arriver!

   Finissez les exercices écrits de la page dix avant d'arriver en classe!

4. Avez-vous compris?

   Avez-vous compris la dernière question?

   Avez-vous compris la dernière question que le professeur a posée?

   Avez-vous compris la dernière question que le professeur a posée à l'examen?

   Avez-vous compris la dernière question que le professeur a posée à l'examen final?

   Avez-vous compris la dernière question que le professeur a posée à l'examen final vendredi dernier?

5. Pourquoi?

   Pourquoi est-elle partie?

   Pourquoi est-elle partie si vite?

   Pourquoi est-elle partie si vite de la fête?

   Pourquoi est-elle partie si vite de la fête sans parapluie?

   Pourquoi est-elle partie si vite de la fête sans parapluie ni bottes?

6. Viendra-t-elle?

   Viendra-t-elle nous voir?

   Viendra-t-elle nous voir lundi?

   Viendra-t-elle nous voir lundi ou mardi?

Exercices écrits et oraux

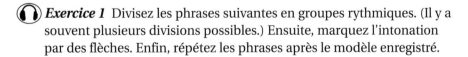

Exercice 1 Divisez les phrases suivantes en groupes rythmiques. (Il y a souvent plusieurs divisions possibles.) Ensuite, marquez l'intonation par des flèches. Enfin, répétez les phrases après le modèle enregistré.

1. Les enfants du voisin, qui ont un chien blanc, adorent les animaux.

2. Le jeune homme qui sort avec ma fille va recevoir son diplôme

   d'ingénieur en mai.

3. Est-ce que je vous ai déja montré les nouvelles assiettes en

   porcelaine bleue que j'ai achetées à Limoges avant-hier?

4. Quand comptez-vous finir tout ce travail qui vous occupe tellement et qui vous empêche de venir me voir?

5. Préfèrent-ils rester chez eux ou aller au cinéma avec nous?

6. Quelle chance vous avez de pouvoir passer deux semaines à la campagne avec vos petits-enfants!

7. Les témoins ont affirmé que deux hommes masqués, qui brandissaient des revolvers, sont sortis de la banque en courant et ont disparu dans une petite voiture blanche qui les attendait devant la porte.

8. Quand l'inspecteur nous a demandé pourquoi nous n'avions pas vu le cambrioleur qui s'était emparé de notre téléviseur, nous lui avons expliqué que le voleur était entré par une fenêtre au premier étage et que nous n'avions rien entendu parce que nous étions en train de dîner.

Exercice 2 Divisez en groupes rythmiques le passage suivant, tiré de *L'Écume des jours* par Boris Vian. Ensuite, marquez l'intonation par des flèches. Enfin, répétez le passage après le modèle enregistré.

Le vent se frayait un chemin parmi les feuilles et ressortait des arbres tout chargé d'odeurs de bourgeons et de fleurs. Les gens marchaient un peu plus haut et respiraient plus fort car il y avait de l'air en abondance. Le soleil dépliait lentement ses rayons et les hasardait, avec précaution, dans des endroits qu'il ne pouvait atteindre directement, les recourbant à angles arrondis et onctueux, mais se heurtait à des choses très noires et les retirait très vite, d'un mouvement nerveux et précis de poulpe doré. Son immense carcasse brûlante se rapprocha peu à peu, puis se mit, immobile, à vaporiser les eaux continentales et les horloges sonnèrent trois coups.

Exercice 3 Divisez en groupes rythmiques le passage suivant, intitulé «Enivrez-vous» et tiré du *Spleen de Paris* par Charles Baudelaire. Ensuite, marquez l'intonation par des flèches. Enfin, répétez le passage après le modèle enregistré.

Il faut être toujours ivre. Tout est là: c'est l'unique question. Pour ne pas sentir l'horrible fardeau du Temps qui brise vos épaules et vous penche vers la terre, il faut vous enivrer sans trêve.

Mais de quoi? De vin, de poésie, ou de vertu, à votre guise. Mais enivrez-vous.

Et si quelquefois, sur les marches d'un palais, sur l'herbe verte d'un fossé, dans la solitude morne de votre chambre, vous vous réveillez, l'ivresse déjà diminuée ou disparue, demandez au vent, à la vague, à l'étoile, à l'oiseau, à l'horloge, à tout ce qui chante, à tout ce qui parle, demandez quelle heure il est; et le vent, la vague, l'étoile, l'oiseau, l'horloge, vous répondront: «Il est l'heure de s'enivrer! Pour n'être pas les esclaves martyrisés du Temps, enivrez-vous sans cesse! De vin, de poésie ou de vertu, à votre guise.»

Exercice 4 Marquez l'intonation par des flèches dans le passage suivant, tiré de *L'Avare* par Molière (Acte IV, scène 7). Enfin, répétez le passage après le modèle enregistré.

Au voleur! Au voleur! À l'assassin! Au meurtrier! Justice! Juste ciel! Je suis perdu, je suis assassiné, on m'a coupé la gorge, on m'a dérobé mon argent.

Qui peut-ce être? Qu'est-il devenu? Où est-il? Où se cache-t-il?

Que ferais-je pour le trouver? Où courir? Où ne pas courir? N'est-il

point là? N'est-il point ici?

Qui est-ce? Arrête. Rends-moi mon argent, coquin. (Il se prend

lui-même le bras.) Ah! c'est moi. Mon esprit est troublé, et j'ignore

où je suis, qui je suis et ce que je fais.

La liaison

Contrairement à l'enchaînement, qui relie des sons toujours
prononcés, la liaison fait apparaître devant une voyelle un son consonantique final généralement muet[9].

> **enchaînement:** *il arrive* [i la riv] (le *l* de *il* se prononce toujours)
> **liaison:** *vous avez* [vu za ve] (le *s* de *vous* est normalement muet)

Consonnes en liaison

Les lettres énumérées ci-dessous, muettes pour la plupart à la fin du
mot isolé, se prononcent en liaison de la manière suivante:

s, x, z = [z]	*nos amis* [no za mi] / *beaux yeux* [bo zjø] / *mangez-en* [mã ʒe zã]	
t, d = [t]	*ont-ils* [ɔ̃ til] / *grand enfant* [grã tã fã] / *prend-il* [prã til]	
r = [r]	*premier enfant* [prə mjɛ rã fã]	
p = [p]	*trop aimable* [tro pɛ mabl] (mais la liaison avec [p] est rare)	
g = [g]	*long été* [lɔ̃ ge te] dans la langue courante (mais les exemples sont rares)	
g = [k]	*long été* [lɔ̃ ke te] dans le style littéraire soignée	
n = [n]	*en hiver* [ã ni vɛr] / *bon anniversaire* [bɔ na ni vɛr sɛr]	

Cas spécial: la liaison avec [n]

Quand le son [n] se prononce en liaison, la voyelle qui le précède peut
garder ou perdre sa nasalité, selon les règles suivantes:

---

9 La liaison est ce qui subsiste d'une forme plus ancienne de la langue où les consonnes finales étaient toujours prononcées.

- Après les adjectifs qualificatifs (qui ont des formes masculine et féminine), la voyelle **perd sa nasalité:**

  mon ancien ami [mɔ̃ nɑ̃ sjɛ na mi]

  notre bon ami [nɔ trə bɔ na mi]

  le divin enfant [lə di vi nɑ̃ fɑ̃]

- Après les mots *on, non, mon, ton, son, en, un, aucun, commun, bien* et *rien* (qui n'ont qu'une seule forme), la voyelle **garde sa nasalité:**

on entre [ɔ̃ nɑ̃tr]	*mon ami* [mɔ̃ na mi]
en arrivant [ɑ̃ na ri vɑ̃]	*un*[10] *ami* [ɛ̃ na mi]
aucun[10] *ennui* [o kɛ̃ nɑ̃ nɥi]	*bien entendu* [bjɛ̃ nɑ̃ tɑ̃ dy]
rien à faire [rjɛ̃ na fɛr]	

  Comparez les expressions suivantes:

  bon anniversaire [bɔ na ni vɛr sɛr] (voyelle dénasalisée)

  mon anniversaire [mɔ̃ na ni vɛr sɛr] (voyelle nasale conservée)

Types de liaison

Il y a trois types de liaison en français:

    obligatoires: qui se font toujours

      interdites: qui ne se font jamais

    facultatives: qui peuvent se faire ou non

Ne pas faire une liaison obligatoire ou faire une liaison où elle est interdite entraînera la plupart du temps des difficultés de compréhension. L'étudiant du français doit donc mémoriser ces deux groupes de liaison. Le troisième groupe (facultatif) comprend tout ce qui n'est pas dans les deux autres groupes; l'emploi de la liaison facultative dépend d'ailleurs de divers facteurs (stylistiques et dialectales) et ne changera rien au sens de l'énoncé.

On note la liaison obligatoire par un petit arc entre la consonne en liaison et la voyelle qui la suit: *mes‿amis*. La liaison facultative est notée par le même arc, mais entre parenthèses: *pas(‿)encore*. Et on note la liaison interdite par un petit ×: *lui et×elle*.

---

[10] Certains locuteurs prononcent l'article indéfini *un* (aussi dans ses mots dérivés comme *aucun*) avec une quatrième voyelle nasale [œ̃]. Pour une discussion de cette voyelle, voir Chapitre 4.

La liaison obligatoire

La liaison obligatoire se trouve toujours **à l'intérieur** du groupe grammatical où la cohérence des mots est forte. Elle donne souvent un
renseignement grammatical indispensable au sens de l'énoncé. Par
exemple, dans le groupe nominal, où elle lie les petits mots inaccentués
au mot principal, le son [z] après les mots comme *les, mes, des, ses, ces*
et certains adjectifs marque le pluriel du substantif:

des_idées   *les_autres_enfants*   *deux_églises*

Dans le groupe verbal où la liaison obligatoire lie les pronoms aux
verbes, le son [z] marque le pluriel dans les verbes en *-er* commençant
par une voyelle:

Comparez: *ils_aiment* [il zɛm] *(pl.)* ≠ *il aime* [i lɛm] *(sg.)*

Voici la liste des environnements où la liaison est obligatoire en français:

Dans le groupe nominal

- Entre un déterminant et un substantif (les déterminants sont les petits
  mots qui précèdent un substantif — les articles définis et indéfinis, les
  adjectifs démonstratifs, possessifs, interrogatifs et exclamatifs):

les_amis [le za mi]	*un*[11]*_enfant* [ɛ̃ nã fã]
aux_autres [o zotr]	*ces_enfants* [se zã fã]
mon_ami [mɔ̃ na mi]	*quels_idiots* [kɛl zi djo]

- Entre un déterminant et un adjectif ou entre un adjectif et un substantif:

mes_anciens_élèves [me zã sjɛ̃ ze lɛv]

trois_amis [trwa za mi]

les gros_arbres [le gro zarbr]

le petit_avion [lə pə ti ta vjɔ̃]

Dans le groupe verbal

- Entre un ou deux pronoms et un verbe qui suit:

Elles_arrivent [ɛl za riv]   *Ils_en_ont* [il zã nɔ̃]

- Entre un verbe et le pronom sujet quand celui-ci le suit:

Comprend-il? [kɔ̃ prã til]

- Entre un verbe à l'impératif et un pronom objet qui suit:

Allez-y! [a le zi]

---

[11] Prononcé aussi [œ̃ nã fã]

NOTE: Puisque la liaison est obligatoire entre un verbe à l'impératif et le pronom objet suivant, il faut ajouter un *s* écrit à la deuxième personne du singulier des verbes en *-er* à l'impératif quand le verbe est suivi de *y* ou de *en:*

Va! [va]	*Vas-y!* [va zi]
Mange! [mɑ̃ʒ]	*Manges-en!* [mɑ̃ʒ zɑ̃]

Après les prépositions et adverbes monosyllabiques

Prépositions

Liaison obligatoire	**comparez avec**	**Liaison facultative**
dans‿une heure		*depuis(‿)une heure*
en‿argent		*pendant(‿)une heure*
sous‿une pierre		*avant(‿)une heure*
sans‿arrêt		*devant(‿)une pierre*
chez‿elle		

CAS PARTICULIERS:

- La liaison ne se fait pas devant un nom propre: *chez×Anne.*
- La liaison après *vers* est assez rare: *vers(‿)elle* [vɛ rɛl] ou [vɛr zɛl]

Adverbes

Liaison obligatoire	**comparez avec**	**Liaison facultative**
très‿intéressant		*extrêmement(‿)intéressant*
bien‿intéressant		*tellement(‿)intéressant*
moins‿intéressant		*vraiment(‿)intéressant*
tout‿entier		*assez(‿)intéressant*
		jamais(‿)intéressant
		souvent(‿)ennuyé

CAS PARTICULIERS:

- La liaison est obligatoire dans la structure *après* + infinitif passé:
  après‿avoir bu [a pre[12] za vwar by]
  après être arrivé [a pre[12] zɛ tra ri ve]
- Dans la langue courante on ne fait pas toujours de liaison après les adverbes *pas* et *plus* (le comparatif ou le superlatif):
  pas(‿)encore [pa zɑ̃ kɔr] ou [pa ɑ̃ kɔr]
  plus(‿)élégant [ply ze le gɑ̃] ou [ply e le gɑ̃]

---

[12] Beaucoup de gens prononcent le mot *après* avec une voyelle ouverte [a prɛ]. Voir [e]–[ɛ], Chapitre 3.

• La liaison après *trop* et *fort* ne s'entend que dans un style très raffiné:

> *trop‿exigeant* [tro ɛg zi ʒɑ̃] ou [tro pɛg zi ʒɑ̃]
>
> *fort‿impressionnant* [fɔ rɛ̃ prɛ sjɔ nɑ̃] ou [fɔr tɛ̃ prɛ sjɔ nɑ̃]

Après la conjonction quand, le pronom relatif dont et le pronom tout:

> *quand‿il arrivera* [kɑ̃ ti la ri vra]
>
> *le livre dont‿il parle* [lə li vrə dɔ̃ til parl]
>
> *Tout‿est bien qui finit bien.* [tu te bjɛ̃ ki fi ni bjɛ̃]

ATTENTION! La liaison après l'adverbe interrogatif *quand* est interdite:

> *Quand×arrivent-ils?* [kɑ̃ a riv til]

Dans les locutions figées (cette liste n'est pas complète):

accent‿aigu	*petit‿à petit*
bien‿entendu	*sous‿entendu*
c'est‿à-dire	*sous‿officier*
Champs‿Élysées	*tout‿à coup*
de mieux‿en mieux	*tout‿à fait*
dix‿huit	*tout‿à l'heure*
États‿Unis	*tout‿au long*
fait‿accompli	*tout‿au moins*
mot‿à mot	*vingt‿et-un*
nuit‿et jour	*vingt‿huit*

La liaison interdite

Si la liaison obligatoire se fait à l'intérieur du groupe grammatical, où la cohérence est forte, la liaison est interdite là où il n'y a pas de cohérence grammaticale ou là où la perception de cohérence est très faible. Par exemple, la liaison est interdite après un mot accentué, parce que l'accent marque la fin du groupe rythmique:

> *Alors×, il vient?*

La liaison est rare et quelquefois interdite entre deux groupes syntaxiques importants (comme groupe nominal et groupe verbal) même s'ils font partie d'un seul groupe rythmique:

> *L'enfant×arrive. Les enfants‿arrivent[13].*
>
> *Viens avec nous×après la classe. Elles chantent×et×elles dansent.*

---

[13] La liaison se fait ici seulement dans un style très raffiné. Voir La liaison facultative.

Comparez les deux phrases suivantes. Dans la première, la liaison est obligatoire puisque les deux mots appartiennent au même groupe grammatical (le groupe verbal). Dans le deuxième, la liaison après le verbe se ferait très rarement puisqu'un nouveau groupe grammatical (un groupe nominal) suit:

    Réponds‿y.   *Réponds‿au téléphone.*

Les cas les plus importants de liaison interdite entre groupes suivent:

1. Après un substantif, nom propre ou pronom impersonnel au singulier:

       Son nez×*est petit.* [sɔ̃ ne e pə ti]

       Ce robot×*intelligent.* [sə ro bo ɛ̃ te li ʒɑ̃]

       Charles×*arrive.* [ʃar la riv]

       Chacun[14]×*apprend.* [ʃa kɛ̃ a prɑ̃]

   EXCEPTION: Rappelez-vous que la liaison est obligatoire après le pronom impersonnel *tout: tout‿est bien* [tu te bjɛ̃]

2. Après la conjonction *et* (qui marque la frontière entre deux groupes):

       et×*elles* [e ɛl]

3. Après les adverbes interrogatifs *comment, quand* et *combien*:

       Comment×*êtes-vous venu?* [kɔ mɑ̃ ɛt vu və ny]

       Quand×*avez-vous fini?* [kɑ̃ a ve vu fi ni]

       Combien×*en avez-vous?* [kɔ̃ bjɛ̃ ɑ̃ na ve vu]

   EXCEPTIONS IMPORTANTES:

       Comment‿allez-vous? [kɔ mɑ̃ ta le vu] (obligatoire)

       Quand‿est-ce que... [kɑ̃ tɛ skə] (obligatoire)

4. Entre le pronom sujet qui suit le verbe dans l'inversion et n'importe quel élément qui suit ce pronom (la plupart du temps ce qui suit le pronom appartient à un nouveau groupe grammatical):

Sont-ils×*arrivés?* [sɔ̃ ti la ri ve]	+ participe passé
Va-t-on×*entrer?* [va tɔ̃ ɑ̃ tre]	+ infinitif
Êtes-vous×*heureux?* [ɛt vu ø rø]	+ adjectif
Voulez-vous×*une pomme?*	+ objet direct
[vu le vu yn pɔm]	

---

[14] Aussi prononcé [ʃa kœ̃]

*Écrivent-elles*_× *à Jean?* [e kriv tɛ la ʒɑ̃]   + objet indirect

*En avons-nous*_× *assez?* [ɑ̃ na vɔ̃ nu a se]   + adverbe

*Partez-vous*_× *avec Anne?*   + préposition
[par te vu a vɛ kan]

5. Après un adjectif ou nombre qui ne précède pas un substantif et après un pronom objet qui ne précède pas un verbe[15]:

Liaison interdite	comparez avec	Liaison obligatoire
*Des yeux beaux*_× *et grands*		*De beaux‿yeux*
*Il en donne deux*_× *au petit.*		*Deux‿enfants*
*Donne-les*_× *aux enfants.*		*Il les‿aime.*

Expressions à noter: *Deux*_× *et deux font quatre. Deux*_× *à deux*

Cas particuliers de liaison interdite à l'intérieur du groupe grammatical

1. Devant un «*h aspiré*». Dans un certain nombre de mots commençant par la lettre *h*, la liaison et l'élision sont impossibles avec la voyelle qui suit. On appelle cet *h* un «*h aspiré*» pour le distinguer du *h* normal qui permet la liaison et l'élision. (Voir Chapitre 7 pour une discussion du *h aspiré*.)

h normal	*h aspiré*
les‿hôtels [le zo tɛl]	*les*_× *hiboux* [le i bu]
en‿hiver [ɑ̃ ni vɛr]	*en*_× *haut* [ɑ̃ o]

Voici une liste de mots fréquents qui (avec leurs dérivés) commencent par un *h aspiré*:

la hache	*le hall*
le hachisch	*le halo*
la haie	*la halte*
le haillon	*le hameau*
la haine	*le hamster*
haleter	*la hanche*

---

[15] La liaison entre un adjectif (ou un nombre) et le substantif suivant ainsi qu'entre un pronom objet et le verbe suivant est obligatoire; elle indique souvent le nombre (singulier ou pluriel) du substantif ou du pronom objet. Lorsque l'adjectif, le nombre ou le pronom objet se trouve déplacé dans l'énoncé, cette fonction grammaticale disparaît; il se trouve suivi la plupart du temps d'un nouveau groupe grammatical et la liaison devient impossible.

le handball	*le hêtre*
le handicap	*heurter*
le hangar	*le hibou*
le hanneton	*hideux*
hanter	*la hiérarchie*
harasser	*hisser*
harceler	*hocher*
hardi	*le hockey*
le hareng	*la Hollande*
le haricot	*le homard*
la harpe	*la Hongrie*
le hasard	*la honte*
la hâte	*le hoquet*
haut	*hors*
la Haye	*le huguenot*
hennir	*huit* (mais *dix_huit,*
la hernie	*vingt_huit*)
le héros (mais pas ses	*hurler*
dérivés: *l'héroïne,*	*la hutte*
l'héroïsme)	

NOTE: Remarquez que l'interdiction de la liaison devant un *h aspiré* sert quelquefois à distinguer deux mots homophones:

les×hauteurs [le o tœr]	*les_auteurs* [le zo tœr]
les×hêtres [le ɛtr]	*les_êtres* [le zɛtr]
les×héros [le e ro]	*les zéros* [le ze ro]

2. Devant les mots *onze* et *oui*:

   les×onze enfants [le ɔ̃ zɑ̃ fɑ̃]   *les×oui* [le wi]

NOTE: L'élision est aussi impossible devant le mot *onze*: *le onze novembre.*

3. Devant [j] ou [w] dans les mots étrangers:

les×yod [le jɔd]	*les×watt* [le wat]
les×Yankee [le jɑ̃ ki]	*les×week-ends* [le wi kɛnd]

   COMPAREZ: *les_iodes* [le zjɔd], *les_ouates* [le zwat]

4. Dans les mots composés au pluriel:

*salles*ₓ*à manger* [sa la mɑ̃ ʒe]

*arcs*ₓ*-en-ciel* [ar kɑ̃ sjɛl]

*moulins*ₓ*à vent* [mu lɛ̃ a vɑ̃]

*machines*ₓ*à écrire* [ma ʃi na e krir]

*brosses*ₓ*à dent* [brɔ sa dɑ̃]

La liaison facultative

L'emploi de la liaison facultative dépend d'abord du niveau de langue. Plus le style est soigné, plus les liaisons sont utilisées. Ainsi utilisera-t-on toutes ou presque toutes les liaisons dans la lecture de la poésie. Par ordre décroissant, nous pouvons discerner trois autres niveaux de langue: le style «conférence», la conversation soignée et enfin la conversation familière où il n'y a pas ou presque pas de liaisons facultatives. Le nombre de liaisons dans la phrase *Vous, les femmes actives avez agi* changera donc en fonction du niveau de langue:

La poésie	*Vous, les femmes‿actives‿avez‿agi*
La conférence	*Vous, les femmes‿actives avez‿agi*
La conversation soignée	*Vous, les femmes‿actives avez agi*
La conversation familière	*Vous, les femmes actives avez agi*

Des facteurs syntaxiques jouent aussi un rôle important dans l'emploi des liaisons facultatives. À l'intérieur d'un groupe grammatical (c'est-à-dire un groupe nominal, un groupe verbal, etc.), les mots ont tendance à se lier plus souvent que les mots appartenant à des groupes différents. Ainsi, dans l'exemple ci-dessus, la connexion entre *femmes actives* (à l'intérieur du groupe nominal) est plus forte que la connexion entre *actives avez* (entre groupe nominal et groupe verbal).

Note linguistique

D'autres facteurs qui contribuent à l'emploi de la liaison facultative comprennent le milieu géographique, le milieu social, l'âge et l'éducation du locuteur. Le maintien de liaisons facultatives s'associe en général avec des parlers plus conservateurs. On entend alors plus de liaisons dans les endroits ruraux que dans les villes, chez les personnes âgées plutôt que chez les jeunes et dans le parler des gens plus éduqués.

Il existe quatre grandes catégories de liaisons facultatives:

1. Après les substantifs au pluriel (cette liaison ne se fait qu'à des niveaux de langue très élevés, par exemple dans la lecture de la poésie):

    les femmes‿inactives [le fa mi nak tiv] ou [le fam zi nak tiv]

    les femmes‿arrivent [le fa ma riv] ou [le fam za riv]

2. Après les verbes

    * Après le verbe *être*, on entend très fréquemment la liaison dans des constructions impersonnelles:

        C'est‿exact. [sɛ tɛg za]

        Il était‿impossible. [i le te[16] tɛ̃ pɔ sibl]

    * Si le verbe *être* a un sujet personnel, la liaison la plus fréquente se fait après la troisième personne du singulier et la troisième personne du pluriel:

        Il est‿absent. [i lɛ tap sɑ̃]   *Ils sont‿arrivés.* [il sɔ̃ ta ri ve]

    Elle se fait moins souvent (mais tout de même assez fréquemment) après la première personne du singulier et du pluriel:

        Je suis‿énergique. [ʒə sɥi e nɛr ʒik] ou [ʒə sɥi ze nɛr ʒik]

        Nous sommes‿ici. [nu sɔ mi si] ou [nu sɔm zi si]

    La liaison se fait le moins souvent après la deuxième personne du singulier et du pluriel:

        Tu es‿idiot. [ty e i djo]

        Vous êtes‿intelligent. [vu zɛ tɛ̃ tɛ li ʒɑ̃]

    * Entre les autres verbes auxiliaires (ou modaux) et le verbe principal, la liaison est facultative. Cette liaison est de loin la plus fréquente après les formes *ils ont, ils sont, ils vont* et *ils font*. Dans les autres cas, la liaison se fait seulement dans les styles élevés:

        Ils ont‿étudié   *Ils vont‿étudier*   *Ils font‿étudier les enfants*

        Il pourrait‿étudier   *Il veut‿étudier*

        Tu peux‿étudier   *Vous vouliez‿étudier*

        Je vais‿étudier   *Nous désirons‿étudier*

---

[16] Beaucoup de locuteurs prononcent une voyelle ouverte dans les terminaisons verbales *-ais, -ait, -aient:* [i le tɛ]. Voir [e]–[ɛ], Chapitre 3.

+ Après les autres verbes, la liaison est facultative, mais ne se fait qu'à des niveaux de langue très élevés:

Ils‿arrivent‿à l'heure [il za ri va lœr] ou [il za riv ta lœr]

Il prend‿une bière [il prɑ̃ yn bjɛr] ou [il prɑ̃ tyn bjɛr]

EXCEPTION: N'oubliez pas que la liaison est obligatoire entre un verbe à l'impératif et un pronom objet suivant ainsi qu'entre un verbe et le pronom sujet qui le suit:

Vas‿y! [va zi]   *Comprend‿il?* [kɔ̃ prɑ̃ til]

+ La liaison après l'infinitif est possible mais ne s'entend que dans les styles les plus élevés, comme dans la lecture de ces vers de Marceline Desbordes-Valmore:

Vous viendrez rêvant / Sonner‿à ma porte

3. Après les adverbes et les prépositions de plus d'une syllabe:

après‿une minute [a pre[17] yn mi nyt] ou

[a pre[17] zyn mi nyt]

complètement‿énervé [kɔ̃ plɛt mɑ̃ e nɛr ve] ou

[kɔ̃ plɛt mɑ̃ te nɛr ve]

REMARQUE: Plus l'adverbe ou la préposition est court, plus forte sera la tendance à la liaison. Dans les deux exemples ci-dessus, la liaison se ferait plus souvent dans le premier cas.

4. Après les conjonctions:

mais‿enfin [me[18] ɑ̃ fɛ̃] ou [me[18] zɑ̃ fɛ̃]

EXCEPTION IMPORTANTE: Rappelez-vous que la liaison ne se fait jamais après la conjonction *et:*

Et⤬alors?

Lectures supplémentaires (*la joncture*)

Voir bibliographie.

---

[17] Aussi prononcé [a prɛ]

[18] Le mot *mais* peut se prononcer avec une voyelle fermée [me] ou une voyelle ouverte [mɛ]. La voyelle ouverte s'entend le plus souvent quand le [z] est prononcé en liaison. Voir [e]–[ɛ], Chapitre 3.

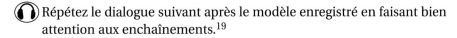

Exercices d'application

Exercice oral

🎧 Répétez le dialogue suivant après le modèle enregistré en faisant bien attention aux enchaînements.[19]

— Je crois qu'elle attend.
— Tu crois qu'elle attend ou tu crois qu'elle l'attend?
— Je crois qu'elle l'attend mais qu'elle a le temps.
— Tu me mens.
— Mais non, je ne te mens pas! Elle sait qu'il vient de dîner et elle l'attend.
— Qu'il vient dîner! Tu aurais pu me prévenir à temps!
— Mais non, il ne vient pas dîner.
— Tu me prends pour une idiote? Tu viens de me le dire.
— Je n'ai pas dit qu'il vient dîner puisqu'il a déjà dîné!
— Admettons que je suis folle!
— Tu pourrais m'écouter avant de dire que je cherche à te faire passer pour une folle. Je te répète qu'il vient de dîner. Alors, il ne va tout de même pas recommencer. «Il vient de dîner» et «il vient dîner», ce n'est pas la même chose!
— Oui, mais le français est tout de même une drôle de langue!

Exercices écrits et oraux

🎧 *Exercice 1* Dans les expressions suivantes, marquez toutes les liaisons obligatoires, interdites et facultatives. Ensuite, transcrivez les expressions à l'aide de symboles phonétiques. Enfin, répétez les mots après le modèle enregistré.

1. l'enfant arrive
2. ces petits enfants
3. des héros
4. de grands éléphants
5. vingt-et-un
6. comprend-il
7. le premier hôtel
8. huit arbres
9. ils arrivent à huit heures
10. pas encore
11. ils sont entrés
12. lui et elle
13. moulins à vent
14. aux écoliers

---

[19] Tiré de G. Faure et A. DiCristo 1977:78–79

15. aux anciens invités

16. un petit éléphant

17. trois indiens

18. un grand ami

19. un bon élève

20. que cherchent-ils

21. des étudiants ennuyés

22. c'était incroyable

23. en Égypte

24. en arrière

25. les enfants

26. accent aigu

Exercice 2 Dans les phrases suivantes, marquez toutes les liaisons obligatoires, interdites et facultatives. Ensuite, transcrivez les phrases à l'aide de symboles phonétiques. Attention aux voyelles nasales et orales. Enfin, répétez les phrases après le modèle enregistré.

1. Je les ai vus, mes anciens élèves.

2. Il est très attentif mais complètement idiot.

3. Allons-y sans Hélène; nous finirons avant elle.

4. C'est un ancien amour.

5. Ton ami entre avec son ancien étudiant.

6. On a bien étudié.

7. Bon anniversaire!

8. Ils n'ont aucun ennui.

9. Au Moyen Âge, on vivait en plein air.

10. Quand ont-ils annoncé la nouvelle?

11. Mais où vont-ils, Henri et Hervé?

12. C'est une situation dont ils ont rêvé.

13. Il les a vus arriver.

14. Mangez-en.

15. Nous sommes invités chez elle.

16. Ils arriveront avant une heure avec les onze étudiants étrangers.

17. Vous héritez d'un hôtel.

18. Ces individus ont horreur des insectes.

19. Charles est arrivé en avance et il en est honteux.

20. Les ont-ils achetés?

21. C'est en haut de la montagne.

22. À quelle heure vont-ils arriver?

23. Combien en ont-ils pris?

24. Les huit enfants ont envoyé leurs idées originales.

25. Elle nous a écrit une lettre.

26. Ont-ils admiré les deux yachts?

27. Elle est indépendante et j'en suis impressionnée.

28. Mais ils aimeraient les autres homards.

29. Ils y arrivent petit à petit.

30. Leurs enfants sont très intelligents.

31. Elle les a inscrits après être arrivée.

32. Ces architectes ont achevé leurs observations.

33. Le train arrivera dans un instant.

34. Nous en avons un de plus.

35. Comment ont-elles appris mon adresse?

36. Les Yankee ont emporté la victoire.

37. La gloire ou le mérite de certains hommes est de bien écrire; et de quelques autres, c'est de n'écrire point. (La Bruyère)

Exercice 3 Dans les phrases suivantes, marquez toutes les liaisons obligatoires, interdites et facultatives. Ensuite, transcrivez les phrases à l'aide de symboles phonétiques. Attention aux voyelles nasales et orales. Enfin, répétez les phrases après le modèle enregistré.

1. Les hirondelles ont harcelé les hippopotames du zoo.

2. Les huit haricots dans la chaussure du héros étaient un handicap pour l'équipe de hockey.

3. Les hommes ont hérité d'un haut parleur.

4. Les Hollandais ont honte de hurler à la Haye.

5. La Hongroise Henriette est très honnête et humble.

6. Son ange gardien a un halo et joue de la harpe à huit heures du matin.

7. Les Haïtiens ont haleté en hissant les homards à bord de l'hydravion.

8. Henri, le hors-la-loi qui hait les hamsters, a le hoquet.

9. Ils sont à l'hôtel, en haut.

10. La vie des héros a enrichi l'histoire, et l'histoire a embelli les actions des héros: ainsi je ne sais qui sont plus redevables, ou ceux qui ont écrit l'histoire à ceux qui leur en ont fourni une si noble matière, ou ces grands hommes à leurs historiens. (La Bruyère)

🎧 ***Exercice 4***   Transcrivez à l'aide de symboles phonétiques le poème «Extase» par Victor Hugo. Faites bien attention à la division syllabique, à l'enchaînement et aux liaisons. Enfin, répétez le poème après le modèle enregistré.

> J'étais seul près des flots, par une nuit d'étoiles.
> Pas un nuage aux cieux, sur les mers pas de voiles,
> Mes yeux plongeaient plus loin que le monde réel,
> Et les bois, et les monts, et toute la nature,
> Semblaient interroger dans un confus murmure
>   Les flots des mers, les feux du ciel.
>
> Et les étoiles d'or, légions infinies,
> À voix haute, à voix basse, avec mille harmonies,
> Disaient en inclinant leurs couronnes de feu;
> Et les flots bleus, que rien ne gouverne et n'arrête,
> Disaient en recourbant l'écume de leur crête:
>   C'est le Seigneur, le Seigneur Dieu.

🎧 ***Exercice 5***   Transcrivez à l'aide de symboles phonétiques le poème «Qu'en avez-vous fait?» par Marceline Desbordes-Valmore. Faites attention à la division syllabique, à l'enchaînement et aux liaisons. Enfin, répétez le poème après le modèle enregistré.

> Vous aviez mon cœur,
> Moi, j'avais le vôtre;
> Un cœur pour un cœur;
> Bonheur pour bonheur!
>
> Le vôtre est rendu;
> Je n'en ai plus d'autre;
> Le vôtre est rendu,
> Le mien est perdu!
>
> La feuille et la fleur
> Et le fruit lui-même,
> La feuille et la fleur,
> L'encens, la couleur;
>
> Qu'en avez-vous fait,
> Mon maître suprême?
> Qu'en avez-vous fait,
> De ce doux bienfait?
>
> Comme un pauvre enfant,
> Quitté par sa mère,
> Comme un pauvre enfant,
> Que rien ne défend:

Vous me laissez là,
Dans ma vie amère,
Vous me laissez là,
Et Dieu voit cela!

Savez-vous qu'un jour,
L'homme est seul au monde?
Savez-vous qu'un jour,
Il revoit l'amour?

Vous appellerez
Sans qu'on vous réponde,
Vous appellerez
Et vous songerez!...

Vous viendrez rêvant
Sonner à ma porte;
Ami comme avant,
Vous viendrez rêvant.

Et l'on vous dira:
«Personne! elle est morte.»
On vous le dira:
Mais qui vous plaindra?

Exercices de révision (Prosodie)[20]

Exercices écrits et oraux

Exercice 1 Divisez le poème suivant, «Le Corbeau et le renard» par Jean de La Fontaine, en groupes rythmiques (n'oubliez pas que plusieurs divisions sont possibles). Ensuite, marquez l'intonation par des flèches et indiquez les liaisons obligatoires, interdites et facultatives. Enfin, répétez le poème après le modèle enregistré.

Maître corbeau, sur un arbre perché,

Tenait en son bec un fromage.

Maître renard, par l'odeur alléché,

---

[20] Des passages supplémentaires se trouvent à l'Appendice D.

Lui tint à peu près ce langage!

«Et bonjour, Monsieur du Corbeau.

Que vous êtes joli! Que vous me semblez beau!

Sans mentir, si votre ramage

Se rapporte à votre plumage,

Vous êtes le phénix des hôtes de ces bois.»

À ces mots, le corbeau ne se sent pas de joie;

Et pour montrer sa belle voix,

Il ouvre un large bec, laisse tomber sa proie.

Le renard s'en saisit, et dit: «Mon bon monsieur,

Apprenez que tout flatteur

Vit au dépens de celui qui l'écoute.

Cette leçon vaut bien un fromage sans doute.»

Le corbeau honteux et confus,

Jura, mais un peu tard, qu'on ne l'y prendrait plus.

Exercice 2 Divisez le poème suivant, «La Cigale et la fourmi» par Jean de La Fontaine, en groupes rythmiques (n'oubliez pas que plusieurs divisions sont possibles). Ensuite, marquez l'intonation par des flèches et indiquez les liaisons obligatoires, interdites et facultatives. Enfin, répétez le poème après le modèle enregistré.

La cigale, ayant chanté tout l'été,

Se trouva fort dépourvue

Quand la bise fut venue.

Pas un seul petit morceau

De mouche ou de vermisseau.

Elle alla crier famine

Chez la fourmi sa voisine,

La priant de lui prêter

Quelque grain pour subsister

Jusqu'à la saison nouvelle.

«Je vous paierai, lui dit-elle,

Avant l'août, foi d'animal,

Intérêt et principal.»

La fourmi n'est pas prêteuse;

C'est là son moindre défaut.

«Que faisiez-vous au temps chaud?»

Dit-elle à cette emprunteuse.

«Nuit et jour à tout venant

Je chantais, ne vous déplaise.»

— «Vous chantiez? J'en suis fort aise.

Eh bien! dansez maintenant.»

Exercice 3 Divisez le passage suivant, «Le Port», tiré du *Spleen de Paris* par Charles Baudelaire, en groupes rythmiques (n'oubliez pas que plusieurs divisions sont possibles). Ensuite, marquez l'intonation par des flèches et indiquez les liaisons obligatoires, interdites et facultatives. Enfin, répétez le passage après le modèle enregistré.

Un port est un séjour charmant pour une âme fatiguée

des luttes de la vie. L'ampleur du ciel, l'architecture mobile

des nuages, les colorations changeantes de la mer, le

scintillement des phares, sont un prisme merveilleusement

propre à amuser les yeux sans jamais les lasser. Les formes

élancées des navires, au gréement compliqué, auxquels

la houle imprime des oscillations harmonieuses, servent à

entretenir dans l'âme le goût du rythme et de la beauté.

Et puis, surtout, il y a une sorte de plaisir mystérieux et

aristocratique pour celui qui n'a plus ni curiosité ni ambition,

à contempler, couché dans le belvédère ou accoudé sur le

môle, tous ces mouvements de ceux qui partent et de ceux

qui reviennent, de ceux qui ont encore la force de vouloir,

le désir de voyager et de s'enrichir.

Exercice 4 Divisez le passage suivant, tiré du *Journal 1889–1939, Feuillets* par André Gide, en groupes rythmiques (n'oubliez pas que plusieurs divisions sont possibles). Ensuite, marquez l'intonation par des flèches et indiquez les liaisons obligatoires, interdites et facultatives. Enfin, répétez le passage après le modèle enregistré.

Les plus importantes découvertes ne sont dues le plus souvent

qu'à la prise en considération de tout petits phénomènes, dont on

ne s'apercevait jusqu'alors que parce qu'ils faussaient légèrement

les calculs, estropiaient insensiblement les prévisions, inclinaient

imperceptiblement de-ci de-là le fléau de la balance.

Je songe à la découverte de ces nouveaux «corps simples»

en chimie, d'isolation si difficile. Je songe surtout à la

décomposition des corps simples, des «corps» que la chimie

considérait comme «simples» jusqu'aujourd'hui. Je songe qu'en

psychologie il n'y a pas de sentiments simples et que bien des

découvertes dans le cœur de l'homme restent à faire.

Exercice 5 Divisez le passage suivant, tiré du *Journal 1889–1939,
Feuillets* par André Gide, en groupes rythmiques (n'oubliez pas que
plusieurs divisions sont possibles). Ensuite, marquez l'intonation
par des flèches et indiquez les liaisons obligatoires, interdites et
facultatives. Enfin, répétez le passage après le modèle enregistré.

Revenu de Zurich à Neuchâtel, 1er mai (1927)

Ville engourdie dans un brouillard argenté, que, vers midi,

le soleil dissipe. Tout le monde au culte car c'est dimanche. Je

m'assieds sur un banc, en face du lac dont, ce matin, le brouillard

cachait la rive opposée et qui prenait un aspect... de Mer du Nord.

(Longtemps, je cherche en vain l'épithète de quatre syllabes qui

conviendrait.) Volontiers j'habiterais à Neuchâtel, où le souvenir

de Rousseau rôde encore, et où les enfants sont plus beaux que

partout ailleurs (au-dessous de 16 ans, pas admis au cinéma).

Le sol de la ville est si propre que je n'ose y jeter ma cigarette.

Toutes les pensées de ces gens qui circulent, un livre de

«psaumes et cantiques» sous le bras, sont blanchies et repassées

par le sermon qu'ils viennent d'entendre, bien rangées dans leur

tête comme dans une armoire à linge propre. (Je voudrais fouiller

dans le tiroir d'en bas; j'ai la clef.) Des cloches sonnent. Est-ce

l'heure d'un nouveau culte, ou du déjeuner? Les quais se vident.

Deuxième partie

Les voyelles
et les
semi-voyelles

Introduction

Les sons d'une langue se divisent en trois catégories: voyelles, consonnes et semi-voyelles (appelées aussi semi-consonnes). Une voyelle est un son pour lequel l'air venant des poumons sort sans obstacle par la bouche (et aussi par le nez dans le cas des voyelles nasales). Dans la production d'une consonne, au contraire, l'air rencontre un obstacle — soit complet soit partiel — dans son passage vers l'extérieur. Pour illustrer cette différence, comparons la voyelle [a] à la consonne [p]. Pour la voyelle, l'air passe de façon ininterrompue par la bouche, mais pour la consonne, le passage de l'air est arrêté momentanément par l'obstacle formé par les deux lèvres. Pour les semi-voyelles, le passage de l'air est plus fermé que pour les voyelles mais n'est toutefois ni obstrué ni étroitement fermé comme pour les consonnes. Comparez les trois sons suivants:

> [i] (voyelle): l'air passe sans obstacle entre la partie antérieure de la langue et le palais dur

> [j] (semi-voyelle): l'espace entre la partie antérieure de la langue et le palais dur est plus étroit que pour [i] mais reste ouvert

> [ʒ] (consonne): l'air rencontre un obstacle partiel entre la partie antérieure de la langue et le palais dur, ce qui produit une friction

On décrit les voyelles à l'aide des quatre paramètres suivants, définis en fonction de leur articulation:

1. La partie de la langue qui se soulève ou s'abaisse pour articuler la voyelle: *antérieure* ou *postérieure;* par exemple, [y] ou [u]
2. La position des lèvres: *écartée* ou *arrondie;* par exemple, [i] ou [y]
3. L'aperture de la bouche: *très fermée, fermée, ouverte* ou *très ouverte;* par exemple, [i], [e], [ɛ] ou [a]
4. Le passage de l'air: *orale* ou *nasale;* par exemple, [a] ou [ã]

Différences entre les voyelles du français et celles de l'anglais

On distingue généralement trois types de différences entre les voyelles du français et celles de l'anglais:

1. Les voyelles françaises ne sont jamais diphtonguées, c'est-à-dire que la tension musculaire des mâchoires, des lèvres et de la

langue est soutenue pendant toute la durée de la voyelle,
ce qui assure la pureté du son. En anglais, par contre, dans
la prononciation d'une voyelle il y a souvent dans la même
syllabe un mouvement de la langue jusqu'à une position plus
haute dans la bouche; par exemple, [i] devient [j], [u] devient
[w]. On appelle diphtongue cette combinaison voyelle/semi-
voyelle. Pour la voyelle du mot anglais *sea*, la langue commence
donc dans la position de prononciation de [i], mais s'élève
un peu pour finir dans la position de [j]: [si^j]. Mais dans
le mot français *si*, les organes de la parole gardent la même
position pendant toute la durée de la voyelle: [si]. Comparez
aussi:

français	*anglais*
dé [de]	*day* [de^j]
tout [tu]	*two* [tu^w]

2. Les voyelles françaises ont, en syllabe inaccentuée, une
    prononciation très proche de celle qu'elles ont en syllabe
    accentuée. (L'exception est la voyelle [ə], qui disparaît
    quelquefois en position inaccentuée: *mon p'tit ami.*) La
    syllabe accentuée en français est toujours la dernière syllabe
    du groupe rythmique. Cette prononciation de la voyelle
    inaccentuée en français a une importance particulière pour
    l'étudiant anglophone, car en anglais la voyelle inaccentuée
    tend à devenir une voyelle neutre [ə] ou à disparaître
    complètement. Étudiez les exemples suivants de voyelles
    inaccentuées dans les deux langues, où le signe ⁄ marque
    l'accent tonique.

français	*anglais*
écon<u>o</u>míe [ɔ]	ecón<u>o</u>my [ə]
music<u>a</u>lité [a]	músic<u>a</u>l [ə]
profess<u>eu</u>r de máths [œ]	proféss<u>o</u>r [ə]
capit<u>á</u>le [i]	cápit<u>a</u>l [ə]
Barb<u>a</u>ŕa [a]	Bárb<u>a</u>ra [ə] ou *muet*

3. Quand on compare le système vocalique du français à celui de
    l'anglais, on constate qu'il y a plus de voyelles arrondies et plus
    de voyelles antérieures en français qu'en anglais. De plus, les
    voyelles très fermées en français sont plus fermées que les
    voyelles anglaises correspondantes.

Chapitre 3
Étude détaillée des voyelles orales

Articulation des voyelles orales

On peut diviser les voyelles orales en trois groupes en fonction de leur articulation. Ces trois séries (dont deux antérieures et une postérieure) sont représentées schématiquement dans le Tableau 3.1, qui précise leur position dans la bouche.

Toutes les voyelles représentées dans le Tableau 3.1 sont orales, c'est-à-dire que pour les produire, l'air passe uniquement par la bouche. Jetons un coup d'œil sur les autres caractéristiques de ces trois séries de voyelles avant d'examiner chaque série en détail.

La première série consiste en [i], [e], [ɛ] et [a]. Selon les critères donnés ci-dessus pour caractériser les voyelles, ces voyelles sont *antérieures* (la partie antérieure de la langue se soulève vers le palais) et *écartées* (les lèvres ne sont pas arrondies). Ce qui différencie les quatre voyelles est l'aperture de la bouche: [i] est *très fermée* [e] *fermée*, [ɛ] *ouverte* et [a] *très ouverte*.

La deuxième série consiste en [y], [ø] et [œ]. Ces voyelles sont *antérieures* et *arrondies;* [y] est *très fermée*, [ø] *fermée* et [œ] *ouverte*.

Tableau 3.1 L'articulation des voyelles orales

Position de la langue	Antérieure		Postérieure	
Position des lèvres	Écartée	Arrondie	Écartée	Arrondie
Série	1	2		3
Aperture de la bouche				
Très fermée	i	y		u
Fermée	e	ø		o
		ə		
Ouverte	ɛ	œ		ɔ
Très ouverte	a		(ɑ)	

La troisième série consiste en [u], [o] et [ɔ]. Ces voyelles sont toutes trois *postérieures* (la partie postérieure de la langue se soulève vers le palais) et *arrondies;* [u] est *très fermée*, [o] *fermée* et [ɔ] *ouverte*.

La voyelle [ə] a une articulation très proche de celle de [ø] et de [œ]. Elle est *antérieure* (un peu plus centrale que [ø] et [œ]) et *arrondie* et *varie entre fermée et ouverte*. La différence entre [ə], [ø] et [œ] est déterminée par leur environnement; voir Chapitre 5.

La voyelle [ɑ] est une variante *postérieure* de la voyelle [a]. Cette variante est *écartée* et *très ouverte*. Elle se trouve dans une quantité très limitée de mots, et la fréquence de prononciation du [ɑ] décroît actuellement. Pour son emploi, voir [a]–[ɑ], plus tard dans ce chapitre.

Première série: [i], [e], [ɛ], [a]

Dans la production de ces quatre voyelles, les lèvres sont écartées, la pointe de la langue reste derrière les dents inférieures et la partie antérieure de la langue est soulevée vers le palais dur. La différence de prononciation parmi ces quatre voyelles réside dans l'aperture de la bouche, c'est-à-dire dans la hauteur de la partie antérieure de la langue par rapport au palais. Comparez la largeur du passage de l'air dans les dessins de la Figure 3.1.

La voyelle [i]

Orthographe

Le son [i] en français correspond aux lettres *i, î, ï* et *y* de la langue écrite:

    si [si]   *île* [il]   *maïs* [ma is]   *stylo* [sti lo]

Articulation

> antérieur, écarté, très fermé et oral

Pour articuler la voyelle [i], mettez la pointe de la langue derrière les dents inférieures. Écartez les lèvres et soulevez la partie antérieure de la langue (sans bouger la pointe de la langue) vers le palais dur sans le toucher (voir Figure 3.1).

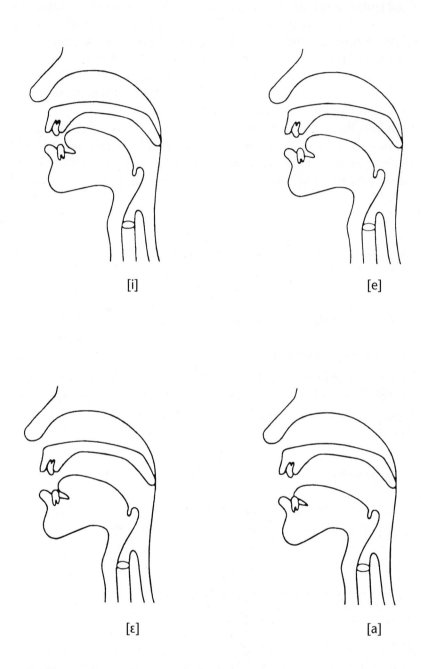

Figure 3.1
La première série des voyelles orales: [i], [e], [ɛ], [a].

Tendances à éviter

• Gardez constante la tension musculaire des lèvres, de la langue et des mâchoires pour éviter la diphtongue [iʲ] qu'on entend en anglais.

anglais	*français*
sea [siʲ]	*si* [si]

• Efforcez-vous de prononcer toujours une voyelle très fermée, surtout en position inaccentuée. Dans cette position en anglais, on prononce souvent une voyelle plus ouverte; par exemple, la voyelle du mot anglais *bit* [bIt].

anglais	*français*
Emily [ɛmIli]	*Émilie* [e mi li]

• Ne prononcez jamais la diphtongue [aʲ] qu'on entend souvent pour la lettre *i* en anglais:

anglais	*français*
site [saʲt]	*site* [sit]

Variation dialectale

Dans le français canadien ainsi que dans des parlers de l'ouest de la France, il existe une variante plus ouverte ([I]) de la voyelle [i]. Elle se prononce seulement dans les syllabes fermées, mais pas devant [r][1]:

	fr. standard	*fr. canadien*
si	[si]	[si]
site	[sit]	[sIt]
cire	[sir]	[sir]

Le son et la grammaire

La voyelle [i] est très importante

• dans la formation du participe passé des verbes en *-ir:*

fini	*sorti*	*choisi*

• dans la conjugaison des verbes en *-ir:*

je réussis	*nous réussissons*	*elles réussissent*
je réussirai	*je réussissais*	

---

[1] Léon, Bhatt & Baligand 1992:214–215

Exercices d'application

Exercices oraux

🎧 *Exercice 1* Répétez les paires suivantes. Dans chaque paire, le premier mot contient la diphtongue anglaise [iʲ] et le deuxième, la voyelle française [i]. Faites bien attention à garder constante la tension de la voyelle française.

sea / si	plea / pli	dean / dîne
we / oui	lee / lit	read / ride
me / mi	peal / pile	seat / cite
fee / fit	feel / fil	teak / tic
knee / ni	fear / firent	peak / pic
ski / ski	dear / dirent	

🎧 *Exercice 2* Répétez les paires suivantes. Dans chaque paire, le premier mot est en anglais et le deuxième en français. Faites bien attention à prononcer la voyelle très fermée [i] dans les mots français, surtout quand [i] se trouve en position inaccentuée.

magic / magique	philosophy / philosophie
fantastic / fantastique	compliment / compliment
pensive / pensive	director / directeur
active / active	guitar / guitare
stability / stabilité	initial / initial
visibility / visibilité	mobilization / mobilisation
Republican / républicain	civilization / civilisation
Virginia / Virginie	habitation / habitation
Emily / Émilie	Philip / Philippe

🎧 *Exercice 3* Répétez les paires suivantes. Dans chaque paire, le premier mot est en anglais et le deuxième en français. Faites bien attention à prononcer la voyelle très fermée [i] dans le mot français.

society / société	China / Chine
isolation / isolation	pipe / pipe
ideal / idéal	sire / sire
idea / idée	site / site
idol / idole	silence / silence
diamond / diamant	line / ligne
pile / pile	sign / signe

🎧 *Exercice 4* **Le son et la grammaire** Répétez les mots suivants en faisant bien attention à prononcer un [i] très fermé et pur.

sorti	il suffit	ils finissent
parti	il fuit	ils grandissent
choisi	il périt	ils rougissent
servi	il lit	ils réussissent
dormi	il rit	ils pâlissent

🎧 *Exercice 5* Répétez les mots suivants en faisant bien attention à prononcer un [i] très fermé et pur.

stylo	actif	actrice	tranquille
Asie	active	conservatrice	mille
ici	sportif	chic	difficile
Paris	sportive	île	ministre
joli	juif	sénile	registre
midi	juive	ville	fleuriste

🎧 *Exercice 6* Répétez le vers suivant en faisant bien attention à prononcer un [i] très fermé.

Cri, cri, cri, cri, cri.
Qui vient par ici?
Cri, cri, cri, cri, cri.
C'est la petite souris.
   (vers traditionnel)

Exercices oraux et écrits

🎧 *Exercice 1* Répétez le dialogue suivant en faisant bien attention à la voyelle [i]. Ensuite, faites la transcription du dialogue en symboles phonétiques.

— Dis, Marie, qui sera ici en ville mardi?
— Sophie rend visite à sa fille Annie. Elle sera ici.
— Et Yves? Il a fini son stage à Nîmes?
— Oui, mais il m'a dit qu'il irait vivre en Chine.
— En Chine? En Asie? Quelle surprise!
— Oui, moi aussi, je suis surprise. Depuis qu'il habite ici, il exprime son désir de vivre en Floride, et maintenant il annonce son départ pour l'Asie.

🎧 *Exercice 2* Répétez le dialogue[2] suivant en faisant bien attention à la voyelle [i]. Ensuite, faites la transcription du dialogue en symboles phonétiques.

> — C'est Sylvie qui t'a dit qu'Émilie est ici?
> — Oui, tu as l'air surpris!
> — Ici? À Paris? À cette époque-ci?
> — Henri me l'a dit aussi. Mais lui n'a pas été surpris de cette visite.
> — Si Émilie est ici, dis-lui que tout est fini.

🎧 *Exercice 3* Répétez les deux premières strophes de «Recueillement» par Charles Baudelaire en faisant bien attention aux voyelles. Ensuite, faites la transcription en symboles phonétiques.

> Sois sage, ô ma Douleur, et tiens-toi plus tranquille,
> Tu réclamais le Soir; il descend; le voici:
> Une atmosphère obscure enveloppe la ville,
> Aux uns portant la paix, aux autres le souci.
>
> Pendant que des mortels la multitude vile,
> Sous le fouet du Plaisir, ce bourreau sans merci,
> Va cueillir des remords dans la fête servile,
> Ma Douleur, donne-moi la main; viens par ici...

La voyelle [e]

Orthographe

Le son [e] en français correspond aux lettres *é, ée, es, ai, ay, ei, ez* de la langue écrite et aux terminaisons verbales *-er, -ez, -ai, -ais, ait, -aient*[3]:

été [e te]   *poupée* [pu pe]   *mes* [me]

j'ai [ʒe]   *ayez* [e je]   *peiner* [pe ne]

nez [ne]

parlerai / parlerais [par lə re]

parler / parlez / parlai / parlais / parlait / parlaient [par le]

Articulation

> antérieur, écarté, fermé et oral

---

[2] Tiré de G. Faure et A. DiCristo 1977:14

[3] Pour des variations dialectales et stylistiques où on prononce, par exemple, la voyelle ouverte [ɛ] pour les terminaisons verbales *-ais, -ait, -aient*, voir [e]–[ɛ].

Pour articuler la voyelle [e], mettez la pointe de la langue derrière les dents inférieures. Écartez les lèvres et soulevez la partie antérieure de la langue (sans bouger la pointe de la langue) vers le palais dur mais moins haut que pour le son [i] (voir Figure 3.1).

Tendances à éviter

• Gardez constante la tension musculaire des lèvres, de la langue et des mâchoires pour éviter la diphtongue qu'on entend en anglais.

anglais	*français*
day [deʲ]	*des* [de]

• Efforcez-vous de prononcer toujours une voyelle très fermée, surtout en position inaccentuée. Dans cette position en anglais, on prononce souvent une voyelle plus ouverte.

anglais	*français*
elephant [ɛlIfənt]	*éléphant* [e le fã]

• Ne prononcez jamais la voyelle [i] qu'on entend souvent pour la lettre *e* en anglais:

anglais	*français*
hero [hi roʷ]	*héros* [e ro]

Le son et la grammaire

La voyelle [e] est très importante

• dans la formation de l'infinitif, du participe passé, et de la deuxième personne du pluriel des verbes en -*er:*

chant**er**	chant**é**	chant**ez**

• dans la formation des terminaisons verbales du futur (*je, vous*), du passé simple (*je*, verbes en -*er*) et de l'imparfait et du conditionnel (*je, tu, il, ils*)[4]:

je viend**rai**	je par**lai**	je ve**nais**	je viend**rais**

• pour distinguer le passé composé du présent à la première personne du singulier dans la plupart les verbes en -*ir* et dans le verbe *faire:*

je f**inis** ≠ j'**ai** fini	je f**ais** ≠ j'**ai** fait

---

[4] Traditionnellement on terminait le futur et le passé simple par le son [e] et le conditionnel et l'imparfait par le son [ɛ], mais cette distinction n'est plus maintenue dans le parler de beaucoup de Français. Voyez la section [e]–[ɛ] pour une discussion de cette question.

Exercices d'application

Exercice écrit

Écrivez les mots qui correspondent aux symboles suivants. Faites attention à l'orthographe. Il y a souvent plus d'une réponse correcte.

1. [te]   4. [de]   7. [le]
2. [se]   5. [me]   8. [par ti re]
3. [ne]   6. [fe]   9. [par le]

Exercices oraux

🎧 *Exercice 1* Répétez les paires suivantes. Dans chaque paire, le premier mot contient la diphtongue anglaise [eʲ] et le deuxième, la voyelle française [e]. Faites bien attention à maintenir la tension de la voyelle française.

day / dé	bay / bé
may / mes	fay / fée
say / ses	nay / né
gay / gué	pray / pré
lay / les	okay / oké

🎧 *Exercice 2* Répétez les paires suivantes. Dans chaque paire, le premier mot est en anglais et le deuxième en français. Faites bien attention à prononcer la voyelle fermée [e] dans les mots français, surtout quand [e] se trouve en position inaccentuée.

elephant / éléphant	necessity / nécessité
electric / électrique	pedal / pédale
emotion / émotion	petition / pétition
federal / fédéral	sedition / sédition
medical / médical	

🎧 *Exercice 3* Répétez les paires suivantes. Dans chaque paire, le premier mot est en anglais et le deuxième en français. Faites bien attention à prononcer la voyelle fermée [e] dans les mots français et pas la voyelle [i] qu'on entend en anglais.

hero / héros	reflex / réflexe
legion / légion	region / région
legal / légal	senile / sénile
medieval / médiéval	media / média

🎧 *Exercice 4* Répétez les mots suivants en faisant bien attention à prononcer un [e] pur.

arraignée	égoïste	théorie
nez	bouchée	théâtre
été	armée	gré
aigu	aéré	chez
éléphant	thé	désolé

🎧 *Exercice 5* **Le son et la grammaire** Répétez les mots suivants en faisant bien attention à prononcer un [e] pur dans les terminaisons verbales.

arrivé	répondez	j'ai enseigné
téléphoné	attendez	j'essaierai
regardé	je regardai	vous viendrez
saigner	je cherchai	je comprendrai
souper	j'ai écouté	vous finirez
penser		

🎧 *Exercice 6* **Le son et la grammaire** Répétez les paires de verbes suivantes en faisant bien attention à prononcer un [ə] dans le premier verbe au présent et un [e] dans le deuxième au passé composé.

je finis / j'ai fini
je choisis / j'ai choisi
je vieillis / j'ai vieilli
je rougis / j'ai rougi
je réussis / j'ai réussi
je fais / j'ai fait

Exercice oral et écrit

🎧 Répétez le dialogue suivant en faisant attention à la voyelle [e]. Ensuite, faites la transcription du dialogue en symboles phonétiques.

— André, je suis désolée, j'ai perdu vos clés.
— Écoutez, ce sont les seules que j'ai. Où les avez-vous laissées?
— Attendez, je les ai peut-être oubliées chez René...
— Et ensuite, où êtes-vous allée?
— Je suis rentrée à la maison pour souper.
— Téléphonez à René. Peut-être qu'il les a trouvées.

La voyelle [ɛ]

Orthographe

Le son [ɛ] en français correspond aux lettres *è, ê, e, ai, ay, ei* de la langue écrite:

lève [lɛv]	*tête* [tɛt]	*elle* [ɛl]
laide [lɛd]	*ayons* [ɛ jɔ̃]	*peine* [pɛn]

EXCEPTIONS: dans certains mots, à cause de la chute de la voyelle [ə], ce qui ferme la syllabe précédente, *é* se prononce [ɛ]:

événement [e vɛn mɑ̃]	*céleri* [sɛl ri]
médecin [mɛt sɛ̃]	*crémerie* [krɛm ri]

Articulation

> antérieur, écarté, ouvert et oral

Pour articuler la voyelle [ɛ], mettez la pointe de la langue derrière les dents inférieures. Écartez les lèvres et soulevez la partie antérieure de la langue (sans bouger la pointe de la langue) vers le palais dur mais moins haut que pour le son [e] (voir Figure 3.1). La voyelle anglaise du mot *bet* ressemble beaucoup à la voyelle française du mot *bête*. La voyelle française est cependant un peu plus ouverte et plus tendue que la voyelle anglaise.

Exceptions à la prononciation [e] ou [ɛ] pour les lettres e, ai, ay

Il y a sept groupes de mots dans lesquels les lettres *e, ai, ay* ne se prononcent ni [e] ni [ɛ]. Ces exceptions sont montrées ci-dessous.

1. La lettre *e* suivie de *mm* or *nn* se prononce [a]:
    femme [fam], *solennel* [sɔ la nɛl]
    la terminaison adverbiale *-emment* [a mɑ̃], comme
    récemment [re sa mɑ̃]

2. Les lettres *ai* se prononcent [ə] dans le mot *faisan* (et les mots dérivés de celui-ci), dans toutes les formes de deux syllabes du verbe *faire*, ainsi que dans les mots d'au moins deux syllabes dérivés du verbe *faire*:

faisan [fə zɑ̃]	*faisane* [fə zan]
nous faisons [nu fə zɔ̃]	*je faisais* [ʒə fə ze]
infaisable [ɛ̃ fə zabl]	*en faisant* [ɑ̃ fə zɑ̃]

3. Les lettres *ai* suivies de la lettre *l* à la fin du mot se prononcent [aj]:

    > *travail* [tra vaj]

4. Les lettres *ai* suivies des lettres *ll* à l'intérieur du mot se prononcent [aj]:

    > *Versailles* [vɛr saj]   *ailleurs* [a jœr]

5. Les lettres *aï* (avec le tréma) se prononcent [a i]:

    > *haïr* [a ir]

6. Le mot *pays,* ses mots dérivés, et le mot *abbaye:*

    > *pays* [pe i]   *paysage* [pe i zaʒ]
    >
    > *paysan* [pe i zɑ̃]   *abbaye* [a be i]

7. Le «e muet» (voir Chapitre 5):

    > *revoir* [rə vwar]

Exercices d'application

Exercice écrit

Écrivez les mots qui correspondent aux symboles suivants. Faites attention à l'orthographe. Il y a souvent plus d'une réponse correcte.

1. [mɛr]	6. [sɛt]	11. [pɛl]
2. [bɛt]	7. [fɛt]	12. [pɛr]
3. [sɛd]	8. [lɛd]	13. [tɛr]
4. [sɛl]	9. [mɛn]	14. [ʒɛt]
5. [sɛn]	10. [nɛt]	15. [ʃɛz]

Exercices oraux

Exercice 1 Répétez les paires suivantes. Dans chaque paire, le premier mot est en anglais et le deuxième en français. Faites bien attention à maintenir la tension de la voyelle française.

bet / bête	pen / peine	said / cède
debt / dette	chef / chef	led / laide
met / mette	pair / paire	red / raide
bell / belle	Ed / aide	sell / selle
men / mène	says / seize	tell / tel

🎧 *Exercice 2* Répétez les mots suivants en faisant bien attention à la prononciation du [ɛ] français.

cher	arrière	serviette
mère	faible	retraite
frère	chaise	taire
aile	peine	plaire
belle	veine	abstraite
claire	payant	faite
cette affaire	avec	adresse
asperge	chèque	messe

🎧 *Exercice 3* Répétez les mots suivants en faisant bien attention à leur prononciation exceptionnelle.

la femme	c'est faisable	le paysan
solennel	du maïs	l'abbaye
fréquemment	haïr	le bail
récemment	le pays	le chandail
en faisant	le paysage	il travaille

Exercices oraux et écrits

🎧 *Exercice 1* Répétez le passage suivant en faisant bien attention à la voyelle [ɛ]. Ensuite, faites la transcription du passage en symboles phonétiques.

> Claire appelle sa belle-mère. Elle demande si celle-ci accepte de garder sa fille Gisèle pendant qu'elle se promène avec Michel. La grand-mère aime Gisèle et accepte avec plaisir. Alors Claire l'emmène chez elle.

🎧 *Exercice 2* Répétez le poème «Lucie» par Alfred de Musset en faisant bien attention aux voyelles. Ensuite, faites la transcription en symboles phonétiques.

> Mes chers amis, quand je mourrai,
> Plantez un saule au cimetière.
> J'aime son feuillage éploré,
> La pâleur m'en est douce et chère,
> Et son ombre sera légère
> À la terre où je dormirai.

Exercice 3 Répétez les vers suivants, tirés du poème «Le Balcon» par Charles Baudelaire, en faisant bien attention aux voyelles. Ensuite, faites la transcription en symboles phonétiques.

> Mère des souvenirs, maîtresse des maîtresses,
> Ô toi, tous mes plaisirs! ô toi, tous mes devoirs!
> Tu te rappelleras la beauté des caresses,
> La douceur du foyer et le charme des soirs,
> Mère des souvenirs, maîtresse des maîtresses!

Les voyelles d'aperture moyenne [e] et [ɛ]

Syllabe accentuée

Dans la syllabe accentuée ou tonique (c'est-à-dire la dernière syllabe du mot) et **fermée** (CVC), on trouve toujours la **voyelle ouverte** [ɛ], et dans la syllabe accentuée et **ouverte** (CV), on trouve presque toujours la **voyelle fermée** [e][5]. On appelle cette distribution (syllabe fermée = voyelle ouverte; syllabe ouverte = voyelle fermée) **la loi de position.** Cette *loi* s'applique à toutes les voyelles moyennes (e/ɛ, ø/œ, o/ɔ), mais il y a plus d'exceptions à la *loi* pour les voyelles ø/œ, o/ɔ.

CV = [e]	CVC = [ɛ]
mes [me] *chez* [ʃe] *j'ai* [ʒe]	*mette* [mɛt] *chaise* [ʃɛz] *j'aide* [ʒɛd]

CV = syllabe ouverte; CVC = syllabe fermée

Syllabe inaccentuée

Dans la syllabe inaccentuée (ou prétonique) et **fermée,** la loi de position s'applique et on entend la voyelle **ouverte** [ɛ]. Dans la syllabe inaccentuée et **ouverte,** cependant, il y a souvent une hésitation entre la voyelle fermée [e] et la voyelle ouverte [ɛ]. On entend même quelquefois un son intermédiaire (représenté par le symbole [E]) en syllabe prétonique:

CV = [e], [ɛ], [E]	CVC = [ɛ]
*mai*son [me zɔ̃], [mɛ zɔ̃] ou [mE zɔ̃]	*fer*meture [fɛr mə tyr]
*es*sence [e sɑ̃s], [ɛ sɑ̃s] ou [E sɑ̃s]	*cel*tique [sɛl tik]
*ter*rible [te ribl], [tɛ ribl] ou [tE ribl]	

_____

[5] Voir les pages 76–78 pour des variations dialectales et stylistiques dans lesquelles on prononce la voyelle ouverte [ɛ] en syllabe ouverte.

Note linguistique: l'harmonisation vocalique

Si la syllabe prétonique (inaccentuée) est ouverte et contient une voyelle moyenne, la prononciation de cette voyelle peut être influencée par l'aperture de la voyelle dans la syllabe tonique (accentuée). Si la voyelle tonique est fermée, la voyelle prétonique a tendance à se fermer aussi et si la syllabe tonique contient une voyelle ouverte, la syllabe prétonique aura souvent aussi une voyelle ouverte. On désigne ce phénomène par le terme d'**harmonisation vocalique.** Par exemple, on entend souvent *aimer* [e me] mais *aimant* [ɛ mɑ̃]. Il est à noter toutefois que malgré la tendance à l'harmonisation vocalique, on peut toujours prononcer la voyelle fermée, intermédiaire ou ouverte dans cette position.

Pour la distribution des voyelles moyennes [e] et [ɛ], voir Tableau 3.2.

Tableau 3.2 Résumé de la distribution des voyelles moyennes [e], [ɛ]

	Syllabe fermée	Syllabe ouverte
Syllabe accentuée	**[ɛ]:** *mette* [mɛt]	**[e]:** *mes* [me]
Syllabe inaccentuée	**[e], [ɛ], [E] (variation possible dans un mot):** *maison* [me zɔ̃] [mE zɔ̃] [mɛ zɔ̃] (influence: harmonisation vocalique)	

Variations dialectales et stylistiques: [ɛ] en syllabe accentuée et ouverte

Dire que toutes les syllabes accentuées et ouvertes contiennent la voyelle moyenne fermée ([e] dans ce cas) est décrire une **norme pédagogique,** c'est-à-dire une prononciation acceptable pour les étudiants de la langue. En réalité, beaucoup de locuteurs prononcent la voyelle ouverte [ɛ] pour certaines orthographes en syllabe ouverte. Néanmoins, cette opposition [e]/[ɛ] en syllabe ouverte est très instable. Elle n'existe presque pas dans certains dialectes (surtout ceux du Midi de la France où on prononce le plus souvent [e] en syllabe ouverte) et tend à disparaître même en français standard. En outre, l'étudiant du français n'aura aucun problème à se faire comprendre s'il prononce systématiquement un [e] fermé dans toutes les syllabes ouvertes et un [ɛ] ouverte dans toutes les syllabes fermées. Il évitera ainsi de mémoriser les nombreuses exceptions à la loi de position pour les voyelles moyennes [e]/[ɛ]. Pour ceux qui préfèrent apprendre une prononciation plus traditionnelle, que beaucoup de Français voient d'ailleurs comme plus belle, plus distinguée, une meilleure prononciation[6], nous énumérons ci-dessous les règles pour la voyelle ouverte [ɛ] en syllabe ouverte.

Prononciation traditionnelle: [ɛ] *en syllabe accentuée et ouverte*

• Les verbes terminés par -*ai* et au moins une autre lettre écrite:

j'aie [ʒɛ]   *je parlais* [ʒə par lɛ]
il parlerait [il par lə rɛ]   *ils parlaient* [il par lɛ]

• Le verbe *être* à la troisième personne du singulier (indicatif)

Il est [i lɛ]

• Les mots (à l'exception des verbes) terminés par les lettres suivantes:

-*ai: balai* [ba lɛ]   -*aie: craie* [krɛ]   -*ès: très* [trɛ]
-*aix: paix* [pɛ]   -*et: ballet* [ba lɛ]
-*ais: palais* [pa lɛ]   -*ait: lait* [lɛ]

Beaucoup de locuteurs distinguent donc ces paires de mots:

[e]	**[ɛ]**
pré [pre]	*près* [prɛ]
mes [me]	*mais* [mɛ]
tes [te]	*tais* [tɛ]
des [de]	*dès* [dɛ]
fée [fe]	*fait* [fɛ]
et [e]	*il est* [i lɛ]
je parlerai (futur[7])	*je parlerais* (conditionnel)
[ʒə par lə re]	[ʒə par lə rɛ]
je parlai (passé simple[7])	*je parlais* (imparfait)
[ʒə par le]	[ʒə par lɛ]

Comme pour la voyelle [ɑ][8], l'occurrence de la voyelle [ɛ] en syllabe ouverte peut varier énormément dans le parler d'un seul locuteur. Le choix de voyelle peut dépendre du style (conversation libre ou lecture à haute voix) ainsi que du niveau de langue (conversation familière,

---

[6] Houdebine 1979:121

[7] Il est intéressant de noter que par une influence normative (celle des professeurs), on voit très souvent une extension du [ɛ] ouvert aux terminaisons verbales en -*ai*, donc pour le futur, le passé simple et même le verbe *avoir* à la première personne du singulier:

   je parlerai [ʒə par lə rɛ]   *je parlai* [ʒə par lɛ]   *j'ai* [ʒɛ]

[8] Et la voyelle [œ]: voir Chapitre 4.

conversation soignée, discours), les forces de prestige social et les forces d'expressivité jouant des rôles dans son choix[9]. On entend aussi plus souvent le [ɛ] ouvert en syllabe ouverte dans les mots qui autrement seraient homophones: *piquet* [pi kɛ] vs. *piqué* [pi ke].

Le son et la grammaire

La distinction [e]–[ɛ] est très importante

• dans certains verbes de la première conjugaison, où l'orthographe change lorsque le verbe est conjugué. Ce changement reflète celui de la prononciation, qui varie selon la structure syllabique:

CV = [e]	*CVC* = [ɛ]
céder [se de]	*je cède* [ʒə sɛd]

• dans la distinction masculin-féminin pour certains adjectifs et substantifs (avec l'addition de la consonne au féminin, on ferme la syllabe et ouvre la voyelle):

dernier–dernière	*anglais–anglaise*
violet–violette	*boulanger–boulangère*

Lectures supplémentaires ([e]–[ɛ])

Voir bibliographie.

Exercices d'application

Exercice de discrimination

🎧 Indiquez si les expressions que vous entendez contiennent la voyelle fermée [e] ou la voyelle ouverte [ɛ].

	[e]	[ɛ]		[e]	[ɛ]
1.	X		8.	X	
2.		X	9.		X
3.		X	10.		X
4.	X		11.	X	X
5.		X	12.		X
6.		X	13.		X
7.		X	14.	X	

---
[9] Léon, Bhatt, Baligand 1992:47

Exercice écrit

loi de posinon =syllabe accen
→plus ouverte

Transcrivez les mots suivants à l'aide de symboles phonétiques.

é=[e]

1. l'élève	13. j'aime
2. Thérèse	14. baiser
3. cher	15. saine
4. la fête	16. aider
5. chez	17. espère
6. mes	18. des fraises
7. j'irai	19. une clé
8. j'appelle	20. une chaise
9. précède	21. aimer
10. les frères	22. chantez
11. chéri	23. il pèse
12. le sel	24. chercher

Exercices oraux

Exercice 1 Répétez les paires de mots suivantes en prononçant un [e] fermé dans le premier mot (le masculin) et un [ɛ] ouvert dans le deuxième, le féminin.

dernier / dernière
premier / première
léger / légère
boulanger / boulangère
pâtissier / pâtissière
épicier / épicière
anglais / anglaise
français / française
japonais / japonaise

Exercice 2 Répétez les paires de verbes suivantes en faisant bien attention à prononcer un [e] fermé dans le premier verbe et un [ɛ] ouvert dans le deuxième.

nous préférons / je préfère
nous répétons / je répète
nous espérons / j'espère
nous exagérons / j'exagère
nous cédons / je cède
nous possédons / je possède

🎧 *Exercice 3* **Exercice facultatif: [ɛ] ouvert en syllabe ouverte, variation stylistique et dialectale** Répétez les paires de mots ou d'expressions suivantes. Dans chaque paire, la première expression contient la voyelle fermée [e] et la deuxième, la voyelle ouverte [ɛ].

> l'épée / épais
> la clé / la claie
> mes / mais
> des / dès
> une fée / un fait
> et / est
> le pré / il est près
> tes / tu te tais
> je parlerai / je parlerais
> je parlai / je parlais

Exercices oraux et écrits

🎧 *Exercice 1* Répétez les phrases suivantes en faisant bien attention aux voyelles [e] et [ɛ]. Ensuite, faites la transcription des phrases en symboles phonétiques.

> 1. Péché avoué est moitié pardonné. (proverbe)
> 2. La maîtresse va mettre des tresses très traîtresses.
> 3. Qui terre a guerre a. (proverbe)
> 4. Il fait des économies de bouts de chandelles. (expression idiomatique)
> 5. Thérèse répète qu'elle voudrait assister au ballet mais qu'elle préférerait y aller seule.

🎧 *Exercice 2* Répétez les vers suivants, tirés de «La Nuit de mai» par Alfred de Musset. Faites bien attention aux voyelles. Ensuite, faites la transcription du poème en symboles phonétiques.

> Comme il fait noir dans la vallée
> J'ai cru qu'une forme voilée
> Flottait là-bas sur la forêt.
> Elle sortait de la prairie;
> Son pied rasait l'herbe fleurie:
> C'est une étrange rêverie;
> Elle s'efface et disparaît.

La voyelle [a]

Orthographe

Le son [a] en français correspond à la lettre *a* de la langue écrite:

là-bas [la ba]

Les lettres *oi* se prononcent [wa] ou [wɛ̃]:

oiseau [wa so]   *coin* [kwɛ̃]

N'oubliez pas la prononciation exceptionnelle de la lettre *e* qui, suivie des lettres écrites *mm* ou *nn*, se prononce [a]:

femme [fam]   *solennel* [sɔ la nɛl]

fréquemment [fre ka mã] (adverbes en -*emment*)

Articulation

> antérieur, écarté, très ouvert et oral

Pour articuler la voyelle [a], mettez la pointe de la langue derrière les dents inférieures. Écartez les lèvres et ouvrez grand la bouche, toujours sans bouger la pointe de la langue (voir Figure 3.1). Quand vous prononcez [a], gardez constante la tension musculaire des lèvres, de la langue et des mâchoires.

Tendances à éviter

• Gardez-vous de prononcer la voyelle américaine du mot *cat* (la voyelle [æ]). Cette voyelle n'existe pas en français.

anglais	*français*
bat [bæt]	*battent* [bat]

• Évitez de prononcer une voyelle neutre ([ə]) ou d'éliminer tout à fait la voyelle lorsqu'elle se trouve en position inaccentuée, comme on le fait en anglais.

anglais	*français*
Canada [kæ nə də]	*Canada* [ka na da]
Barbara [bɑr brə]	*Barbara* [bar ba ra]

Le son et la grammaire

La voyelle [a] est très importante, surtout dans l'article défini féminin *la*, qui se trouve toujours en position inaccentuée. Il ne faut pas prononcer la voyelle neutre [ə], sinon on comprendra l'article masculin *le*.

Note linguistique: la voyelle [ɑ]

Dans certains dialectes (comme le français canadien) et styles du français (comme le parisien populaire ou la diction des acteurs dans des représentations théâtrales), il existe une deuxième voyelle très ouverte, [ɑ], dont la prononciation est légèrement plus postérieure, ainsi que plus arrondie que celle de la voyelle [a]. Traditionnellement la voyelle postérieure se trouvait dans un petit nombre de mots, parmi lesquels on peut noter les suivants.

- Les mots où la lettre *a* est suivie du son [z]:

  base [baz]   *case* [kɑz]   *gaz* [gɑz]   *phrase* [frɑz]   *vase* [vɑz]

- Les mots où la lettre *a* est suivie de la lettre *s* (muette):

  bas [bɑ]   *gras* [grɑ]   *cas* [kɑ]   *las* [lɑ]

  EXCEPTION: Le mot *bras* [bra] contient la voyelle [a].

- Les mots qui ont la lettre *â*:

  pâte [pɑt]   *âne* [ɑn]   *emplâtre* [ɑ̃ platr]   *bât* [bɑ]

  EXCEPTIONS: Les verbes de la première conjugaison, à l'imparfait du subjonctif et au passé simple, contiennent la voyelle [a].

  il chantât [il ʃɑ̃ ta]   *nous chantâmes* [nu ʃɑ̃ tam]
  vous chantâtes [vu ʃɑ̃ tat]

- Les lettres *oi* précédées de la lettre *r*:

  droit [drwɑ]   *crois* [krwɑ]   *roi* [rwɑ]   *trois* [trwɑ]   *froid* [frwɑ]

Étant donné le nombre limité des mots qui la contiennent (seulement 2,4% de tous les *a* du discours[10]), la voyelle [ɑ] a été éliminée en faveur de la voyelle antérieure [a] dans le parler de la plupart des Français aujourd'hui. Dans la langue standard on ne fait donc plus de distinction entre les paires suivantes.

patte-pâte   là-las   tache-tâche   rat-ras

Lectures supplémentaires ([a], [ɑ])

Voir bibliographie.

---
[10] Léon 1992:87

Exercices d'application

Exercice écrit

Écrivez les mots qui correspondent aux symboles suivants. Faites attention à l'orthographe. Il y a quelquefois plus d'une réponse correcte.

1. [la]	4. [an]	7. [sɔ la nɛl]	9. [re sa mɑ̃]
2. [ʃa]	5. [taʃ]	8. [fre ka mɑ̃]	10. [kɔ̃ sta mɑ̃]
3. [ma]	6. [fam]		

Exercices oraux

Exercice 1 Répétez les paires suivantes. Dans chaque paire, le premier mot contient la voyelle américaine [æ] et le deuxième, la voyelle française [a]. Faites bien attention à garder constante la tension de la voyelle française.

Canada / Canada	mat / maths
Anne / Anne	cap / cap
madam / madame	nap / nappe
bat / batte	capital / capital
pat / patte	latin / latin

Exercice 2 Répétez les expressions suivantes en faisant bien attention à prononcer la voyelle [a] dans les syllabes inaccentuées.

là-bas	maladie	récemment
applaudir	narratif	Monsieur Latour
appel	parallèle	Mademoiselle Lafleur
appartement	machine	Madame Lamartine
balader	safari	ma femme va parler
cabaret	solennel	ma mère arrive
façade	fréquemment	elle adore sa fille

Exercice 3 **Le son et la grammaire** Répétez les phrases suivantes en faisant bien attention à prononcer un [a] très ouvert dans l'article défini *la.*

1. La place est libre.
2. La dame s'en va.
3. Voici la réponse.
4. On cherche la Place de l'Étoile.
5. C'est la nièce du professeur.

🎧 *Exercice 4* **Exercice facultatif** Écoutez (et répétez si vous voulez) la différence entre la voyelle antérieure [a] dans le premier mot de chaque paire et la voyelle postérieure [ɑ] dans le deuxième mot.

patte / pâte	tache / tâche	toi / trois
an / âne	là / las	quoi / croix
bat / bât	doit / droit	fois / froid
rat / ras		

Exercices oraux et écrits

🎧 *Exercice 1* Répétez les phrases suivantes en faisant attention à bien prononcer la voyelle [a]. Ensuite, faites la transcription en symboles phonétiques.

1. Anne va à l'Académie avec son amie Annick.
2. La femme de ménage a une maladie de foie.
3. Mademoiselle Valette a apporté sa guitare.
4. Jeanne n'a pas de machine à laver dans son appartement.
5. Sa voiture est récemment tombée en panne.
6. Cherchez la femme.
7. Il a cassé sa pipe. (expression idiomatique)
8. Aide-toi, le Ciel t'aidera. (proverbe)

🎧 *Exercice 2* Répétez le dialogue suivant en faisant attention à bien prononcer la voyelle [a]. Ensuite, faites la transcription en symboles phonétiques.

— Sa femme va au Canada le trois avril.
— Ah bon? Anne aussi, elle est partie récemment pour le Canada.
— Qu'est-ce qu'il y a là-bas?
— Il y a une très bonne académie des Beaux-Arts.

Exercices de révision (Première série)

Exercices écrits

Exercice 1 Écrivez les phrases qui correspondent aux symboles suivants.

1. [ɛl par la vɛk lə fis də sa vwa zin].
2. [mɛr si pjɛr]. [il nja pa də kwa ma dam].

Exercice 2 Écrivez le passage qui correspond aux symboles suivants. Suivez la ponctuation donnée.

1. [vi vra vɛk se zɛn mi kɔm sil də ve[11] ɛ̃ ʒu rɛtr no za mi],
2. [e vi vra vɛk no za mi kɔm sil pu ve[11] də və nir no zɛn mi],
3. [ne[11] ni sə lõ la na tyr də la ɛn],
4. [ni sə lõ le rɛ glə də la mi tje];
5. [sə ne[11] pwɛ̃ tyn mak sim mɔ ral],
6. [me[11] pɔ li tik].

La Bruyère, «Du Cœur», Les Caractères

Exercices oraux

ma sœur a six saucissons-ci

 ***Exercice 1*** Répétez les groupes de mots suivants. Chaque groupe représente les sons de la première série de voyelles orales.

1. fit, fée, faite, farce
2. lit, les, laide, là
3. mie, mes, messe, ma
4. rit, ré, raide, rat

 ***Exercice 2*** Répétez le poème «Barbara» par Jacques Prévert en faisant bien attention aux voyelles.

transcris

Rappelle-toi Barbara
Il pleuvait sans cesse sur Brest ce jour-là
Et tu marchais souriante
Épanouie ravie ruisselante
Sous la pluie
Rappelle-toi Barbara
Il pleuvait sans cesse sur Brest
Et je t'ai croisée rue de Siam
Tu souriais
Et moi je souriais de même
Rappelle-toi Barbara
Toi que je ne connaissais pas
Toi qui ne me connaissais pas
Rappelle-toi
Rappelle-toi quand même ce jour-là
N'oublie pas

---

[11] Autre prononciation possible: [də vɛ], [pu vɛ], [nɛ], [nɛ], [mɛ]

Un homme sous un porche s'abritait
Et il a crié ton nom
Barbara
Et tu as couru vers lui sous la pluie
Ruisselante ravie épanouie
Et tu t'es jetée dans ses bras
Rappelle-toi cela Barbara
Et ne m'en veux pas si je te tutoie
Je dis tu à tous ceux que j'aime
Même si je ne les ai vus qu'une seule fois
Je dis tu à tous ceux qui s'aiment
Même si je ne les connais pas
Rappelle-toi Barbara
N'oublie pas
Cette pluie sage et heureuse
Sur ton visage heureux
Sur cette ville heureuse
Cette pluie sur la mer
Sur l'arsenal
Sur le bateau d'Ouessant
Oh Barbara
Quelle connerie la guerre
Qu'es-tu devenue maintenant
Sous cette pluie de fer
De feu d'acier de sang
Et celui qui te serrait dans ses bras
Amoureusement
Est-il mort disparu ou bien encore vivant
Oh Barbara
Il pleut sans cesse sur Brest
Comme il pleuvait avant
Mais ce n'est plus pareil et tout est abîmé
C'est une pluie de deuil terrible et désolée
Ce n'est même plus l'orage
De fer d'acier de sang
Tout simplement des nuages
Qui crèvent comme des chiens
Des chiens qui disparaissent
Au fil de l'eau sur Brest
Et vont pourrir au loin
Au loin très loin de Brest
Dont il ne reste rien.

🎧 *Exercice 3* Répétez la comptine suivante en faisant bien attention à la voyelle [a].

> Tara le petit rat
> S'en va au Canada
> Avec le petit chat
> Manger un gâteau au chocolat.

🎧 *Exercice 4* Répétez la comptine suivante en faisant bien attention à la voyelle [a].

> Am stram gram
> Pique et pique et colégram
> Bourre et bourre et ratatam
> Am stram gram

Exercices oraux et écrits

🎧 *Exercice 1* Répétez le poème «Vers sur un album» par Alphonse de Lamartine en faisant bien attention aux voyelles. Ensuite, faites la transcription en symboles phonétiques.

> Le livre de la vie est le livre suprême
> Qu'on ne peut ni fermer ni rouvrir à son choix;
> Le passage attachant ne s'y lit pas deux fois,
> Mais le feuillet fatal se tourne de lui-même:
> On voudrait revenir à la page où l'on aime,
> Et la page où l'on meurt est déjà sous nos doigts!

🎧 *Exercice 2* Répétez le poème «Le Ciel est, par-dessus le toit» par Paul Verlaine en faisant bien attention aux voyelles. Ensuite, faites la transcription en symboles phonétiques.

> Le ciel est, par-dessus le toit,
>   Si bleu, si calme!
> Un arbre, par-dessus le toit
>   Berce sa palme.
>
> La cloche, dans le ciel qu'on voit,
>   Doucement tinte.
> Un oiseau sur l'arbre qu'on voit
>   Chante sa plainte.

Mon Dieu, mon Dieu, la vie est là,
　Simple et tranquille.
Cette paisible rumeur-là
　Vient de la ville.

— Qu'as-tu fait, ô toi que voilà
　Pleurant sans cesse,
Dis, qu'as-tu fait, toi que voilà,
　De ta jeunesse?

Deuxième série: [y], [ø], [œ]

Dans la production de ces trois voyelles, les lèvres sont arrondies, la pointe de la langue reste derrière les dents inférieures et la partie antérieure de la langue est soulevée vers le palais dur. Ce qui différencie la prononciation de ces trois voyelles est l'aperture de la bouche, la hauteur de la langue et la largeur du passage situé entre la langue et le palais dur, où passe l'air. Comparez la largeur de ce passage dans les dessins de la Figure 3.2. Remarquez aussi que la seule différence d'articulation entre la première série de voyelles et la deuxième série, donc entre [i] et [y], [e] et [ø], [ɛ] et [œ], se trouve dans l'arrondissement des lèvres.

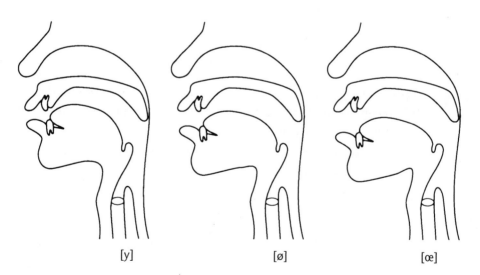

　　　　[y]　　　　　　　　　[ø]　　　　　　　　　[œ]

Figure 3.2
La deuxième série des voyelles orales: [y], [ø], [œ].

La voyelle [y]

Orthographe

Le son [y] en français correspond aux lettres *u* et *û* de la langue écrite:

    bu [by]   *sûr* [syr]

EXCEPTION IMPORTANTE: Dans le verbe *avoir* aux temps du passé, les lettres *eu* et *eû* se prononcent [y]:

    j'ai eu [ʒe y]   *qu'il eût* [ki ly]

Articulation

> antérieur, arrondi, très fermé et oral

Pour articuler la voyelle [y], mettez la pointe de la langue derrière les dents inférieures. Soulevez la partie antérieure de la langue (sans bouger la pointe de la langue) vers le palais dur mais sans le toucher. Maintenant arrondissez les lèvres sans bouger la langue (voir Figure 3.2). Pour faciliter la prononciation de la voyelle [y], arrondissez les lèvres en disant la voyelle [i] (pointe de la langue tenue fermement derrière les dents inférieures, partie antérieure de la langue soulevée vers le palais dur), puisque [y] est l'équivalent arrondi de [i].

Tendances à éviter

La prononciation de la voyelle [y] en français pose souvent beaucoup de problèmes pour l'étudiant anglophone, car il n'existe pas de voyelle équivalente en anglais standard. L'étudiant doit se garder de plusieurs tendances.

1. Évitez de prononcer une voyelle plus ouverte comme celle de l'anglais *culinary* [ʌ]:

anglais	français
cult [kʌlt]	*culte* [kylt]

2. À l'intérieur du mot, évitez la diphtongue américaine qu'on entend dans le mot *cute* ([j] + [u]):

anglais	français
butte [bjut]	*butte* [byt]

3. À la fin du mot, évitez la diphtongue qu'on entend dans le mot anglais *two* [tuʷ]. En français il faut maintenir la tension musculaire des lèvres, de la langue et des mâchoires:

anglais	**français**
due [duʷ]	*du* [dy]

4. Gardez-vous de prononcer la voyelle postérieure française [u] du mot *bout* [bu]. Celle-ci est une voyelle pour laquelle l'air passe entre le **dos** de la langue et **le palais mou.** Pour la voyelle antérieure [y], l'air passe entre la partie **antérieure** de la langue et **le palais dur;** l'articulation a donc lieu plus en avant dans la bouche. Étudiez la différence d'articulation entre [y] et [u] à la Figure 3.3.

    tu [ty] ≠ *tout* [tu]

5. La prononciation de la voyelle [y] suivie du son [r] pose un problème particulier pour les Anglophones, qui ont tendance à prononcer la voyelle [ə] suivie d'une consonne américaine. Il faut s'efforcer de prononcer la voyelle très fermée dans cette combinaison. (Il est aussi important de prononcer le [r] français, en tenant la pointe de la langue derrière les dents inférieures: pour le son [r], voir Chapitre 7.)

anglais	**français**
culture [kʌl tjər]	*culture* [kyl tyr]

Variations dialectales

Dans le français canadien ainsi que dans des parlers de l'ouest de la France, il existe une variante plus ouverte ([Y]) de la voyelle [y]. Elle se prononce seulement dans les syllabes fermées, mais pas devant [r][12]:

	fr. standard	**fr. canadien**
du	[dy]	[dy]
dune	[dyn]	[dYn]
dur	[dyr]	[dyr]

---

[12] Léon, Bhatt & Baligand 1992:214–215

Le son et la grammaire

La voyelle [y] est très importante dans la formation du participe passé des verbes en -*re*, ainsi que celui des verbes en -*oir*(*e*) et des verbes *lire* et *vivre*.

j'ai vendu; il est venu; j'ai vu, dû, pu, su, bu, eu, lu, vécu

Exercices d'application

Exercice écrit

Écrivez les mots qui correspondent aux symboles suivants. Faites bien attention à l'orthographe.

1. [du tø]
2. [bul]
3. [fur mi]
4. [ʒyst]
5. [ku ry]
6. [kur]
7. [du lœr]
8. [su ri]
9. [vu ly]
10. [pa dy ty]
11. [ʒur]
12. [byʃ]
13. [pyl]
14. [bu]
15. [myl]

Exercices oraux

🎧 *Exercice 1* Répétez les paires suivantes. Dans chaque paire, le premier mot contient une voyelle moins tendue en anglais et le deuxième, la voyelle française [y]. Faites bien attention à garder la tension de la voyelle française.

cult / culte	tunnel / tunnel	frustrate / frustrer
cultivate / cultiver	rustic / rustique	success / succès
multiple / multiple	suggest / suggère	suffice / suffire

🎧 *Exercice 2* Répétez les paires suivantes. Dans chaque paire, le premier mot contient la diphtongue anglaise [ju] et le deuxième, la voyelle française [y]. Faites bien attention à garder la tension de la voyelle française.

menu / menu	universal / universel
view / vu	uniform / uniforme
cube / cube	unilateral / unilatéral
pure / pur	unit / uni
music / musique	lecture / lecture
bureau / bureau	culture / culture
situate / situer	agriculture / agriculture
unique / unique	creature / créature

🎧 ***Exercice 3*** Répétez les paires suivantes. Dans chaque paire, le premier mot contient la diphtongue postérieure anglaise [uʷ] et le deuxième, la voyelle antérieure française [y].

new / nu	loot / luth	tool / tulle
two / tu	boot / butte	sued / sud
sue / su	shoot / chute	dune / dune
dew / du	tube / tube	loon / lune
boo / bu	pool / pull	tunic / tunique

🎧 ***Exercice 4*** Répétez les paires suivantes. Dans chaque paire, le premier mot contient la voyelle postérieure [u] et le deuxième, la voyelle antérieure [y].

bout / bu	cours / cure
doux / du	poule / pull
fou / fut	boule / bulle
roux / rue	moule / mule
tout / tu	pousse / puce
vous / vu	bouche / bûche
four / fur	rousse / russe
pour / pure	bourreau / bureau
jour / jure	

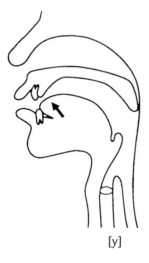

[y]   [u]

Figure 3.3
[y] antérieur et [u] postérieur

🎧 *Exercice 5* **Le son et la grammaire** Répétez les participes passés suivants en faisant bien attention à prononcer un [y] très fermé et pur.

bu	pu	couru
lu	eu	connu
su	entendu	voulu
dû	déjà vu	vendu

🎧 *Exercice 6* Répétez les phrases suivantes en faisant attention à bien prononcer la voyelle [y].

1. Qui s'excuse s'accuse. (proverbe)
2. Si tu m'eusses cru, tu te fusses tu; te fusses-tu tu, tu m'eusses plus plu.
3. As-tu vu le tutu de tulle de Lili d'Honolulu?

🎧 *Exercice 7* Répétez les phrases suivantes, en faisant bien attention à prononcer la voyelle très fermée [y] et le [r] français.

1. Je n'ai pas de voiture.
2. C'est une lecture dure.
3. Il la lui murmure.
4. C'est une créature pure.
5. Il a de l'allure.
6. Je vous le jure.
7. Ce n'est pas sûr.
8. Elle fait une cure.
9. Je l'ai bu au fur et à mesure.
10. Il fait de l'agriculture.

Exercices oraux et écrits

🎧 *Exercice 1* Répétez le dialogue suivant en faisant bien attention à la voyelle [y]. Ensuite, faites la transcription du dialogue en symboles phonétiques.

— Tu as entendu? Lucie a eu des jumelles.

— Tu es sûr? Tu les as vues?

— Oui, elles sont brunes.

— Tu aurais dû me téléphoner. Si j'avais su, je serais venue avec toi.

— Excuse-moi. J'ai perdu ton numéro de téléphone.

🎧 ***Exercice 2*** Répétez le dialogue[13] suivant en faisant bien attention à la voyelle [y]. Ensuite, faites la transcription du dialogue en symboles phonétiques.

> — Et Auguste, tu l'as vu?
> — Vu et reconnu!
> — Tu es sûr?
> — Sûr, absolument sûr, malgré la brume.
> — La brume?
> — Oui, une brume lugubre, sans claire de lune... J'ai couru
>   jusqu'à lui, mais je l'ai perdu de vue dans la nuit.

🎧 ***Exercice 3*** Répétez l'anecdote «Les Médecins» par Jean de La Fontaine en faisant bien attention aux voyelles. Ensuite, faites la transcription en symboles phonétiques.

> Le médecin Tant-pis allait voir un malade
> Que visitait aussi son confrère Tant-mieux.
> Ce dernier espérait, quoique son camarade
> Soutînt que le gisant irait voir ses aïeux.
> Tous deux s'étant trouvés différents pour la cure,
> Leur malade paya le tribut à Nature,
> Après qu'en ses conseils Tant-pis eut été cru.
> Ils triomphaient encor sur cette maladie.
> L'un disait: «Il est mort; je l'avais bien prévu.
> — S'il m'eût cru, disait l'autre, il serait plein de vie.»

La voyelle [ø]

Orthographe

Le son [ø] en français correspond aux lettres *eu* et *œu* de la langue écrite:

> *bleu* [blø]   *nœud* [nø]

EXCEPTION IMPORTANTE: Dans le verbe *avoir* aux temps du passé, les lettres *eu* et *eû* se prononcent [y]:

> *j'ai eu* [ʒe y]   *qu'il eût* [ki ly]

Articulation

> antérieur, arrondi, fermé et oral

---
[13] Tiré de G. Faure et A. DiCristo 1977:19

Pour articuler la voyelle [ø], mettez la pointe de la langue derrière les dents inférieures. Soulevez la partie antérieure de la langue (sans bouger la pointe de la langue) vers le palais dur mais moins haut que pour la voyelle [y]. Maintenant arrondissez les lèvres sans bouger la langue (voir Figure 3.2). Quand vous prononcez le son [ø], gardez constante la tension musculaire des lèvres, de la langue et des mâchoires.

Tendance à éviter

Gardez-vous de prononcez la voyelle [u] à la place de la voyelle [ø] comme on le fait dans les mots français avec *eu* qui entrent dans la langue anglaise:

anglais	*français*
*in **lieu** of* [lu]	*lieu* [ljø]

Le son et la grammaire

La voyelle [ø] est très importante dans la formation des adjectifs qui se terminent en *-eux / -euse:*

paresseux / paresseuse

Exercices d'application

Exercices oraux

🎧 ***Exercice 1*** Répétez les mots suivants en faisant bien attention à prononcer un [ø] fermé. Évitez surtout de prononcer la voyelle [u].

cordon bleu	chartreuse	je veux	nerveux
Le Mieux	bleu	je peux	dangereux
jeux	dieu	deux	vaniteux
adieu	monsieur	nœud	peureux
au lieu de	pour eux	heureux	frileux

🎧 ***Exercice 2*** Répétez les phrases suivantes en faisant bien attention à prononcer un [ø] fermé.

1. Il a trouvé le juste milieu. (expression idiomatique)

2. Les jeux sont truqués. (expression idiomatique)

3. Quand on veut, on peut. (proverbe)

4. Il n'y a pas de fumée sans feu. (proverbe)

5. On n'est jamais si heureux ni si malheureux qu'on s'imagine.
   (La Rochefoucauld)

6. Heureux au jeu, malheureux en amour. (proverbe)

Exercices oraux et écrits

🎧 **Exercice 1** Répétez le dialogue suivant en faisant attention à bien prononcer la voyelle [ø]. Ensuite, faites la transcription du dialogue en symboles phonétiques.

> — Ce jeu avec mes neveux me rend furieux.
> — C'est curieux. Normalement tu veux jouer avec eux.
> — Oui, peut-être que je suis trop vieux. J'en étais heureux, mais maintenant je le trouve un peu dangereux.
> — C'est vrai, surtout quand il pleut. Et tu vas te mouiller les cheveux.

🎧 **Exercice 2** Répétez le dialogue[14] suivant en faisant bien attention à la voyelle [ø]. Ensuite, faites la transcription du dialogue en symboles phonétiques.

> — Je veux faire du feu avec eux.
> — Du feu? Tu veux faire du feu? C'est sérieux?
> — Bien sûr, un peu par jeu, pour le plaisir des yeux et un peu parce que je suis frileux.
> — Oui, mais du feu près de ces meules, c'est dangereux!
> — Je peux faire du feu où je veux! Dangereux... Dangereux... c'est fou ce que tu es peureux!
> — Si je suis peureux, toi, tu es frileux! Ça ne vaut guère mieux!
> — Tiens! Voilà qu'il pleut! Il vaut mieux que nous quittions ces meules tous les deux, mon vieux.

La voyelle [œ]

Orthographe

Le son [œ] en français correspond aux lettres *eu* et *œu* de la langue écrite. On voit aussi l'inversion orthographique *ue* après les lettres *c* et *g:*

Ils veulent [il vœl]	*sœur* [sœr]
cueille [kœj]	*orgueil* [ɔr gœj]

Orthographe exceptionnelle: le mot *œil* se prononce [œj].

---

14 Tiré de G. Faure et A. DiCristo 1977:39–40

Articulation

┌─────────────────────────────────────┐
antérieur, arrondi, ouvert et oral
└─────────────────────────────────────┘

Pour articuler la voyelle [œ], mettez la pointe de la langue derrière les dents inférieures. Soulevez la partie antérieure de la langue (sans bouger la pointe de la langue) vers le palais dur mais moins haut que pour la voyelle [ø]. Maintenant arrondissez les lèvres sans bouger la langue (voir Figure 3.2). Gardez toujours constante la tension musculaire des lèvres, de la langue et des mâchoires.

Tendance à éviter

Évitez de prononcer un son plus fermé et plus postérieur. Cette tendance est particulièrement forte quand il s'agit de la combinaison [œr]. Comparez la voyelle du mot anglais *sir* à la voyelle du mot français *sœur.* La voyelle française est plus ouverte et plus antérieure.

Exercices d'application

Exercices oraux

Exercice 1 Répétez les expressions suivantes en faisant attention à prononcer une voyelle bien ouverte.

seul	une veuve	en deuil
jeune	ils peuvent	une feuille
un œuf	ils veulent	qu'il veuille
du bœuf	un œil	il cueille
un veuf	l'accueil	l'orgueil

Exercice 2 Répétez les paires suivantes. Dans chaque paire, le premier mot est en anglais et le deuxième en français. Dans les mots français, faites bien attention à prononcer la voyelle ouverte [œ] et à garder la pointe de la langue derrière les dents inférieures pour la consonne [r].

sir / sœur	actor / acteur
fur / fleur	creator / créateur
burr / beurre	predecessor / prédécesseur
odor / odeur	preceptor / précepteur
professor / professeur	

🎧 *Exercice 3* Répétez les expressions suivantes, en faisant attention à bien prononcer la combinaison [œr].

un chanteur	sa sœur	les jolies fleurs
une fleur	le beurre	il est conservateur
la peur	j'ai peur	j'ai mal au cœur
mon coiffeur	il meurt	quel malheur
l'ascenseur	il pleure	quel bonheur
l'aspirateur	c'est l'heure	

🎧 *Exercice 4* Répétez les paires de mots suivantes, en faisant bien attention à prononcer la combinaison [œr] dans le premier et [yr] dans le deuxième.

d'heure / dur	chasseur / chaussure
cœur / cure	coiffeur / coiffure
meure / mur	créateur / créature
sœur / sur	odeur / ordure
lecteur / lecture	agriculteur / agriculture
censeur / censure	

🎧 *Exercice 5* Répétez les phrases suivantes en faisant bien attention à prononcer les combinaisons [œr] et [yr].

1. Le chasseur a perdu sa chaussure dans les ordures de l'agriculteur.
2. Le Créateur a dit au professeur de faire faire une lecture aux créatures et aux fleurs à toutes les heures.
3. Les peintures d'un grand artiste ne meurent jamais.
4. Donnez-moi du beurre et des confitures.
5. Il n'y a pas de cure pour son cœur.
6. Sa sœur est sur la table.
7. Loin des yeux, loin du cœur. (proverbe)
8. L'argent n'a pas d'odeur. (proverbe)
9. Un malheur ne vient jamais seul. (proverbe)
10. Qui vole un œuf, vole un bœuf. (proverbe)

Exercices oraux et écrits

🎧 *Exercice 1* Répétez les vers suivants, tirés du poème «Chœur» par Stéphane Mallarmé. Faites attention aux combinaisons [œr] et [yr]. Ensuite, faites la transcription en symboles phonétiques.

Anges à la robe d'azur,
Enfants des cieux au cœur si pur,
De vos ailes couvrez ce joyeux sanctuaire
Chantez, célébrez tous en chœur
La joie et le bonheur
Des enfants de la terre!

Exercice 2 Répétez le passage suivant en faisant attention à bien prononcer la voyelle [œ]. Ensuite, faites la transcription en symboles phonétiques.

Mon père est chauffeur de taxi. Il passe des heures dans sa voiture. Il n'est plus jeune, mais son cœur est bon, dit son docteur. Lui et ma mère veulent que nous réussissions dans la vie avant qu'ils meurent. C'est ainsi que ma jeune sœur est professeur, mon frère est directeur d'une banque, et moi, je suis acteur.

Exercice 3 Répétez les vers suivants, tirés du «Corbeau voulant imiter l'Aigle» par Jean de La Fontaine. Faites attention aux voyelles. Ensuite, faites la transcription en symboles phonétiques.

Mal prend aux volereaux de faire les voleurs.
L'exemple est un dangereux leurre:
Tous les mangeurs de gens ne sont pas grands seigneurs;
Où la guêpe a passé le moucheron demeure.

Exercice 4 Répétez les vers suivants, tirés de «Stances burlesques à George Sand» par Alfred de Musset. Faites attention aux voyelles. Ensuite, faites la transcription en symboles phonétiques.

George est dans sa chambrette
Entre deux pots de fleurs,
Fumant sa cigarette
Les yeux baignés de pleurs.

Exercice 5 Répétez la première strophe de «Il pleure dans mon cœur» par Paul Verlaine en faisant bien attention aux voyelles. Ensuite, faites la transcription en symboles phonétiques.

Il pleure dans mon cœur
Comme il pleut sur la ville.
Quelle est cette langueur
Qui pénètre mon cœur?

Les voyelles d'aperture moyenne [ø] et [œ]

Syllabe accentuée

Les voyelles moyennes [ø] et [œ] suivent **la loi de position** avec très peu d'exceptions. C'est-à-dire que dans la syllabe accentuée et **ouverte** (CV), on trouve toujours la voyelle **fermée** [ø] et dans la syllabe accentuée et **fermée** (CVC), on trouve presque toujours la voyelle **ouverte** [œ].

CV = [ø]	CVC = [œ]
veut [vø]	*veulent* [vœl]
œufs [ø]	*œuf* [œf]
bœufs [bø]	*bœuf* [bœf]
ceux [sø]	*sœur* [sœr]
peu [pø]	*peur* [pœr]

Il existe **une grande exception** à la loi de position pour les voyelles moyennes [ø] – [œ]: dans une syllabe fermée par le son [z], on prononce toujours la voyelle fermée [ø]:

    heureuse [ø røz]   *nerveuse* [nɛr vøz]

    travailleuse [tra va jøz]   *chanteuse* [ʃɑ̃ tøz]

Note linguistique

Traditionnellement, les sons [ʒ], [t], [tr], [d] et [kt] fermaient aussi la voyelle moyenne qui les précédait. Le premier mot des paires *jeûne/jeune, veule/ils veulent* contenaient aussi la voyelle fermée. Mais ces derniers exemples sont si rares qu'on entend régulièrement la voyelle [œ] dans ces mots.

    Maubeuge [mo bøʒ] [mo bœʒ]

    une meute [yn møt] [yn mœt]

    Polyeucte [pɔ ljøkt] [pɔ ljœkt]

    du feutre [dy føtr] [dy fœtr]

    Eudes [ød] [œd]

    jeune [ʒœn] / *jeûne* [ʒøn] [ʒœn]

    ils veulent [il vœl] / *veule* [vøl] [vœl]

Syllabe inaccentuée

Dans la syllabe inaccentuée (ou prétonique) **ouverte**[15], comme pour les voyelles moyennes [e] – [ɛ], il existe une hésitation entre la voyelle fermée [ø] et la voyelle ouverte [œ]. On entend même quelquefois un son intermédiaire (représenté par le symbole [Œ]) en syllabe prétonique:

CV = [ø], [œ], [Œ]
jeudi [ʒø di], [ʒœ di] ou [ʒŒ di]
Europe [ø rɔp], [œ rɔp] ou [Œ rɔp]
heureux [ø rø], [œ rø] ou [Œ rø]

Facteurs qui influencent le choix de voyelle moyenne prétonique

On peut opérer un choix entre [ø] et [œ] en syllabe inaccentuée en tenant compte des trois facteurs discutés ci-dessous. Il est à noter toutefois qu'aucun de ces facteurs n'est plus important que les autres et si un facteur favorise la voyelle ouverte, un autre peut favoriser la voyelle fermée; c'est au locuteur de choisir le timbre de voyelle qu'il préfère. Celui-ci peut varier chaque fois qu'il prononce le même mot.

1. Selon l'influence de l'**harmonisation vocalique** l'aperture de la voyelle dans la syllabe accentuée peut influencer l'aperture de la voyelle prétonique. Par exemple, des trois variantes possibles pour le mot *jeudi,* on entendra le plus souvent celle dont la voyelle prétonique est fermée [ʒø di] parce que la voyelle tonique [i] est très fermée. De la même manière, le mot *Europe* se prononcera le plus souvent [œ rɔp], car la voyelle tonique est ouverte [ɔ].

2. **La consonne [r]** tend à ouvrir la voyelle qui la précède; donc dans le mot *heureux* l'influence de la voyelle tonique fermée [ø] sera annulée par l'influence de la consonne [r], et les trois prononciations seront également répandues.

3. Un mot **dérivé** garde la même voyelle — bien que cette voyelle soit prétonique — que le mot original, où la voyelle est tonique:
   deux [dø] / *deuxième* [dø zjɛm]
   fleur [flœr] / *fleurir* [flœ rir]

---

[15] Le français n'a pas de mot avec la combinaison *eu* en syllabe fermée en position inaccentuée.

Pour la distribution des voyelles moyennes [ø] et [œ] dans les syllabes accentuées et inaccentuées, voir Tableau 3.3.

Tableau 3.3 Résumé de la distribution des voyelles moyennes [ø], [œ]

	Syllabe ouverte	Syllabe fermée
Syllabe accentuée	[ø]: *veut* [vø]	[œ]: *veulent* [vœl] EXCEPTION: + [z] = [øz] *nerveuse* [nɛr vøz]
Syllabe inaccentuée	[ø], [œ], [Œ] (variation possible dans un mot): *heureux* [ø rø] [œ rø] [Œ rø] (influences: harmonisation vocalique, un [r] suivant, dérivation)	

Le son et la grammaire

Les voyelles [ø] et [œ] sont très importantes dans la formation des adjectifs et des substantifs qui se terminent en *-eur / -euse:*

> *chanteur / chanteuse*   *danseur / danseuse*

Lectures supplémentaires ([ø], [œ])

Voir bibliographie.

Exercices d'application

Exercice de discrimination

Indiquez si les expressions que vous entendez contiennent la voyelle fermée [ø] ou la voyelle ouverte [œ].

	[ø]	[œ]		[ø]	[œ]
1.	____	____	7.	____	____
2.	____	____	8.	____	____
3.	____	____	9.	____	____
4.	____	____	10.	____	____
5.	____	____	11.	____	____
6.	____	____	12.	____	____

Exercices oraux

🎧 *Exercice 1* Répétez les paires de mots suivantes. Prononcez bien la voyelle fermée [ø] dans le premier mot de chaque paire et la voyelle ouverte [œ] dans le deuxième mot.

ceux / seul	un nœud / neuf
il veut / ils veulent	un peu / j'ai peur
il peut / ils peuvent	du feu / une fleur
des bœufs / du bœuf	deux / pas d'heures
des œufs / un œuf	

🎧 *Exercice 2* Répétez les paires de mots suivantes. Prononcez bien la voyelle ouverte [œ] dans le premier mot de chaque paire et la voyelle fermée [ø] dans le deuxième mot.

travailleur / travailleuse
chanteur / chanteuse
trompeur / trompeuse
menteur / menteuse
joueur / joueuse
danseur / danseuse

🎧 *Exercice 3* Répétez les mots et le proverbe suivants. Prononcez bien la voyelle fermée [ø] dans la syllabe fermée.

heureuse	paresseuse	frileuse
généreuse	dangereuse	douteuse
courageuse	peureuse	ombrageuse

Les apparances sont trompeuses. (proverbe)

Exercices de révision (Deuxième série)

Exercice écrit

Écrivez les phrases qui correspondent aux symboles suivants.

1. [e lɛn vø sə la ve le ʃə vø].
2. [i lɛ tø rø par skə sa sœ ra riv ʒø di].

Exercice oral

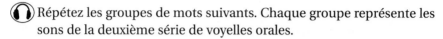 Répétez les groupes de mots suivants. Chaque groupe représente les sons de la deuxième série de voyelles orales.

1. bulle, bœufs, bœuf
2. cure, queue, cœur
3. dur, deux, odeur

4. mûre, meut, mœurs
5. pure, peu, peuvent
6. sûre, ceux, seule

Exercices oraux et écrits

Exercice 1 Répétez le poème «Le Pont Mirabeau» par Guillaume Apollinaire en faisant bien attention aux voyelles. Ensuite, faites la transcription en symboles phonétiques.

Sous le pont Mirabeau coule la Seine
  Et nos amours
   Faut-il qu'il m'en souvienne
La joie venait toujours après la peine

   Vienne la nuit sonne l'heure
   Les jours s'en vont je demeure

Les mains dans les mains restons face à face
   Tandis que sous
  Le pont de nos bras passe
Des éternels regards l'onde si lasse

   Vienne la nuit sonne l'heure
   Les jours s'en vont je demeure

L'amour s'en va comme cette eau courante
   L'amour s'en va
  Comme la vie est lente
Et comme l'Espérance est violente

   Vienne la nuit sonne l'heure
   Les jours s'en vont je demeure

Passent les jours et passent les semaines
   Ni temps passé
  Ni les amours reviennent
Sous le pont Mirabeau coule la Seine

   Vienne la nuit sonne l'heure
   Les jours s'en vont je demeure

🎧 ***Exercice 2*** Répétez le poème «Rêverie» par Victor Hugo en faisant bien attention aux voyelles. Ensuite, faites la transcription en symboles phonétiques.

> Oh! laissez-moi! c'est l'heure où l'horizon qui fume
> Cache un front inégal sous un cercle de brume,
> L'heure où l'astre géant rougit et disparaît.
> Le grand bois jaunissant dore seul la colline:
> On dirait qu'en ces jours où l'automne décline,
> Le soleil et la pluie ont rouillé la forêt.
>
> Oh! qui fera surgir soudain, qui fera naître,
> Là-bas, — tandis que seul je rêve à la fenêtre
> Et que l'ombre s'amasse au fond du corridor,
> Quelque ville mauresque, éclatante, inouïe,
> Qui, comme la fusée en gerbe épanouie,
> Déchire ce brouillard avec ses flèches d'or!
>
> Qu'elle vienne inspirer, ranimer, ô génies!
> Mes chansons, comme un ciel d'automne rembrunies,
> Et jeter dans mes yeux son magique reflet,
> Et longtemps, s'éteignant en rumeurs étouffées,
> Avec les mille tours de ses palais de fées,
> Brumeuse, denteler l'horizon violet!

Troisième série: [u], [o], [ɔ]

Dans la production de ces trois voyelles, les lèvres sont arrondies, la pointe de la langue reste derrière les dents inférieures et le **dos** de la langue se soulève vers le palais mou. Comparez cette prononciation à celle de la deuxième série ([y], [ø], [œ]), aussi arrondie, mais pour laquelle la partie **antérieure** de la langue se soulève vers le palais dur. La différence de prononciation parmi les trois voyelles postérieures réside dans l'aperture de la bouche, c'est-à-dire dans la hauteur de la langue et la largeur du passage situé entre la langue et le palais. Comparez la largeur de ce passage dans les dessins de la Figure 3.4.

Il existe une quatrième voyelle postérieure qui n'est pas arrondie, [ɑ], une variante de la voyelle [a] de la première série. Pour une discussion de [ɑ], voir la section consacrée à [a] dans la première série à la page 82.

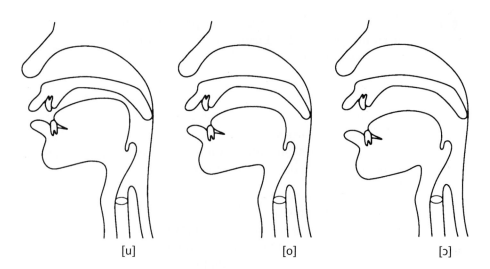

Figure 3.4
La troisième série des voyelles orales: [u], [o], [ɔ].

La voyelle [u]

Orthographe

Le son [u] en français correspond aux lettres *ou, où* et *oû* de la langue écrite:

*to**u**t* [tu]   *où* [u]   *co**û**te* [kut]

Articulation

> postérieur, arrondi, très fermé et oral

Pour articuler la voyelle [u], mettez la pointe de la langue derrière les dents inférieures. Arrondissez les lèvres et soulevez le dos de la langue vers le palais mou sans le toucher (voir Figure 3.4).

Tendances à éviter

- Gardez constante la tension musculaire des lèvres, de la langue et des mâchoires pour éviter la diphtongue qu'on entend en anglais:

  anglais   *français*
  boo [buʷ]   *bout* [bu]

• Prononcez toujours une voyelle très fermée, surtout en position in-accentuée. Dans cette position la tendance est de prononcer une voyelle plus ouverte (comme celle du mot anglais *but*) ou une voyelle neutre [ə].

> *anglais*   *français*
> *jour*nal [dʒər nl]   *jour*nal [ʒur nal]

• Comme nous l'avons déjà noté, il est très important de distinguer la voyelle postérieure [u] en français de la voyelle antérieure [y]. Pour la voyelle [y], le passage de l'air s'effectue entre la partie **antérieure** de la langue et le palais **dur;** pour la voyelle [u], l'air passe entre le **dos** de la langue et le palais **mou.**

> *tu* [ty] ≠ *tout* [tu]

Variations dialectales[16]

Dans le français canadien ainsi que dans des parlers de l'ouest de la France, il existe une variante plus ouverte ([U]) de la voyelle [u]. Elle se prononce seulement dans les syllabes fermées, mais pas devant [r]:

	fr. standard	*fr. canadien*
fou	[fu]	[fu]
foule	[ful]	[fUl]
four	[fur]	[fur]

Exercices d'application

Exercices oraux

🎧 *Exercice 1* Répétez les paires suivantes. Dans chaque paire, le premier mot contient la voyelle diphtonguée anglaise [uʷ] et le deuxième, la voyelle française [u]. Faites bien attention à garder constante la tension de la voyelle française.

boo / bout	due / doux	sue / sous
moo / moue	new / nous	pool / poule
shoe / chou	two / tout	toot / toute

---

[16] Léon, Bhatt et Baligand 1992:214–215

🎧 *Exercice 2* Répétez les paires suivantes. Dans chaque paire, le premier mot est en anglais et le deuxième en français. Faites bien attention à prononcer la voyelle très fermée dans le mot français.

journal / journal	boulevard / boulevard
tournament / tournoi	courage / courage
moustache / moustache	cousin / cousin

🎧 *Exercice 3* Répétez les paires de mots, dont le premier contient la voyelle postérieure [u] et le deuxième, la voyelle antérieure [y].

doux / du	rousse / russe
tout / tu	jour / jure
vous / vu	debout / début
nous / nu	bourreau / bureau
roue / rue	au-dessous / au-dessus
pousse / puce	

🎧 *Exercice 4* Répétez les mots et les phrases suivants en faisant bien attention à prononcer un [u] très fermé et pur, surtout quand [u] se trouve en position inaccentuée.

où	pourboire	sourcil
tous	poursuite	tourner
journal	pourvu	tourne-disque
toujours	pourquoi	voulu
nous goûtons	pourcentage	un cours de français
ça coûte	pouvoir	
vous trouvez	vouloir	

🎧 *Exercice 5* Répétez les phrases suivantes en faisant bien attention à prononcer un [u] très fermé et pur.

1. C'est court.
2. C'est un four.
3. Il est sourd.
4. C'est lourd.
5. Il est de retour.
6. C'est tous les jours.
7. J'ai fait un tour.
8. Il prend des petits fours.
9. Avez-vous trouvé le journal?
10. Mon cousin fait les courses en ville.
11. Le Tour de France est une course de bicyclette.

12. En amour comme à la guerre, tous les coups sont permis.
    (proverbe)
13. Pas de nouvelles, bonnes nouvelles. (proverbe)
14. Il boit comme un trou. (expression idiomatique)
15. Il vit au jour le jour. (expression idiomatique)

Exercices oraux et écrits

🎧 *Exercice 1* Répétez le dialogue suivant en faisant attention à bien prononcer la voyelle [u]. Ensuite, faites la transcription du dialogue en symboles phonétiques.

> — Bonjour, Louise. Où est tout le monde?
> — Ils sont allés casser la croûte Boulevard des Amoureux.
> — Pouvons-nous les rejoindre? J'ai envie de manger une choucroute.
> — C'est comme vous voulez. Mais après, je devrai courir pour ne pas manquer mon cours à douze heures.

🎧 *Exercice 2* Répétez le dialogue[17] suivant en faisant attention à bien prononcer la voyelle [u]. Ensuite, faites la transcription du dialogue en symboles phonétiques.

> — C'est encore vous qui faites le fou?
> — Pourquoi? Vous êtes jaloux?
> — Pas du tout, mais nous avons beaucoup de travail, et vous faites un bruit épouvantable!
> — Vous ne voulez tout de même pas que j'aille jouer dans la boue!

🎧 *Exercice 3* Répétez le dialogue[18] suivant en faisant attention à bien faire la distinction entre les voyelles [u] et [y]. Ensuite, faites la transcription du dialogue en symboles phonétiques.

> — D'où venez-vous?
> — Nous venons du cours de littérature russe.
> — Ça vous a plu?
> — Beaucoup! Mais c'est un cours difficile!
> — Difficile? Mais vous êtes stupides! J'ai toujours entendu dire que ce cours était très facile.
> — C'est vous qui le dites!

---

[17] Tiré de G. Faure et A. DiCristo 1977:16
[18] Tiré de G. Faure et A. DiCristo 1977:22

🎧 ***Exercice 4*** Répétez les phrases suivantes en faisant bien attention aux voyelles [u] et [y]. Ensuite, faites la transcription en symboles phonétiques.

> 1. Il travaille pour des prunes. (expression idiomatique)
> 2. Plus on remue la boue, plus elle pue. (proverbe)
> 3. La faveur met l'homme au-dessus de ses égaux; et sa chute, au-dessous. (La Bruyère)
> 4. Vous le croyez votre dupe; s'il feint de l'être, qui est plus dupe de lui ou de vous? (La Bruyère)
> 5. La jalousie se nourrit dans les doutes, et elle devient fureur, ou elle finit, sitôt qu'on passe du doute à la certitude. (La Rochefoucauld)
> 6. S'il y a un amour pur et exempt du mélange de nos autres passions, c'est celui qui est caché au fond du cœur, et que nous ignorons nous-mêmes. (La Rochefoucauld)

🎧 ***Exercice 5*** Répétez le passage suivant en faisant attention aux voyelles [y] et [u]. Ensuite, faites la transcription en symboles phonétiques.

> Mon mari, Justin, était tellement ému le jour de la naissance de notre fille Julie qu'il m'a demandé si je voulais inviter tous les amis du bureau chez nous.
> Je lui ai répondu: «Pas du tout, mon chou. Tu es fou? C'est absurde, surtout quand je ne peux pas me tenir debout. Si on attendait jusqu'au début d'août?»

🎧 ***Exercice 6*** Répétez le poème «Le Cantonnier» par Stéphane Mallarmé en faisant bien attention aux voyelles [y] et [u]. Ensuite, faites la transcription en symboles phonétiques.

> Ces cailloux, tu les nivelles
> Et c'est, comme troubadour,
> Un cube aussi de cervelles
> Qu'il me faut ouvrir par jour.

🎧 ***Exercice 7*** Répétez les vers suivants, tirés de «La Nuit d'août» par Alfred de Musset, en faisant bien attention aux voyelles [y] et [u]. Ensuite, faites la transcription en symboles phonétiques.

> Salut à ma fidèle amie!
> Salut, ma gloire et mon amour!
> La meilleure et la plus chérie
> Est celle qu'on trouve au retour.
> L'opinion et l'avarice

Viennent un temps de m'emporter.
Salut, ma mère et ma nourrice!
Salut, salut, consolatrice!
Ouvre tes bras, je viens chanter.

Exercice 8 Répétez les deux strophes suivantes, tirées de «Hommage» par Stéphane Mallarmé en faisant bien attention aux voyelles [y] et [u]. Ensuite, faites la transcription en symboles phonétiques.

Toute Aurore même gourde
À crisper un poing obscur
Contre des clairons d'azur
Embouchés par cette sourde

À le pâtre avec la gourde
Jointe au bâton frappant dur
Le long de son pas futur
Tant que la source ample sourde

La voyelle [o]

Orthographe

Le son [o] en français correspond aux lettres *o, ô, eau* et *au* de la langue écrite:

trop [tro]   *tôt* [to]   *hameau* [a mo]   *au* [o]

Articulation

postérieur, arrondi, fermé et oral

Pour articuler la voyelle [o], mettez la pointe de la langue derrière les dents inférieures. Arrondissez les lèvres et soulevez le dos de la langue vers le palais mou mais moins haut que pour la voyelle [u] (voir Figure 3.4).

Tendance à éviter

Gardez constante la tension musculaire des lèvres, de la langue et des mâchoires pour éviter la diphtongue qu'on entend en anglais:

anglais	*français*
so [so^w]	*seau* [so]

Exercices d'application

Exercices oraux

🎧 *Exercice 1* Répétez les paires suivantes. Dans chaque paire, le premier mot contient la diphtongue anglaise [oʷ] et le deuxième, la voyelle française [o]. Faites bien attention à garder constante la tension de la voyelle française.

so / seau	owed / Aude
bow / beau	coat / côte
mow / maux	soul / saule
dough / dos	poll / pôle
know / nos	bone / Beaune
foe / faux	zone / zone
low / l'eau	poem / paume
toe / tôt	chrome / chrome

🎧 *Exercice 2* Répétez la comptine suivante en faisant bien attention à la voyelle [o].

Polichinelle
Monte à l'échelle
Un peu plus haut
Se casse le dos
Un peu plus bas
Se casse le bras
Casse un barreau
Et plouf dans l'eau.

🎧 *Exercice 3* Répétez les mots suivants en faisant bien attention à prononcer un [o] fermé et pur.

trop	gros	un mot	les maux
vos	oraux	une rose	une côte
nos	généraux	une chose	une zone
beau	bientôt	un pôle	l'Amazone

🎧 *Exercice 4* Répétez les phrases suivantes en faisant bien attention à prononcer un [o] fermé.

1. Vos beaux mots valent beaucoup.

2. Jérôme a haussé les épaules.

3. Une faute n'en excuse pas une autre. (proverbe)

4. Aussitôt dit, aussitôt fait. (expression idiomatique)

5. L'argent est cause de tous les maux. (proverbe)

6. Les fautes des sots sont quelquefois si lourdes et si difficiles à prévoir, qu'elles mettent les sages en défaut et ne sont utiles qu'à ceux qui les font. (La Bruyère)

Exercices oraux et écrits

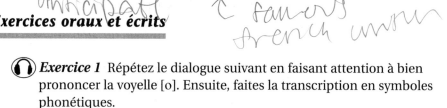

Exercice 1 Répétez le dialogue suivant en faisant attention à bien prononcer la voyelle [o]. Ensuite, faites la transcription en symboles phonétiques.

— Margot, tu as vu le nouveau film de Brigitte Bardot?
— Non, Guillaume. Il faut bientôt aller le voir.
— J'ai entendu dire qu'elle et Marcel Marceau jouent des rôles très originaux.
— Oui, elle joue un oiseau et lui, un robot.
— Ah, non! C'est trop!

Exercice 2 Répétez le dialogue[19] suivant en faisant attention à bien prononcer la voyelle [o]. Ensuite, faites la transcription en symboles phonétiques.

— Oh! Ce qu'il fait chaud!
— Chaud? Tu as chaud? Même dans l'eau?
— C'est que l'eau est chaude, elle aussi.
— Il te faut venir plus tôt avec Jérôme.
— Oui, mais Jérôme est comme Claude. Il arrive tôt quand il ne fait pas chaud, et quand il fait chaud, c'est moi qui arrive plus tôt, même en faisant une pause en haut de la côte.

Exercice 3 Répétez le poème «Venise» par Alfred de Musset en faisant bien attention aux voyelles. Ensuite, faites la transcription en symboles phonétiques.

Dans Venise la rouge,
Pas un bateau qui bouge,
Pas un pêcher dans l'eau,
Pas un falot.

---

[19] Tiré de G. Faure et A. DiCristo 1977:32

🎧 *Exercice 4* Répétez les deux premières strophes du poème «Brumes et Pluies» par Charles Baudelaire en faisant bien attention aux voyelles. Ensuite, faites la transcription en symboles phonétiques.

> Ô fins d'automne, hivers, printemps trempés de boue,
> Endormeuses saisons! je vous aime et vous loue
> D'envelopper ainsi mon cœur et mon cerveau
> D'un linceul vaporeux et d'un vague tombeau.
>
> Dans cette grande plaine où l'autan froid se joue,
> Où par les longues nuits la girouette s'enroue,
> Mon âme mieux qu'au temps du tiède renouveau
> Ouvrira largement ses ailes de corbeau.

🎧 *Exercice 5* Répétez les vers suivants, tirés de «Sur trois marches de marbre rose» par Alfred de Musset en faisant attention aux voyelles. Ensuite, faites la transcription en symboles phonétiques.

> En ces lieux où l'ennui repose,
> Par respect aussi j'ai dormi.
> Ce n'était, je crois, qu'à demi:
> Je rêvais à quelque autre chose.
> Mais vous souvient-il, mon ami,
> De ces marches de marbre rose,
> En allant à la pièce d'eau
> Du côté de l'Orangerie,
> À gauche, en sortant du château?

La voyelle [ɔ]

Orthographe

Le son [ɔ] en français correspond le plus souvent à la lettre *o* de la langue écrite. Il peut aussi correspondre aux lettres *au*.

> *tonne* [tɔn]   *joli* [ʒɔ li]   *Laure* [lɔr]

EXCEPTION IMPORTANTE: La terminaison -*um* dans les mots savants se prononce [ɔm]:

> *album* [al bɔm]
>
> *maximum* [ma ksi mɔm]

Articulation

> postérieur, arrondi, ouvert et oral

Pour articuler la voyelle [ɔ], mettez la pointe de la langue derrière les dents inférieures. Arrondissez les lèvres et soulevez le dos de la langue vers le palais mou mais moins haut que pour la voyelle [o] (voir Figure 3.4).

Tendance à éviter

Évitez de remplacer la voyelle ouverte [ɔ] par la voyelle fermée [o], surtout en position prétonique et dans les mots empruntés à l'anglais:

joli [ʒɔ li]

téléphone [te le fɔn]

Exercices d'application

Exercices oraux

🎧 **Exercice 1** Répétez les paires suivantes. Dans chaque paire, le premier mot contient la voyelle anglaise et le deuxième, la voyelle française. Faites bien attention à garder constante la tension et à arrondir les lèvres pour produire la voyelle française.

but / botte	ton / tonne
nut / note	gum / gomme
done / donne	come /comme
bun / bonne	mull / molle
nun / nonne	bus / bosse
son / sonne	

🎧 **Exercice 2** Répétez la comptine suivante en faisant bien attention aux voyelles [ɔ] et [u].

Deux petits papillons roux
Tourbillonnent, tourbillonnent
Deux petits papillons roux
Tourbillonnent dans l'air doux
Et tombe la feuille d'automne

🎧 ***Exercice 3*** Répétez les mots suivants en faisant bien attention à prononcer une voyelle ouverte.

notre	molle	poche	sors	bonne
votre	alcool	proche	mort	sonne
vote	folle	loge	tort	donne
note	Paul	noces	fort	téléphone
sotte	sol	adore	Laure	homme
botte	drogue	dehors	tonne	somme

🎧 ***Exercice 4*** Répétez les mots suivants en faisant bien attention à prononcer une voyelle ouverte en position prétonique.

coquette	forêt	sociologue
coller	logiquement	tolérer
clochard	localiser	philosophie
codifier	modeste	professeur
domestique	notation	notre enfant
donné	politesse	votre fille
folie		

🎧 ***Exercice 5*** Répétez les phrases suivantes en faisant attention à la prononciation de la voyelle ouverte [ɔ].

1. Il a porté un coup bas. (expression idiomatique)
2. Il faut d'abord balayer devant sa porte. (proverbe)
3. La cour est comme un édifice de marbre: je veux dire qu'elle est composée d'hommes fort durs, mais fort polis. (La Bruyère)
4. La modération des personnes heureuses vient du calme que la bonne fortune donne à leur humeur. (La Rochefoucauld)

Exercices oraux et écrits

🎧 ***Exercice 1*** Répétez le passage suivant en faisant attention à bien prononcer la voyelle ouverte [ɔ]. Ensuite, faites la transcription du passage en symboles phonétiques.

En automne, la bonne a adopté un hippopotame adorable qui aime les carottes et les pommes. D'abord, elle l'a amené à l'aéroport, mais il n'a pas pu monter à bord. Alors, elle a dû dire adieu à son hippopotame adoré.

🎧 *Exercice 2* Répétez le dialogue[20] suivant en faisant attention à bien prononcer la voyelle ouverte [ɔ]. Ensuite, faites la transcription en symboles phonétiques.

> — Paul, sonne la bonne.
> — Je sonne et je resonne, mais la bonne est sortie.
> — Sortie par quelle porte? La grande porte est encore fermée.
> — Tu sais bien que la bonne sort toujours par la porte qui donne
>   sous la tonnelle.

🎧 *Exercice 3* Répétez les vers suivants, tirés de «La Nuit de mai» par Alfred de Musset, en faisant bien attention aux voyelles. Ensuite, faites la transcription en symboles phonétiques.

> Pourquoi mon cœur bat-il si vite?
> Qu'ai-je donc en moi qui s'agite
> Dont je me sens épouvanté?
> Ne frappe-t-on pas à ma porte?
> Pourquoi ma lampe à demi-morte
> M'éblouit-elle de clarté?
> Dieu puissant! tout mon corps frissonne.
> Qui vient? qui m'appelle? — Personne.
> Je suis seul; c'est l'heure qui sonne:
> Ô solitude! ô pauvreté!

Les voyelles d'aperture moyenne [o] et [ɔ]

Syllabe accentuée

Les voyelles moyennes [o] et [ɔ] suivent **la loi de position** avec très peu d'exceptions. C'est-à-dire que dans la syllabe accentuée et **ouverte** (CV), on trouve toujours la voyelle **fermée** [o] et dans la syllabe accentuée et **fermée** (CVC), on trouve la plupart du temps la voyelle **ouverte** [ɔ].

CV = [o]	**CVC = [ɔ]**
nos [no]	*notre* [nɔtr]
maux [mo]	*molle* [mɔl]
pot [po]	*poche* [pɔʃ]
seau [so]	*sotte* [sɔt]

---

[20] Tiré de G. Faure et A. DiCristo 1977:34

Il existe **deux groupes d'exceptions** à la loi de position pour les voyelles moyennes [o] et [ɔ], toutes dans la syllabe fermée.

1. La lettre *o* se prononce [o] si la syllabe est fermée par:

    • le son [z]: *chose* [ʃoz]   *rose* [roz]

    • le son [m] dans une série de mots savants venant du grec:
       atome [a tom]   *axiome* [ak sjom]
       idiome [i djom]   *tome* [tom]
       chrome [krom]   *aérodrome* [a e rɔ drom]
       hippodrome [i pɔ drom]

    • le son [n] dans les mots savants:
       cyclone [si klon]   *amazone* [a ma zon]   *zone* [zon]
       (Comparez: *téléphone* [te le fɔn] *saxophone* [sak sɔ fɔn])

    • le son [s] dans quatre mots:
       la fosse [fos]   *grosse* [gros]
       endosse [ɑ̃ dos]   *adosse* [a dos]
       (Notez que *grosse* < *gros* [gro]; *endosse*, *adosse* < *dos* [do])
       (Comparez: *la brosse* [la brɔs], *la bosse* [la bɔs],
                    le gosse [lə gɔs], *Écosse* [e kɔs])

2. Les lettres *ô*, *au* et *eau* se prononcent presque toujours [o]:
       pôle [pol]   *Claude* [klod]   *Beaune* [bon]

    EXCEPTIONS:
    • *au* suivi de [r] se prononce [ɔ]: *Laure* [lɔr]
    • Le nom *Paul* se prononce [pɔl] (Comparez: *Paule* [pol])

Notez les paires de mots suivantes, où la prononciation de la voyelle [o] ou [ɔ] détermine le sens:

[o]	[ɔ]
Aude [od]	*ode* [ɔd]
côte [kot]	*cote* [kɔt]
Beaune [bon]	*bonne* [bɔn]
hausse [os]	*os* (sing.) [ɔs]
nôtre [notr]	*notre* [nɔtr]
vôtre [votr]	*votre* [vɔtr]
Paule [pol]	*Paul* [pɔl]

[o]	[ɔ]
paume [pom]	*pomme* [pɔm]
Saône [son]	*sonne* [sɔn]
saule [sol]	*sol* [sɔl]
rauque [rok]	*roc* [rɔk]

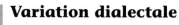

Variation dialectale

Dans le Midi de la France, beaucoup de locuteurs prononcent toujours un [ɔ] ouvert en syllabe fermée. Ainsi, tous les mots dans la liste précédente contiennent la voyelle [ɔ]: *Aude = ode* [ɔdə][21]. Dans le français standard, cependant, on garde la distinction.

Syllabe inaccentuée

Dans la syllabe inaccentuée **ouverte**[22],

1. **pour la lettre *o*,** on remarque une tendance générale à prononcer la voyelle ouverte [ɔ].

   solide [sɔ lid]   *joli* [ʒɔ li]

   EXCEPTIONS: Si le son [z] ou la terminaison [sjɔ̃] suit la lettre *o*, on prononce un [o] fermé:

   Joseph [ʒo zɛf]   *lotion* [lo sjɔ̃]

2. **Pour les graphies *au* ou *ô*,** on entend parfois la voyelle fermée [o], parfois la voyelle ouverte [ɔ] et parfois une voyelle intermédiaire [O]:

   automne [o tɔn], [ɔ tɔn], [O tɔn]

   côté [ko te], [kɔ te], [kO te]

   EXCEPTIONS:
   + dans les mots suivants, *au* en syllabe prétonique se prononce [o]:

aussi [o si]	*aucun* [o kɛ̃][23]
aujourd'hui [o ʒur dɥi]	*autant* [o tɑ̃]
auberge [o bɛrʒ]	*auteur* [o tœr]
auprès [o pre]	*autour* [o tur]
auquel [o kɛl]	

---

[21] Le [ə] à la fin du mot se prononce dans ce dialecte.
[22] Il n'y a pas d'exemples en syllabe fermée en position inaccentuée.
[23] Ce mot peut se prononcer aussi [o kœ̃].

⁺ Les lettres *au* suivies du son [z] se prononcent [o]:

causer [ko ze]

⁺ Les lettres *au* suivies de la lettre *r* se prononcent [ɔ]:

aurore [ɔ rɔr]   *il aura* [i lɔ ra]

Facteur qui influence le choix de voyelle moyenne prétonique:

La dérivation: un mot **dérivé** garde la même voyelle — bien que cette voyelle soit prétonique — que le mot original, où la voyelle est tonique:

[ɔ]: *botte* [bɔt]   *botté* [bɔ te]

   brosse [brɔs]   *brosser* [brɔ se]

[o]: *chaud* [ʃo]   *chaudement* [ʃod mɑ̃]

   beau [bo]   *beauté* [bo te]

   dos [do]   ⎰ *adosser* [a do se]
                      ⎱ *le dossier* [lə do sje]

Les voyelles moyennes [o] et [ɔ] en syllabe prétonique

Graphie	Voyelle	Exemples
o	[ɔ] EXCEPTIONS: *o* + [z] = [o] *o* + [sjɔ̃] = [o]	*joli* [ʒɔ li] *Joseph* [ʒo zɛf] *lotion* [lo sjɔ̃]
ô, au	[o], [ɔ], [O] influences: dérivation EXCEPTIONS: mots spécifiques *au* = [o] *au* + [z] = [o] *au* + *r* = [ɔ]	*côté* [ko te], [kɔ te], [kO te] *automne* [o tɔn], [ɔ tɔn], [O tɔn] *aussi* [o si] *aujourd'hui* [o ʒur dɥi] *causer* [ko ze] *aurore* [ɔ rɔr]

Pour la distribution des voyelles moyennes [o] et [ɔ] dans les syllabes accentuées et inaccentuées, voir Tableau 3.4 à la page 121.

Tableau 3.4 Résumé de la distribution des voyelles moyennes [o], [ɔ]

	Syllabe ouverte	Syllabe fermée	
Syllabe accentuée	**[o]** *mot* [mo] *beau* [bo] *au* [o]	***o* = [ɔ]** *molle* [mɔl] EXCEPTIONS: [oz] *rose* [os] *grosse, fosse,* *endosse, adosse* [om] (mots savants) *atome* [on] (mots savants) *cyclone*	***au, eau, ô* = [o]** *aude, Beaune, pôle* EXCEPTIONS: [ɔr] *Laure* le nom *Paul* [pɔl]
Syllabe inaccentuée	***o* = [ɔ]** *solide* [sɔ lid] EXCEPTIONS: *o* + [z] = [o] *gosier* *o* + [sjɔ̃] = [o] *lotion*	***au, ô* = [ɔ], [o], [O]** *automne* [ɔ tɔn], [o tɔn], [O tɔn] EXCEPTIONS: *au* + [z] = [o] *causer* *au* + *r* = [ɔ] *taureau* (influence: la dérivation)	

Tableau 3.5 Résumé de la distribution des voyelles moyennes en syllabe accentuée

	Syllabe fermée		Syllabe ouverte
[e] – [ɛ]	**[ɛ]** *mette* [mɛt]		**[e]** *mes* [me]
[ø] – [œ]	**[œ]:** *veulent* [vœl] EXCEPTION: + [z] = [øz] *nerveuse* [nɛr vøz]		**[ø]** *veut* [vø]
[o] – [ɔ]	***o* = [ɔ]** *molle* [mɔl] EXCEPTIONS: [oz] *rose* [os] (4 mots) *grosse, fosse,* *endosse, adosse* [om] (mots savants) *atome* [on] (mots savants) *cyclone*	***au, eau, ô* = [o]** *aude, Beaune, pôle* EXCEPTIONS: [ɔr] *Laure* le nom *Paul* [pɔl]	**[o]** *mot* [mo]

Tableau 3.6 Résumé de la distribution des voyelles moyennes en syllabe inaccentuée

	Syllabe ouverte	
[e] – [ɛ]	**[e], [ɛ], [E]** *maison* [me zɔ̃], [mɛ zɔ̃] ou [mE zɔ̃]	
[ø] – [œ]	**[ø], [œ], [Œ]** *jeudi* [ʒø di], [ʒœ di] ou [ʒŒ di]	
[o] – [ɔ]	***o* = [ɔ]** *joli* [ʒɔ li] EXCEPTIONS: + [z] = [o] *Joseph* [ʒo zɛf] + [sjɔ̃] = [o] *lotion* [lo sjɔ̃]	***au, ô* = [o], [ɔ], [O]** *côté* [ko te], [kɔ te], [kO te] *automne* [o tɔn], [ɔ tɔn], [O tɔn] EXCEPTIONS: mots spécifiques *aussi* [o si] *au* + [z] = [o] *causer* [ko ze] *au* + *r* = [ɔ] *aurore* [ɔ rɔr]

Lectures supplémentaires **([o], [ɔ])**

Voir bibliographie.

Exercices d'application

Exercice de discrimination

🎧 Indiquez si les expressions que vous entendez contiennent la voyelle fermée [o] ou la voyelle ouverte [ɔ].

	[o]	[ɔ]		[o]	[ɔ]		[o]	[ɔ]
1.	___	___	6.	___	___	11.	___	___
2.	___	___	7.	___	___	12.	___	___
3.	___	___	8.	___	___	13.	___	___
4.	___	___	9.	___	___	14.	___	___
5.	___	___	10.	___	___			

Exercice écrit

Écrivez les mots qui correspondent aux symboles suivants. Faites très attention à l'orthographe.

1. [pom]   4. [ɔd]   7. [pɔl]
2. [bɔ te]   5. [os]   8. [sol]
3. [votr]   6. [rok]   9. [sɔn]

Exercices oraux

🎧 *Exercice 1* Répétez les paires suivantes. Dans chaque paire, le premier mot contient la voyelle fermée [o] et le deuxième, la voyelle ouverte [ɔ].

Aude / ode	nôtre / notre	Saône / sonne
côte / cote	vôtre / votre	saule / sol
Beaune / bonne	Paule / Paul	rauque / roc
hausse / os	paume / pomme	saute / sotte

🎧 *Exercice 2* Répétez les mots suivants, qui contiennent tous la voyelle fermée [o] dans une syllabe fermée.

le pôle	une chose	un axiome
la côte	une rose	un idiome
le nôtre	il impose	l'aérodrome
le vôtre	la fosse	l'hippodrome
le fantôme	elle est fausse	le chrome
Claude	elle est grosse	un cyclone
Guillaume	il l'endosse	une amazone
Beaune	un atome	une zone
à gauche		

Exercices écrits et oraux

🎧 *Exercice 1* Répétez les phrases[24] suivantes en faisant bien attention aux voyelles [o] et [ɔ]. Ensuite, faites la transcription en symboles phonétiques.

— Mon pauvre Paul, tu supportes bien mal l'énorme bol de haricots en sauce qu'Isadore t'as fait avaler! Ça te donne des cauchemars!

🎧 *Exercice 2* Transcrivez les mots suivants à l'aide de symboles phonétiques. Dans chaque paire, un mot contient la voyelle fermée [o] et un mot la voyelle ouverte [ɔ]. Ensuite, répétez les paires de mots selon le modèle enregistré.

1. la roche	2. le mot	3. la paume
la rose	le moteur	la pomme

---

[24] Tiré de G. Faure et A. DiCristo 1977:37

4. votre vôtre	5. la beauté botté	6. j'aurai aussi
7. tôt une tonne	8. un os en hausse	9. vos voler
10. le gosse grosse	11. la fosse la bosse	12. Beaune bonne
13. Paul Paule	14. cause le col	15. le côlon le colon
16. dos doter	17. auprès l'auréole	18. la cloche close

Exercices de révision (Troisième série)

Exercice de discrimination

🎧 Indiquez si les mots que vous entendez contiennent la voyelle postérieure [u] ou la voyelle antérieure [y].

	[u]	[y]		[u]	[y]
1.	___	___	8.	___	___
2.	___	___	9.	___	___
3.	___	___	10.	___	___
4.	___	___	11.	___	___
5.	___	___	12.	___	___
6.	___	___	13.	___	___
7.	___	___	14.	___	___

Exercice écrit

Écrivez le passage qui correspond aux symboles phonétiques suivants. Suivez la ponctuation donnée. Faites très attention à l'orthographe.

1. [i le[25] di fi sil də de fi nir la mur].

2. [skɔ̃ nã pø di re[25] kə dã lam sɛ tyn pa sjɔ̃ də re ɲe],

---

[25] Aussi possible: [lɛ], [di rɛ]

3. [dɑ̃ le zɛ spri sɛ tyn sɛ̃ pa ti],

4. [e dɑ̃ lə kɔr sə ne²⁶ ky nɑ̃ vi ka ʃe e de li kat də pɔ se de skə lɔ̃ nɛ ma pre²⁶ bo ku də mi stɛr].

La Rochefoucauld, *Maximes*

Exercice oral

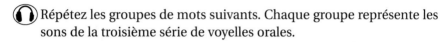 Répétez les groupes de mots suivants. Chaque groupe représente les sons de la troisième série de voyelles orales.

1. bout, beau, botte
2. doux, dos, dot
3. fou, faux, folle
4. loup, lot, loge
5. mou, maux, molle
6. nous, nos, notre
7. roue, rot, rhum
8. sous, sot, sotte
9. tout, tôt, tonne

Exercice oral et écrit

Répétez le poème «Voyage à Paris» par Guillaume Apollinaire en faisant bien attention aux voyelles. Ensuite, faites la transcription en symboles phonétiques.

Ah! la charmante chose
Quitter un pays morose
    Pour Paris
    Paris joli
    Qu'un jour

Dut créer l'Amour
Ah! la charmante chose
Quitter un pays morose
    Pour Paris.

---

²⁶ Aussi possible: [nɛ], [a prɛ]

Exercices de révision (Voyelles orales)

Exercice de discrimination

🎧 Indiquez la voyelle que vous entendez.

	[i]	[e]	[ɛ]	[a]	[y]	[ø]	[œ]	[u]	[o]	[ɔ]
1.	___	___	___	___	___	___	___	___	___	___
2.	___	___	___	___	___	___	___	___	___	___
3.	___	___	___	___	___	___	___	___	___	___
4.	___	___	___	___	___	___	___	___	___	___
5.	___	___	___	___	___	___	___	___	___	___
6.	___	___	___	___	___	___	___	___	___	___
7.	___	___	___	___	___	___	___	___	___	___
8.	___	___	___	___	___	___	___	___	___	___
9.	___	___	___	___	___	___	___	___	___	___
10.	___	___	___	___	___	___	___	___	___	___

Exercices écrits

Exercice 1 Écrivez les phrases qui correspondent aux symboles suivants. Faites très attention à l'orthographe.

1. [ma ri], [ty a lɛ rø røz]. [kɛ ski sə pas]?

2. [ʒe fi ni me də vwar] [e ma mɛr di kə ʒə pø a le o si ne ma o ʒur dɥi].

3. [ty va vwar kɛl film]?

4. [ʒən se[27] pa]. [ʒɛ spɛr ki ljɔ ra yn kɔ me di].

Exercice 2 Écrivez le passage qui correspond aux symboles suivants. Suivez la ponctuation donnée. Faites très attention à l'orthographe.

1. [il ja de ʒɑ̃ ki sɔ̃ mal lɔ ʒe],

2. [mal ku ʃe], [ma la bje], [e mal nu ri];

3. [ki ɛ sɥi le ri gœr de sɛ zɔ̃];

---

[27] Aussi possible: [sɛ]

4. [ki sə pri vø mɛm də la sɔ sje te de zɔm],

5. [e pa slœr ʒur dɑ̃ la sɔ li tyd];

6. [ki su frə dy pre zɑ̃], [dy pa se], [e də lav nir];

7. [dɔ̃ la vi e²⁸ kɔ myn pe ni tɑ̃s kɔ̃ ti nɥɛl],

8. [e ki ɔ̃ tɛ̃ si tru ve lə sə kre da le a lœr pɛrt par lə ʃə mɛ̃ lə ply pe nibl];

9. [sə sɔ̃ le za var].

Exercices oraux

🎧 *Exercice 1* Répétez les vers suivants en faisant attention aux voyelles.

> Do, ré, mi, fa, mi; Chante mon chéri.
> Do, ré, mi, fa, sol; Comme un rossignol.

🎧 *Exercice 2* Répétez le dialogue suivant entre Monsieur Jourdain et le maître de philosophie, tiré du *Bourgeois gentilhomme* par Molière, en faisant bien attention aux voyelles.

> **M.J.:** Apprenez-moi l'orthographe.
> **Maître:** Très volontiers... Pour bien suivre votre pensée et traiter cette manière en philosophie, il faut commencer, selon l'ordre des choses, par une connaissance de la nature des lettres et de la différente manière de les prononcer toutes. Et là-dessus, j'ai à vous dire que les lettres sont divisées en voyelles, ainsi dites voyelles parce qu'elles expriment la voix; et consonnes, ainsi appelées parce qu'elles sonnent avec les voyelles, et ne font que marquer les diverses articulations des voix. Il y a cinq voyelles ou voix:
> A, E, I, O, U.
> **M.J.:** J'entends tout cela.
> **Maître:** La voix *A* se forme en ouvrant fort la bouche: A.
> **M.J.:** A, A. Oui.
> **Maître:** La voix *E* se forme en rapprochant la mâchoire d'en bas de celle en haut: A, E.
> **M.J.:** A, E; A, E. Ma foi, oui. Ah, que cela est beau!

---

²⁸ Aussi possible: [ɛ]

Maître: Et la voix *I,* en rapprochant encore davantage les
mâchoires l'une de l'autre, et écartant les deux coins
de la bouche vers les oreilles: A, E, I.

M.J.: A, E, I, I, I, I, I, I. Cela est vrai. Vive la science!

Maître: La voix *O* se forme en rouvrant les mâchoires et
rapprochant les lèvres par les deux coins, le haut et
le bas: O.

M.J.: O, O. Il n'y a rien de plus juste. A, E, I, O, I, O. Cela est
admirable! I, O, I, O.

Maître: L'ouverture de la bouche fait justement un petit rond qui
représente un O.

M.J.: O, O, O. Vous avez raison. O! Ah! La belle chose que de
savoir quelque chose!

Maître: La voix *U* se forme en rapprochant les dents sans les
joindre entièrement, et allongeant les deux lèvres en
dehors, les approchant aussi l'une de l'autre sans les
joindre tout à fait: U.

M.J.: U, U. Il n'y a rien de plus véritable, U.

Maître: Vos deux lèvres s'allongent comme si vous faisiez la moue,
d'où vient que, si vous la voulez faire à quelqu'un et vous
moquer de lui, vous ne sauriez lui dire que U.

M.J.: U, U. Cela est vrai. Ah! que n'ai-je étudié plus tôt pour
savoir tout cela?

Maître: Demain nous verrons les autres lettres, qui sont les
consonnes.

M.J.: Est-ce qu'il y a des choses aussi curieuses qu'à celles-ci?

Maître: Sans doute. La consonne D, par exemple, se prononce en
donnant du bout de la langue au-dessus des dents d'en
haut: DA.

M.J.: DA, DA. Oui. Ah! les belles choses! les belles choses!

Maître: L'F, en appuyant les dents d'en haut sur la lèvre de dessous:
FA.

M.J.: FA, FA. C'est la vérité. Ah! mon père et ma mère, que je
vous veux du mal!

Maître: Et l'R, en portant le bout de la langue jusqu'en haut du
palais; de sorte, qu'étant frôlée par l'air qui sort avec force,
elle lui cède et revient toujours au même endroit, faisant
une manière de tremblement: R, ra.

M.J.: R, r, ra; R, r, r, r, r, ra. Cela est vrai! Ah! l'habile homme que
vous êtes! et que j'ai perdu du temps! R, r, r, ra.

Maître: Je vous expliquerai toutes ces curiosités.

M.J.: Je vous en prie...

Exercice oral et écrit

🎧 Répétez la fable «Le Pot de terre et le pot de fer» par Jean de La
Fontaine, en faisant bien attention aux voyelles. Ensuite, faites la
transcription en symboles phonétiques.

> Le pot de fer proposa
> Au pot de terre un voyage.
> Celui-ci s'excusa,
> Disant qu'il ferait que sage
> De garder le coin du feu;
> Car il lui fallait si peu,
> Si peu que la moindre chose
> De son débris serait cause.
> Il n'en reviendrait morceau.
> — «Pour vous, dit-il, dont la peau
> Est plus dure que la mienne,
> Je ne vois rien qui vous tienne.»
> — «Nous vous mettrons à couvert»,
> Repartit le pot de fer.
> «Si quelque matière dure
> Vous menace d'aventure,
> Entre deux je passerai,
> Et du coup, vous sauverai.»
> Cette offre le persuade.
> Pot de fer son camarade
> Se met droit à ses côtés.
> Mes gens s'en vont à trois pieds,
> Clopin, clopant comme ils peuvent,
> L'un contre l'autre jetés,
> Au moindre hoquet qu'ils treuvent.
> Le pot de terre en souffre: il n'eut pas fait cent pas
> Que par son compagnon il fut mis en éclats,
> Sans qu'il eût lieu de se plaindre.
> Ne nous associons qu'avec nos égaux,
> Ou bien il nous faudra craindre
> Le destin d'un de ces pots.

Chapitre 4
Étude détaillée des voyelles nasales

Introduction

Les voyelles nasales, étant des sons vocaliques, se distinguent par définition des consonnes parce qu'elles s'articulent sans que le passage de l'air rencontre d'obstacle. Elles diffèrent cependant des voyelles orales par rapport à la cavité par laquelle l'air s'échappe. Pour les voyelles orales, le palais mou se soulève pour bloquer l'entrée de la cavité nasale et l'air passe donc uniquement par la bouche. Mais dans l'articulation des voyelles nasales, le palais mou se baisse, permettant ainsi à l'air de passer par le nez aussi bien que par la bouche. Comparez la position du palais mou pour les trois voyelles nasales du français standard et les voyelles orales correspondantes à la Figure 4.1.

Pour sentir le passage de l'air, faites l'expérience suivante. Prononcez la voyelle [a] pendant quelques secondes; puis, sans arrêter le son, pincez-vous le nez pour fermer la cavité nasale. Vous remarquerez que le son ne change pas de timbre. Maintenant, effectuez la même expérience avec la voyelle nasale [ɑ̃]. Lorsque la cavité nasale est bloquée, le son ne peut pas être maintenu.

La différence principale entre les voyelles nasales françaises et anglaises, c'est qu'en français, la consonne nasale (*n* ou *m*) qui suit la voyelle nasale dans l'orthographe est muette (*bon* [bɔ̃]), tandis qu'en anglais, les mêmes consonnes nasales *m* et *n*, ainsi que *ng*, se prononcent toujours et donnent ainsi un peu de nasalité à la voyelle qui les précède (*sing* [sɪ̃ŋ]). Comparez les mots suivants:

français	*anglais*
vin [vɛ̃]	*in* [ɪ̃n]
an [ɑ̃]	*an* [æ̃n]
on [ɔ̃]	*on* [ɒ̃n]

En anglais, l'entrée de la cavité nasale ne s'ouvre donc que partiellement pendant l'articulation de la voyelle, par anticipation de la consonne nasale suivante, ce qui nasalise un peu la voyelle. Mais en français, où la consonne nasale écrite n'est pas prononcée, c'est la voyelle qui porte toute la nasalité.

130

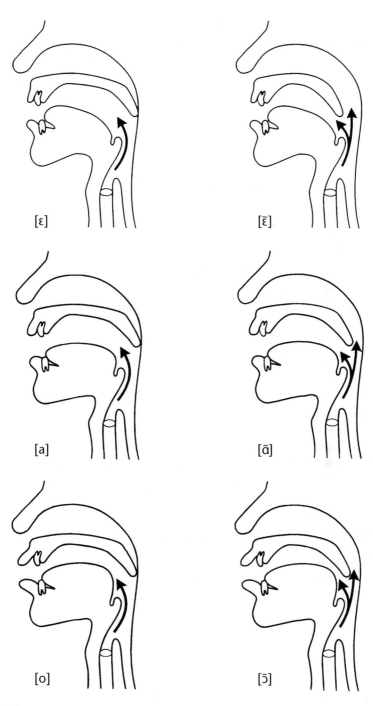

Figure 4.1
Les voyelles orales et nasales

Variation dialectale

Dans le français méridional, on voit un système de nasalisation qui se rapproche du système en anglais. C'est-à-dire que dans le Midi, on voit l'insertion d'une consonne nasale après la voyelle, qui perd un peu de sa nasalisation.

À la fin du mot, beaucoup de locuteurs méridionaux ajoutent la consonne [ŋ]:

vin [vẽŋ]

La consonne nasale ajoutée à l'intérieur du mot varie selon l'articulation de la consonne suivante:

[n] + consonne dentale: *monter* [mɔ̃n te]

[m] + consonne labiale: *tremper* [trɑ̃m pe]

[ɱ] + consonne labio-dentale: *enfer* [ɑ̃ɱ fɛr]

[ŋ] + consonne vélaire: *anglais* [ɑ̃ŋ gle]

Certains locuteurs méridionaux en viennent même à ne pas nasaliser la voyelle dans ce contexte, prononçant par exemple *demander* [də man de] et *tomber* [tɔm be][1].

Il existe en français standard trois voyelles nasales, correspondant aux voyelles orales [ɛ], [ɑ] postérieur et [o], auxquelles s'est ajouté le trait de nasalité.[2] L'articulation des voyelles nasales se définit donc à l'aide des mêmes paramètres que pour les voyelles orales, c'est-à-dire, l'antériorité ou la postériorité de la langue, l'arrondissement ou l'écartement des lèvres et l'aperture de la bouche. Voir Tableau 4.1 pour la représentation schématique de l'articulation des voyelles orales et nasales.

Tableau 4.1 L'articulation des voyelles orales et nasales

Position de la langue	Antérieure		Postérieure	
Position des lèvres	Écartée	Arrondie	Écartée	Arrondie
Aperture de la bouche				
Très fermée	i	y		u
Fermée	e	ø		o õ
		ə		
Ouverte	ɛ ɛ̃	œ		ɔ
Très ouverte	a		ɑ ɑ̃	

---

[1] Price 1991:70 & Martinet 1971:149

[2] Une quatrième voyelle nasale, [œ̃], existe dans le parler d'une minorité de Français ainsi que dans certains dialectes. Pour une discussion de cette voyelle, voir page 134: Note linguistique.

La voyelle [ɛ̃]

Orthographe

Le son [ɛ̃] correspond

- aux combinaisons **aim, ain, eim, ein, im, in, ym, yn, un, um**[3].

faim [fɛ̃]	*simple* [sɛ̃pl]
plein [plɛ̃]	*syndicat* [sɛ̃ di ka]
sympathique [sɛ̃ pa tik]	*Reims* [rɛ̃s]
parfum [par fɛ̃]	*pin* [pɛ̃]
train [trɛ̃]	*lundi* [lɛ̃ di]

- à **-en** dans les terminaisons **-ien, -yen, -éen.**

lycéen [li se ɛ̃]	*gardien* [gar djɛ̃]	*moyen* [mwa jɛ̃]

Ce son se trouve également dans les combinaisons **oin** [wɛ̃] et **oing** [wɛ̃].

moins [mwɛ̃]	*poing* [pwɛ̃]

EXCEPTION: La terminaison *-um* dans certains mots savants se prononce [ɔm]:

album [al bɔm], *maximum* [mak si mɔm], *aquarium* [a kwa rjɔm]

MOTS EXCEPTIONNELS:

examen [ɛg za mɛ̃], *agenda* [a ʒɛ̃ da] et

pentagone [pɛ̃ ta gɔn], [pɛ̃ ta gon]

Articulation

> antérieur, écarté, ouvert et nasal

Pour articuler la voyelle [ɛ̃], comme pour la voyelle orale [ɛ], mettez la pointe de la langue derrière les dents inférieures, écartez les lèvres et soulevez la partie antérieure de la langue vers le palais dur (mais moins haut que pour le son [e]). Maintenant laissez l'air s'échapper à la fois par la bouche et par le nez (voir Figure 4.1).

---

[3] Certains locuteurs prononcent une autre voyelle nasale ([œ̃]) pour les graphies *-un* et *-um*. Voir Note linguistique, pages 134–135.

Variation dialectale[4]

En français canadien, la voyelle [ɛ] est plus centralisée que le son équivalent en français standard. Elle s'approche de la voyelle centrale de l'anglais [æ] du mot *can* [kæn]. Puisque le français standard ne possède pas ce son, le Français comprendra la voyelle [ã], qui est moins antérieur que la voyelle [ɛ̃]. Le Français entendra donc le Canadien dire *vent* à la place de *vin*.

Le son et la grammaire

La voyelle [ɛ̃] est très importante:

- pour distinguer le masculin du féminin de certains adjectifs et substantifs:
    certain [sɛr tɛ̃] ≈ *certaine* [sɛr tɛn]
    cousin [ku zɛ̃] ≈ *cousine* [ku zin]

- pour distinguer le singulier du pluriel de certains verbes:
    il vient [il vjɛ̃] ≈ *ils viennent* [il vjɛn]

- pour dériver le substantif de certains verbes:
    le frein [lə frɛ̃] ≈ *il freine* [il frɛn]

- dans les préfixes **-in** et **-im:**
    indiscret [ɛ̃ di skre], *imparfait* [ɛ̃ par fe]

- dans l'article indéfini *un*, qui se trouve presque toujours en position inaccentuée, où les Anglophones ont tendance à prononcer une voyelle neutre, comme dans le mot anglais *Uh*.

Note linguistique: une quatrième voyelle nasale?

Jusqu'à assez récemment, il existait dans le français moderne, et il reste dans le parler de certains Francophones en France aussi bien que dans d'autres pays, une quatrième voyelle nasale, [œ̃]. On continue à entendre ce son, par exemple dans le Midi de la France, en québécois et dans certains parlers du Nord de la France[5]. On constate, néanmoins, que même dans ces variantes dialectales, le [œ̃] tend à passer à [ɛ̃].[6]

---

[4] Léon, Bhatt, Baligand 1992:214
[5] Deyhime 1967:80
[6] Léon, Bhatt, Baligand 1992:214

La voyelle [œ̃] correspond aux lettres *un* et *um*[7] de la langue écrite:

    brun [brœ̃]   *parfum* [par fœ̃]

Cette quatrième voyelle nasale représente l'équivalent arrondi de la voyelle nasale [ɛ̃]. Comparez l'articulation des deux voyelles:

    [ɛ̃] est antiérieur, ouvert, nasal et écarté

    [œ̃] est antiérieur, ouvert, nasal et arrondi

De nos jours, dans le français standard, la voyelle [œ̃] est le plus souvent remplacée par la voyelle [ɛ̃].[8] Cette substitution s'explique d'abord par le nombre très limité de mots contenant la voyelle [œ̃]. Cette liste comprend les mots:

    un[9], *chacun, quelqu'un, aucun*

    brun, humble, parfum, lundi, opportun, emprunter, défunt, munster,

    la junte et *la jungle.*

En plus, on constate que beaucoup de gens entendent difficilement la différence de prononciation entre les voyelles [œ̃] et [ɛ̃].

Il faut aussi noter que, comme dans le cas de la voyelle [ɑ], ainsi que celui de la voyelle ouverte [ɛ] en syllabe ouverte (*mais* [mɛ]), l'occurrence de la voyelle [œ̃] peut varier énormément même dans le parler d'une personne. Le choix de voyelle peut dépendre du style (conversation libre ou lecture à haute voix) ainsi que du niveau de langue (conversation familière, conversation soignée, discours).

Quoi que soit la raison pour sa disparition, la voyelle [œ̃] n'existe effectivement plus dans le français standard. L'étranger apprenant le français se fera comprendre parfaitement en prononçant donc la voyelle [ɛ̃] dans les mots où on prononçait traditionnellement la voyelle [œ̃].

---

[7] N'oubliez pas que la terminaison *-um* des mots savants se prononce toujours [ɔm]: *al<u>bum</u>* [al bɔm], *maxim<u>um</u>* [mak si mɔm].

[8] Une étude faite en 1967 a relevé seulement 24% de maintien du [œ̃] à Paris. (Deyhime 1967:80)

[9] Malgré l'occurrence fréquente de l'article *un*, celui-ci se trouve presque toujours en position inaccentuée. Dans cette position, on tend à relâcher un peu l'articulation. Cependant, l'effort d'arrondir une voyelle ouverte demande plus d'énergie, ce qui favorise la prononciation écartée de cette voyelle nasale. (Léon 1992:88)

Exercices d'application

Exercices écrits

Exercice 1 Écrivez les phrases qui correspondent aux symboles suivants.

1. [lə ka na djɛ̃ e mwɛ̃ sɛ̃ pa kə sɔ̃ kɔ pɛ̃].
2. [lə ʃjɛ̃ rə vjɛ̃ də mɛ̃ ma tɛ̃].

Exercice 2 Écrivez les phrases qui correspondent aux symboles suivants. Faites attention à l'orthographe. Il y a souvent plus d'une réponse correcte.

1. [fɛ̃]　　5. [pɛ̃]
2. [bɛ̃]　　6. [sɛ̃]
3. [brɛ̃]　7. [tɛ̃]
4. [lɛ̃]　　8. [vɛ̃]

Exercices oraux

🎧 *Exercice 1 (facultatif)* **La voyelle [œ̃]** Écoutez les mots suivants. Chaque mot sera répété deux fois: la première fois avec la voyelle [ɛ̃], la deuxième avec la voyelle [œ̃].

un	lundi	le munster
aucun	humble	Verdun
chacun	emprunter	Melun
quelqu'un	parfum	la jungle
brun	opportun	la junte

🎧 *Exercice 2* **Exercice de discrimination** Mettez un cercle autour du mot que vous entendez.

1. fée	fin	6. cette	sainte
2. les	lin	7. presse	prince
3. mes	main	8. messe	mince
4. ses	sain	9. tête	teinte
5. mette	mainte		

🎧 *Exercice 3* Répétez les paires de mots dans l'Exercice 2, ci-dessus. Dans chaque paire, le premier mot contient la voyelle orale [e] ou [ɛ] et le deuxième, la voyelle nasale [ɛ̃].

🎧 *Exercice 4* Répétez les mots suivants en faisant attention à bien prononcer une voyelle nasale et en même temps, à éviter de prononcer la consonne nasale suivante.

mainte	une sainte	un prince
enceinte	une plainte	Reims
peinte	le linge	il rince
teinte	un singe	le Petit Prince

🎧 *Exercice 5* Répétez les mots suivants en faisant attention à bien prononcer la voyelle nasale [ɛ̃] dans la syllabe inaccentuée.

inférieur	intersection	intelligent	linguiste
intérieur	intonation	rincer	Vincent
introduction	important	sincère	pincée
intellectuel	impression	timbrer	

🎧 *Exercice 6* **Le son et la grammaire** Répétez les paires de mots suivantes, en faisant attention à bien prononcer la voyelle nasale [ɛ̃] dans le mot masculin.

cousin ≈ cousine	certain ≈ certaine
libertin ≈ libertine	américain ≈ américaine
copain ≈ copine	européen ≈ européenne
Valentin ≈ Valentine	italien ≈ italienne
	canadien ≈ canadienne
un ≈ une	musicien ≈ musicienne
aucun ≈ aucune	le mien ≈ la mienne
chacun ≈ chacune	le tien ≈ la tienne
brun ≈ brune	le sien ≈ la sienne

🎧 *Exercice 7* **Le son et la grammaire** Répétez les paires de verbes suivantes en faisant attention à bien prononcer la voyelle nasale [ɛ̃] dans le verbe au singulier.

il vient ≈ ils viennent	il tient ≈ ils tiennent
il revient ≈ ils reviennent	il retient ≈ ils retiennent
il prévient ≈ ils préviennent	il peint ≈ ils peignent

🎧 *Exercice 8* **Le son et la grammaire** Répétez les paires substantif-verbe suivantes, en faisant attention à bien prononcer la voyelle nasale [ɛ̃] dans le substantif.

le frein ≈ il freine	le dessin ≈ il dessine
le train ≈ il traîne	le bain ≈ il baigne

🎧 *Exercice 9* **Le son et la grammaire** Répétez les mots suivants en faisant attention à bien prononcer la voyelle nasale [ɛ̃] dans le préfixe.

incomplet	indiscret	impossible
intolérant	injuste	impropre
incroyable	interminable	impair
infidèle	imparfait	impoli

🎧 *Exercice 10* **Le son et la grammaire** Répétez les mots suivants en faisant attention à bien prononcer la voyelle nasale dans l'article indéfini *un*[10].

un bon professeur	un livre intéressant
un petit oiseau	un morceau de viande
un pantalon serré	un film génial

Exercices oraux et écrits

🎧 *Exercice 1* Répétez le dialogue suivant en faisant bien attention à la voyelle [ɛ̃]. Ensuite, faites la transcription du dialogue en symboles phonétiques.

— En juin, j'ai amené mon chien Tintin dans le train.
— Vous étiez invités chez votre cousin Justin à Reims, n'est-ce pas?
— Oui. Dans notre compartiment il y avait des lycéens qui ont offert à Tintin de la dinde et un peu de vin.
— Mais les chiens ne sont pas interdits dans les trains?
— Si, mais pas les chiens d'aveugles.

🎧 *Exercice 2* Répétez le dialogue[11] suivant en faisant bien attention à la voyelle [ɛ̃]. Ensuite, faites la transcription du dialogue en symboles phonétiques.

— Tu viens, Vincent?
— Et Sylvain, il vient ce matin?
— Sylvain? C'est incertain... tiens, tu t'intéresses à ton cousin Sylvain?
— De moins en moins!
— Comment! Tu n'étais pas bien, avec Sylvain, jusqu'en juin?

---

[10] On peut aussi prononcer la voyelle arrondie [œ̃] pour l'article indéfini.
[11] Tiré de G. Faure et A. DiCristo 1977:45–46

🎧 *Exercice 3* Répétez la comptine suivante en faisant bien attention à la voyelle [ɛ̃]. Ensuite, faites la transcription en symboles phonétiques.

> Mes petits lapins
> Ont bien du chagrin
> Ils ne sautent plus
> Dans le petit jardin.

🎧 *Exercice 4* Répétez les phrases suivantes en faisant bien attention à la voyelle [ɛ̃]. Ensuite, faites la transcription de chaque phrase en symboles phonétiques.

> 1. Un indien indique un chemin à un nain indien.
> 2. Qui rien ne sait, de rien ne doute. (proverbe)
> 3. Qui ne risque rien, n'a rien. (proverbe)
> 4. Tout est bien qui finit bien. (proverbe)

🎧 *Exercice 5* Répétez la comptine suivante en faisant bien attention à la voyelle [ɛ̃]. Ensuite, faites la transcription en symboles phonétiques.

> Rondin, picotin
> La Marie a fait son pain
> Pas plus gros que son levain
> Son levain était moisi
> Et son pain tout aplati
> Tant pis.

🎧 *Exercice 6* Répétez les vers[12] suivants, tirés des «Trois Petits Lapins» par Marie Tenaille. Faites bien attention à la voyelle [ɛ̃]. Ensuite, faites la transcription en symboles phonétiques.

> Au clair de la lune,
> Trois petits lapins
> Qui mangeaient des prunes
> Comme trois petits coquins,
> La pipe à la bouche
> Le verre à la main
> En disant «Mesdames,
> Versez-nous du vin
> Tout plein!»

---
[12] Tenaille 1974:7

🎧 *Exercice 7* Répétez les vers[13] suivants, écrits par Marie Tenaille, en faisant bien attention à la voyelle [ɛ̃]. Ensuite, faites la transcription en symboles phonétiques.

> Julien-qui-n'a-peur-de-rien
> Se promène dans le jardin...
> Tiens! tiens! tiens!
> Dit le gros chien,
> Voilà Julien-qui-n'a-peur-de-rien.

🎧 *Exercice 8* Répétez les vers[14] suivants, écrits par Marie Tenaille, en faisant bien attention à la voyelle [ɛ̃]. Ensuite, faites la transcription en symboles phonétiques.

> Petit lapin qu'as-tu fait ce matin?
> — J'ai croqué du thym,
> J'ai mangé du plantain,
> J'ai chipé du romarin!
> Je suis un petit lapin coquin!

🎧 *Exercice 9* Répétez les vers suivants, écrits par Stéphane Mallarmé, en faisant bien attention à la voyelle [ɛ̃]. Ensuite, faites la transcription en symboles phonétiques.

> Je m'accoude dans le bain
> Aimant entendre Robin.

La voyelle [ɑ̃]

Orthographe

Le son [ɑ̃] correspond aux lettres **an, am, en, em, aen, aon** de la langue écrite:

dans [dɑ̃]	*exemple* [ɛg zɑ̃pl]
chambre [ʃɑ̃br]	*Caen* [kɑ̃]
parent [pa rɑ̃]	*paon* [pɑ̃]

EXCEPTIONS:

• Dans les mots savants, la terminaison *-en* se prononce [ɛn]:

> *abdomen* [ab dɔ mɛn]   *amen* [a mɛn]

---

13 Tenaille 1974:29
14 Tenaille 1974:55

- Dans ces cas exceptionnels, -*en* se prononce [ɛ̃]:
    - ✦ les mots: *examen* [ɛg za mɛ̃] et *agenda* [a ʒɛ̃ da]
    - ✦ les terminaisons: -*yen, -éen, -ien:*
        moyen [mwa jɛ̃], *lycéen* [li se ɛ̃], *gardien* [gar djɛ̃]

Articulation

> postérieur, écarté, très ouvert et nasal

Pour articuler la voyelle [ɑ̃], comme pour la voyelle orale [ɑ], mettez la pointe de la langue derrière les dents inférieures, écartez les lèvres, soulevez le dos de la langue un peu vers le palais mou et ouvrez grand la bouche. Maintenant laissez l'air s'échapper à la fois par la bouche et par le nez (voir Figure 4.1).

Variation dialectale[15]

En français canadien, la voyelle [ɑ̃] est plus centralisée que son équivalent en français standard. Le Français entendra donc le Canadien dire *vin* à la place de *vent*.

Le son et la grammaire

La voyelle [ɑ̃] est très importante

- pour conjuguer la plupart des verbes réguliers en -*re:*

je vends [ʒə vɑ̃]	*nous vendons* [nu vɑ̃ dɔ̃]
tu vends [ty vɑ̃]	*vous vendez* [vu vɑ̃ de]
il vend [il vɑ̃]	*ils vendent* [il vɑ̃d]

- pour distinguer le singulier du pluriel des verbes irréguliers en -*re* (*prendre, comprendre, apprendre* et *surprendre*):
    il prend [il prɑ̃] ≈ *ils prennent* [il prɛn]
- pour les numéros 30, 40, 50, 60, 70 et 100
- dans le préfixe *en-: enterrer* [ɑ̃ te re]
- pour la formation du participe présent (*sortant*) qui ne doit pas se confondre avec le verbe conjugué à la première personne du pluriel (*sortons*).

---

[15] Léon, Bhatt, Baligand 1992:214

Exercices d'application

Exercices écrits

Exercice 1 Écrivez les phrases qui correspondent aux symboles suivants.

1. [ma tã ta prã yn ʃã sɔ̃ al mãd].
2. [ma mã a trã tã e pa pa ka rãt].

Exercice 2 Écrivez les mots qui correspondent aux symboles suivants. Faites attention à l'orthographe. Il y a souvent plus d'une réponse correcte.

1. [dã]   5. [pã]
2. [kã]   6. [sã]
3. [lã]   7. [tã]
4. [mã]   8. [vã]

Exercices oraux

🎧 **Exercice 1 Exercice de discrimination** Mettez un cercle autour du mot que vous entendez.

1. bain   banc
2. teint   tant
3. enfin   enfant
4. teindre   tendre
5. rein   rend
6. main   ment
7. vin   vent
8. revint   revend

🎧 **Exercice 2** Répétez les paires suivantes. Dans chaque paire, le premier mot contient la voyelle orale [a] et le deuxième, la voyelle nasale [ã].

Anne / an   patte / pente
Jeanne / Jean   natte / Nantes
Cannes / Caen   lasse / lance
d'Anne / dent   chasse / chance
panne / paon   tard / tend
vanne / vent   apporter / emporter
fat / fente   amener / emmener

Exercice 3 Répétez les mots suivants en faisant attention à bien prononcer la voyelle nasale [ɑ̃] et à éviter de prononcer la consonne nasale suivante dans la syllabe fermée.

une pente	une danse	élégante
une plante	une langue	constante
une étudiante	ils chantent	courante
une tente	Nantes	intelligente
une vente	franche	prudente
une lance	blanche	lente

Exercice 4 Répétez les mots suivants en faisant attention à bien prononcer la voyelle nasale [ɑ̃] et à éviter de prononcer la consonne nasale suivante dans la syllabe inaccentuée.

enlever	ambigu	quantité
embouteillage	ambassadeur	fantastique
envelopper	ambulance	lendemain
ampleur	ancien	menteur
entretenir	anglophone	sentier
amphithéâtre	antérieur	tentative
anthropologie	tendu	vendange
ambition	banlieue	tendance

Exercice 5 **Le son et la grammaire** Répétez la conjugaison des verbes suivantes en faisant attention à bien prononcer la voyelle nasale [ɑ̃].

je vends / nous vendons / vous vendez
je rends / nous rendons / vous rendez
je descends / nous descendons / vous descendez
je mens / nous mentons / vous mentez

il vend / ils vendent
il pend / ils pendent
il entend / ils entendent
il attend / ils attendent

Exercice 6 **Le son et la grammaire** Répétez les paires de verbes suivantes en faisant attention à bien prononcer la voyelle nasale [ɑ̃] dans le verbe au singulier.

il prend / ils prennent	il apprend / ils apprennent
il comprend / ils comprennent	il surprend / ils surprennent

🎧 *Exercice 7* **Le son et la grammaire** Répétez les numéros suivants en faisant attention à bien prononcer la voyelle nasale [ã].

trente	cinquante	soixante-dix
quarante	soixante	cent

🎧 *Exercice 8* **Le son et la grammaire** Répétez les mots suivants en faisant attention à bien prononcer la voyelle nasale [ã] dans le préfixe.

ennoblir	enterrer	emmailloter
endormir	enregistrer	emmagasiner
enflammer	embrasser	enorgueillir
enneiger	emmêler	enhardir
ennuager	emménager	enherber

🎧 *Exercice 9* **Le son et la grammaire** Répétez les mots suivants en faisant attention à bien prononcer la voyelle nasale [ã] à la fin du participe présent.

mangeant	dansant	étant
sortant	commandant	ayant
entrant	sachant	buvant

Exercices oraux et écrits

🎧 *Exercice 1* Répétez le passage suivant en faisant bien attention à la voyelle [ã]. Ensuite, faites la transcription en symboles phonétiques.

> Adam apprend l'allemand avec une dame charmante. Chantal, l'amante d'Adam, comprend également l'allemand et son accent est excellent. Adam, Chantal et leur copain Jean chantent ensemble en allemand de temps en temps.

🎧 *Exercice 2* Répétez la comptine suivante en faisant bien attention à la voyelle [ã]. Ensuite, faites la transcription en symboles phonétiques.

> Petit oiseau d'or et d'argent
> Ta mère t'appelle au bout du champ
> Pour y manger du lait caillé
> Que les souris ont barboté
> Pendant deux heures de temps
> Petite souris va-t'en.

🎧 ***Exercice 3*** Répétez les vers[16] suivants, écrits par Marie Tenaille, en faisant bien attention à la voyelle [ɑ̃]. Ensuite, faites la transcription en symboles phonétiques.

> Toboggi, tobagga, toboggan!
> Trois petits enfants,
> Florian, Clément, Laurent,
> Sont assis en rang
> Sur un grand toboggan glissant.

🎧 ***Exercice 4*** Répétez le dialogue[17] suivant en faisant bien attention à la voyelle [ɑ̃]. Ensuite, faites la transcription en symboles phonétiques.

> — Maman, tu entends ce chant d'enfants, apporté par le vent?
> — Vous savez, mes enfants, que j'entends très mal en ce moment.
> — Allons, tu entends autant qu'en décembre!
> — Autant qu'en décembre, mais pas autant qu'en novembre.
> — Tante Antoinette a moins de chance que toi. Elle n'entend plus les enfants de Jean, même lorsqu'ils sont bruyants!
> — Tante Antoinette a bien de la chance!

🎧 ***Exercice 5*** Répétez les phrases suivantes en faisant bien attention à la voyelle [ɑ̃]. Ensuite, faites la transcription en symboles phonétiques.

> 1. En traversant le pont, on a entendu un bruit étrange.
> 2. On apprend en échouant et en recommençant.
> 3. Jean a sa maison à Rouen, mais il rend souvent visite à ses parents à Nantes.
> 4. Pendant son enfance, Vincent chantait comme un ange.
> 5. La familiarité engendre le mépris. (proverbe)
> 6. L'habitude engendre l'ennui. (proverbe)

🎧 ***Exercice 6*** Répétez les deux premières strophes de «Vers dorés» par Gérard de Nerval. Ensuite, faites la transcription en symboles phonétiques.

> Homme, libre-penseur! Te crois-tu seul pensant
> Dans ce monde où la vie éclate en toute chose?
> Des forces que tu tiens ta liberté dispose,
> Mais de tous tes conseils l'univers est absent.

---

[16] Tenaille 1974:22
[17] Tiré de G. Faure et A. DiCristo 1977:48

Respecte dans la bête un esprit agissant:
Chaque fleur est une âme à la Nature éclose;
Un mystère d'amour dans le métal repose;
«Tout est sensible!» Et tout sur ton être est puissant.

La voyelle [ɔ̃]

Orthographe

Le son [ɔ̃] correspond aux lettres **on** et **om** de la langue écrite:

bon [bɔ̃]   *combien* [kɔ̃ bjɛ̃]

Articulation

> postérieur, arrondi, fermé et nasal

Bien que cette voyelle soit une variante nasale de la voyelle fermée [o], nous la transcrivons avec le symbole [ɔ̃], que préfèrent la plupart des linguistes. Pour articuler la voyelle nasale [ɔ̃], faites donc comme pour [o]: mettez la pointe de la langue derrière les dents inférieures, arrondissez les lèvres et soulevez le dos de la langue vers le palais mou (mais moins haut que pour la voyelle [u]). Maintenant laissez l'air s'échapper à la fois par la bouche et par le nez (voir Figure 4.1).

Le son et la grammaire

La voyelle [ɔ̃] est très importante

• pour dériver le substantif de certains verbes:

il pardonne [il par dɔn] ≈ *le pardon* [lə par dɔ̃]

• pour distinguer le masculin du féminin de certains adjectifs et noms propres:

bon [bɔ̃] ≈ *bonne* [bɔn],

Simon [si mɔ̃] ≈ *Simone* [si mɔn]

• dans le pronom impersonnel *on,* qui se trouve presque toujours en position inaccentuée, où les Anglophones ont tendance à prononcer une voyelle neutre.

• dans la terminaison verbale *-ons,* qui doit surtout ne pas se confondre avec la terminaison verbale *-ant* du participe présent.

nous demandons   nous partirons   nous répondions

• dans les adjectifs possessifs *mon, ton, son.*

• dans les quatre formes verbales *ils ont, ils sont, ils vont, ils font,* utilisés surtout pour la formation du passé composé, du futur proche et du faire causatif.

> *Ils ont fini.*   *Elles sont parties.*
>
> *Ils vont venir.*   *Elles se font construire une maison.*

Exercices d'application

Exercice écrit

Écrivez les phrases qui correspondent aux symboles suivants.

1. [mɔ̃ nɔ̃ klə re pɔ̃ a la ke stjɔ̃].
2. [i la ɔ̃t] [e il vu də mɑ̃d par dɔ̃].

Exercices oraux

🎧 *Exercice 1* Exercice de discrimination Mettez un cercle autour du mot que vous entendez.

1. sortons	sortant		4. son	cent
2. ton	temps		5. qu'on	quand
3. bon	banc			

🎧 *Exercice 2* Répétez les paires suivantes. Dans chaque paire, le premier mot contient la voyelle orale [o] et le deuxième, la voyelle nasale [ɔ̃].

baume / bon	pôle / pont	maux / mon
dôme / don	dos / don	lot / l'on
môme / mon	beau / bon	rot / rond
Saône / son	taux / ton	

🎧 *Exercice 3* Répétez les expressions suivantes, en faisant attention à bien prononcer la voyelle nasale [ɔ̃] dans une syllabe fermée et à ne pas prononcer la consonne nasale suivante.

j'ai honte	une onde	il fonce
il monte	une seconde	il tombe
ils répondent	une blonde	onze
ils fondent	une bonde	elle est longue
ils pondent	une fronde	
du monde	à la ronde	

🎧 *Exercice 4* Répétez les mots suivants en faisant attention à bien prononcer la voyelle nasale [ɔ̃] dans la syllabe inaccentuée et à ne pas prononcer la consonne nasale suivante.

compliqué	longuement	ronronne
bonté	tomber	sondage
bon fils	montagneux	longtemps
fondateur	nonchalant	contempler
gondolier	pompier	

🎧 *Exercice 5* Répétez les mots suivants en faisant attention à bien prononcer la voyelle nasale [ɔ̃] dans l'adjectif possessif et le pronom *on*.

avec mon père	on cherche un appartement
chez son oncle	on arrive en retard
dans ton appartement	on parle bien le français
pour mon fils	on ne comprend pas
sous ton chapeau	on ne le voit pas
sans son mari	

🎧 *Exercice 6* **Le son et la grammaire** Répétez les paires substantif-verbe en faisant attention à bien prononcer la voyelle nasale [ɔ̃] dans le substantif.

le pardon	/	il pardonne	le bouton	/	il boutonne
la station	/	il stationne	le nom	/	il nomme
l'abandon	/	il abandonne	le son	/	il sonne
le don	/	il donne			

🎧 *Exercice 7* **Le son et la grammaire** Répétez les paires de mots suivantes en faisant attention à bien prononcer la voyelle nasale [ɔ̃] dans le mot masculin.

bon	/	bonne
Simon	/	Simone
Yvon	/	Yvonne

🎧 *Exercice 8* **Le son et la grammaire** Répétez les paires de mots suivantes en faisant attention à bien prononcer la voyelle nasale [ɔ̃] dans le pronom *on* et dans le verbe au pluriel.

on va partir	/	ils vont partir
on a fini	/	ils ont fini
on est arrivé	/	elles sont arrivées
on fait manger les enfants	/	elles font manger les enfants

🎧 *Exercice 9* **Le son et la grammaire** Répétez les paires de mots suivantes en faisant attention à bien prononcer la voyelle nasale [ɔ̃] dans le premier verbe et la voyelle nasale [ɑ̃] dans le deuxième.

partons	/ partant	mangeons	/ mangeant
réfléchissons	/ réfléchissant	cherchons	/ cherchant
comprenons	/ comprenant	dormons	/ dormant

Exercices oraux et écrits

🎧 *Exercice 1* Répétez les phrases suivantes en faisant bien attention à la voyelle [ɔ̃]. Ensuite, faites la transcription en symboles phonétiques.

1. Comparaison n'est pas raison. (proverbe)
2. Écartons ton carton, car ton carton nous gêne.
3. Son mari Gaston est allé à Dijon.
4. Avec son oncle à elle, ils font l'ascension du Mont Blanc le onze.
5. Les enfants prononcent les sons en faisant aussi bien attention à l'intonation.

🎧 *Exercice 2* Répétez le dialogue suivant en faisant attention à la voyelle nasale [ɔ̃]. Ensuite, faites la transcription en symboles phonétiques.

— Garçon, comment trouvez-vous le filet mignon?
— Franchement, Madame, il n'est pas très bon. Prenez plutôt le mouton.
— Non, je préfère le jambon.
— Et comme boisson?
— Un bourbon.
— Un bourbon? Avec du jambon?
— Oui, je bois toujours un bourbon avec mon jambon. C'est bon pour la digestion.

🎧 *Exercice 3* Répétez la comptine suivante en faisant bien attention à la voyelle [ɔ̃]. Ensuite, faites la transcription en symboles phonétiques.

Petit poisson qui tourne en rond
Petit poisson dis-moi ton nom.
Petit poisson qui bouge,
Petit poisson tout rouge,
Petit poisson dis-moi ton nom.

🎧 *Exercice 4* Répétez la chanson suivante en faisant attention aux voyelles nasales. Ensuite, faites la transcription en symboles phonétiques.

> Sur le pont d'Avignon,
> L'on y danse, l'on y danse.
> Sur le pont d'Avignon,
> L'on y danse tous en rond.

🎧 *Exercice 5* Répétez les vers[18] suivants, tirés d'une comptine par Marie Tenaille. Faites bien attention à la voyelle [ɔ̃]. Ensuite, faites la transcription en symboles phonétiques.

> Deux petits cochons
> S'en vont à Luchon
> À califourchon sur leur canasson.
> Ils ont pris leur capuchon,
> Ils ont mis leur baluchon
> Dans un torchon
> Au bout d'un bâton!

🎧 *Exercice 6* Répétez les vers[19] suivants, tirés d'une comptine par Marie Tenaille, en faisant bien attention à la voyelle [ɔ̃]. Ensuite, faites la transcription en symboles phonétiques.

> Trois petits hérissons
> À la porte de leur maison
> Chantent une chanson
> Sur le paillasson:
>
> — C'est nous les gentils petits hérissons,
> Nous rentrons à la maison
> Pour apprendre nos leçons!

🎧 *Exercice 7* Répétez les vers suivants, tirés de la fable «Le Mulet se vantant de la généalogie» par Jean de La Fontaine. Ensuite, faites la transcription en symboles phonétiques.

> Quand le malheur ne serait bon
> Qu'à mettre un sot à la raison,
> Toujours serait-ce à juste cause
> Qu'on le dit bon à quelque chose.

---

[18] Tenaille 1974:48
[19] Tenaille 1974:44

🎧*Exercice 8* Répétez les deux premières strophes du «Mort joyeux» par Charles Baudelaire. Ensuite, faites la transcription en symboles phonétiques.

> Dans une terre grasse et pleine d'escargots
> Je veux creuser moi-même une fosse profonde,
> Où je puisse à loisir étaler mes vieux os
> Et dormir dans l'oubli comme un requin dans l'onde.
>
> Je hais les testaments et je hais les tombeaux;
> Plutôt que d'implorer une larme du monde,
> Vivant, j'aimerais mieux inviter les corbeaux
> À saigner tous les bouts de ma carcasse immonde.

🎧*Exercice 9* Répétez la première strophe de «Demain, dès l'aube» par Victor Hugo. Ensuite, faites la transcription en symboles phonétiques.

> Demain, dès l'aube, à l'heure où blanchit la campagne,
> Je partirai. Vois-tu, je sais que tu m'attends.
> J'irai par la forêt, j'irai par la montagne.
> Je ne puis demeurer loin de toi plus longtemps.

Exercices de révision (Voyelles nasales)

Exercices écrits

Exercice 1 Écrivez les phrases qui correspondent aux symboles suivants.

1. [di nɔ̃]! [ʒe fɛ̃]!
2. [mɔ̃ ku zɛ̃ mɑ̃ʒ dy pɛ̃].
3. [tu lə mɔ̃d vjɛ̃ də pa se lɛg za mɛ̃].
4. [le li se ɛ̃ a tɑ̃d lə trɛ̃ də ɔ̃ zœr].

Exercice 2 Écrivez les noms propres d'hommes qui correspondent aux symboles suivants.

1. [sil vɛ̃]	6. [kri stjɑ̃]	10. [ly sjɛ̃]	14. [ʒy stɛ̃]
2. [ʒɑ̃]	7. [ʒɛr mɛ̃]	11. [re mɔ̃]	15. [a dri jɛ̃]
3. [va lɑ̃ tɛ̃]	8. [i vɔ̃]	12. [mar tɛ̃]	16. [a dɑ̃]
4. [si mɔ̃]	9. [vɛ̃ sɑ̃]	13. [lɔ rɑ̃]	17. [ga stɔ̃]
5. [kɔ̃ stɑ̃ tɛ̃]			

Exercices oraux

🎧 **Exercice de discrimination 1**   Indiquez la voyelle nasale contenue
dans les mots que vous entendez.

	[ɛ̃]	[ɑ̃]	[ɔ̃]
1.	____	____	____
2.	____	____	____
3.	____	____	____
4.	____	____	____
5.	____	____	____
6.	____	____	____
7.	____	____	____
8.	____	____	____
9.	____	____	____
10.	____	____	____
11.	____	____	____
12.	____	____	____
13.	____	____	____
14.	____	____	____
15.	____	____	____
16.	____	____	____
17.	____	____	____
18.	____	____	____
19.	____	____	____
20.	____	____	____
21.	____	____	____

🎧 **Exercice de discrimination 2**   Répétez les mots suivants en faisant
attention à bien prononcer les voyelles nasales.

qu'un / quand / qu'on
d'un / dans / dont
enfin / enfant / en font
fin / fente / font
hein / an / ont
main / ment / mon
nain / Nantes / n'ont
pain / paon / pont
rein / rend / rond
sein / cent / sont
train / trente / tronc
vin / vent / vont

bain / banc / bon
entrant / entrons
montrant / montrons
rentrant / rentrons
chantant / chantons
bon temps / bon ton
teindre / tendre
atteindre / attendre
intérieur / antérieur
invention
insensible
ascension

Exercices oraux et écrits

🎧 *Exercice 1* Répétez les phrases suivantes en faisant bien attention aux voyelles nasales. Ensuite, faites la transcription en symboles phonétiques.

1. Il a gardé son sang-froid. (expression idiomatique)
2. Si l'on en donne long comme le doigt, il en prend long comme le bras. (proverbe)
3. Moins on en parle, mieux ça va. (proverbe)
4. On vient de vendre notre collection de timbres: on en avait cinq cents.
5. Un médecin sympathique donne un examen simple.
6. Le président du syndicat prend un champagne.
7. Combien coûte cet ensemble?
8. Il prend un bon vin blanc.
9. Sylvain ne pense à rien.
10. Il fait don de son sang.
11. Il attend dans son jardin à Reims.

🎧 *Exercice 2* Répétez le dialogue suivant en faisant attention aux voyelles nasales. Ensuite, faites la transcription en symboles phonétiques.

— Vous jouez du violon depuis longtemps, Jean?
— Non, moi et mes enfants, nous en jouons depuis septembre seulement.
— Ah bon? Et combien d'enfants avez-vous?
— J'en ai trois: François, onze ans, Sylvain, quinze ans, et Vincent, trente ans. Nous dansons aussi ensemble. Et un dimanche matin, nous chanterons à la télévision.

🎧 *Exercice 3* Répétez le dialogue[20] suivant en faisant bien attention aux voyelles nasales. Ensuite, faites la transcription en symboles phonétiques.

— Tu connais la chanson «Sur le pont d'Avignon»?
— «Sur le pont d'Avignon»? Mais oui, mon oncle! C'est une jolie chanson!

---

[20] Tiré de G. Faure et A. DiCristo 1977:50

— On chantait souvent cette chanson, dans mon jeune temps.
C'était le bon temps! Tiens, je vais te la chanter, fiston.

— C'était peut-être le bon temps, mais toi, tu n'es certainement
pas dans le bon ton!

🎧 *Exercice 4* Répétez la comptine suivante en faisant bien attention
aux voyelles nasales. Ensuite, faites la transcription en symboles
phonétiques.

Petit Valentin
Va de bon matin
Poser des baisers *bay zay*
Aux parents bien-aimés
L'un à maman
Car je l'aime tant
L'autre à papa
Que je n'oublie pas.

🎧 *Exercice 5* Répétez la comptine suivante en faisant bien attention
aux voyelles nasales. Ensuite, faites la transcription en symboles
phonétiques.

Ferre, ferre, mon petit cheval,
Pour aller à Montréal.
Ferre, ferre, mon petit poulain,
Pour aller à Saint-Martin.
Ferre, ferre, ma petite jument,
Pour aller à Orléans.

🎧 *Exercice 6* Répétez le passage suivant en faisant bien attention
aux voyelles nasales. Ensuite, faites la transcription en symboles
phonétiques.

Le petit poussin
Picore le grain.
Le petit lapin
Saute dans le thym.
La poule rousse
Pond sur la mousse
Et le cochon rose
Sur la paille se repose.
Mon petit garçon
Chante sa chanson.

🎧 *Exercice 7* Répétez les vers suivants, écrits par Stéphane Mallarmé. Ensuite, faites la transcription en symboles phonétiques.

> Tant que tarde la saison
> De juger ce qu'on fait rance,
> Je voudrais à sa maison
> Rendre cette conférence.

🎧 *Exercice 8* Répétez la fable «Le Glouton» par Jean de La Fontaine. Ensuite, faites la transcription en symboles phonétiques.

> À son souper un glouton
> Commande que l'on apprête
> Pour lui seul un esturgeon
> Sans en laisser que la tête.
> Il soupe; il crève, on y court;
> On lui donne maints clystères.
> On lui dit, pour faire court,
> Qu'il mette ordre à ses affaires.
> «Mes amis, dit le goulu,
> M'y voilà tout résolu;
> Et puisqu'il faut que je meure,
> Sans faire tant de façon,
> Qu'on m'apporte à l'heure
> Le reste de mon poisson.»

🎧 *Exercice 9* Répétez le poème «Saltimbanques» par Guillaume Apollinaire. Ensuite, faites la transcription en symboles phonétiques.

> Dans la plaine les baladins
> S'éloignent au long des jardins
> Devant l'huis des auberges grises
> Par les villages sans églises
>
> Et les enfants s'en vont devant
> Les autres suivent en rêvant
> Chaque arbre fruitier se résigne
> Quand de très loin ils lui font signe
>
> Ils ont des poids ronds ou carrés
> Des tambours des cerceaux dorés
> L'ours et le singe animaux sages
> Quêtent des sous sur leur passage.

Voyelle orale ou voyelle nasale?

La discussion qui précède de l'articulation des voyelles nasales ayant donné le moyen de distinguer ces trois voyelles, tournons à présent notre attention vers un deuxième problème auquel l'étudiant anglophone doit faire face lorsqu'il s'agit de voyelles nasales: Quand prononce-t-on une voyelle nasale et quand une voyelle orale? Dans cette section, nous considérons la prononciation de ces voyelles dans les mots isolés. Pour la question du maintien ou de la perte de la nasalité dans le mot phonétique, voir Chapitre 2.

Pour déterminer la nasalité (ou le manque de nasalité) d'une voyelle en français, on doit tenir compte de la position de cette voyelle dans le mot. Voici la liste de règles à suivre.

À la fin du mot

Le choix entre voyelle orale et nasale dépend de ce qui suit la voyelle.

La voyelle est **nasale** si:

1. elle est suivie de la seule lettre écrite *n* ou *m:*

    faim [fɛ̃]   *an* [ɑ̃]   *bon* [bɔ̃]

2. elle est suivie de la lettre écrite *n* ou *m* plus une ou deux autres consonnes écrites (ces consonnes finales peuvent être muettes ou prononcées, selon le mot):

    teint [tɛ̃]   *champ* [ʃɑ̃]   *pont* [pɔ̃]

    Reims [rɛ̃s]   *sens* [sɑ̃s]

3. elle est suivie de la lettre écrite *n* ou *m* plus une consonne écrite (qui n'est pas *n* ou *m*) et un *e muet* (il peut y avoir d'autres consonnes muettes après le *e muet* dans le cas de terminaisons verbales):

    peinte [pɛ̃t]   *monte* [mɔ̃t]

    vendent [vɑ̃d]   *lampe* [lɑ̃p]

La voyelle est **orale** si:

elle est suivie des lettres écrites *n, nn, m* ou *mm* plus un *e muet* (il peut y avoir d'autres consonnes muettes après le *e muet* dans le cas de terminaisons verbales):

    laine [lɛn]   *fine* [fin]   *rime* [rim]

    somme [sɔm]   *dînent* [din]   *Anne* [an]

    une [yn]

À l'intérieur du mot

Le choix entre voyelle orale et nasale dépend de la division syllabique.

La voyelle est **nasale** si:

1. elle est suivie de la lettre *n* ou *m* plus une seule consonne prononcée. Dans ce cas, on fait la division syllabique entre le *n* ou *m* et la consonne suivante.

   sym/phonie [sɛ̃ fɔ ni]   *hon/teux* [ɔ̃ tø]

   en/volé [ɑ̃ vɔ le]

2. elle est suivie de la lettre *n* ou *m* plus au moins deux consonnes prononcées. Dans ce cas, on fait la division syllabique entre le *n* ou *m* et la consonne suivante.

   rem/plir [rɑ̃ plir]   *in/struit* [ɛ̃ strɥi]

   ren/trer [rɑ̃ tre]

La voyelle est **orale** si:

1. elle est suivie de la lettre *n* ou *m* plus une voyelle. On fait la division syllabique après la première voyelle.

   a/mi [a mi]   *ti/mide* [ti mid]

   fa/né [fa ne]   *do/mi/ner* [dɔ mi ne]

2. elle est suivie des lettres doublées *nn* ou *mm* plus une voyelle. On fait la division syllabique après la première voyelle.

   a/nnée [a ne]   *do/mmage* [dɔ maʒ]

   i/mmobile [i mɔ bil]   *pardo/nner* [par dɔ ne]

3. elle est suivie de deux consonnes nasales différentes, toutes les deux prononcées:

   in<u>dem</u>nité [ɛ̃ dɛm ni te]

   <u>om</u>nibus [ɔm ni bys]

   <u>am</u>nésie [am ne zi]

   (Comparer avec *automne* [ɔ tɔn] et *damner* [da ne].)

EXCEPTIONS IMPORTANTES:

1. La terminaison verbale *-ent* est toujours muette:

   *ils cour**ent*** [il kur]

   *ils partai**ent*** [il par te]

   *ils chanterai**ent*** [il ʃɑ̃ tre]

2. Les préfixes *em-* et *en-* se prononcent presque toujours [ã],
   même si la consonne *n* ou *m* est doublée ou suivie d'une voyelle
   et donc prononcée dans la syllabe suivante:

<table>
<tr><td>*emmêler* [ã mɛ le]</td><td>*ennuyer* [ã nɥi je]</td></tr>
<tr><td>*ennoblir* [ã nɔ blir]</td><td>*enorgueillir* [ã nɔr gœ jir]</td></tr>
<tr><td>*emmener* [ã mə ne] ou [ãm ne]</td><td></td></tr>
</table>

Note linguistique

Dans les mots suivants on entend parfois la voyelle nasale et parfois la
voyelle orale dans le préfixe[21]:

enamourer	[ã na mu re]	ou	[e na mu re]
enivrer	[ã ni vre]	ou	[e ni vre]
immangeable	[ɛ̃ mã ʒabl]	ou	[i mã ʒabl]
immettable	[ɛ̃ mɛ tabl]	ou	[i mɛ tabl]
immanquable	[ɛ̃ mã kabl]	ou	[i mã kabl]

Tableau 4.2 Résumé: Voyelle orale ou nasale?

	Voyelle nasale	
Fin du mot	V + N	*faim* [fɛ̃]
	V + N + C	*teint* [tɛ̃], *sens* [sãs]
	V + N + C + *e muet*	*vende* [vãd]
	EXCEPTION: terminaison verbale *-ent: ils parlent* [il parl]	
Intérieur du mot	V + N + C (ou CC)	*sympa* [sɛ̃ pa], *ampleur* [ã plœr]
	Voyelle orale	
Fin du mot	V + N (ou NN) + *e muet*	*une* [yn], *Anne* [an]
Intérieur du mot	V + N (ou NN) + V	*ami* [a mi], *année* [a ne]
	EXCEPTION: préfixes *em-, en-: ennoblir* [ã nɔ blir]	

Clé: V = voyelle écrite, C = consonne écrite,
CC = groupe consonantique, N = *n, m;* NN = *nn, mm*

---

[21] Dans les mots *enamourer* et *enivrer*, on entend le plus souvent la voyelle nasale [ã]
et dans les trois autres exemples on entend le plus souvent la voyelle orale [i].

Lectures supplémentaires (voyelles nasales)

Voir bibliographie.

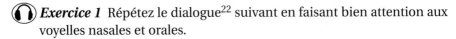

Exercices d'application

Exercices oraux

🎧 *Exercice 1* Répétez le dialogue[22] suivant en faisant bien attention aux voyelles nasales et orales.

> — Tiens, un Américain!
> — Un Américain et une Américaine. Tu les connais?
> — Très bien! Lui est très bon musicien.
> — Et elle? Elle est musicienne?
> — Musicienne... Musicienne... Elle va aux concerts, mais elle s'occupe surtout de ses petits chiens. Elle y tient beaucoup.
> — J'adore les chiens! Tiens, les voilà qui reviennent! Dis-leur qu'ils viennent nous voir avec Vincent.

🎧 *Exercice 2* Répétez le dialogue[23] suivant en faisant bien attention aux voyelles nasales et orales.

> — Deux étudiantes américaines et deux étudiants américains reviennent de Vienne.
> — Par quel moyen?
> — Par le train qui part de Vienne le matin.
> — Le transalpin qui vient de Vienne à près de cent vingt de moyenne?
> — Tiens, tiens: tu viens aussi de Vienne?
> — Je viens bien de Vienne, mais à moins de quatre-vingt de moyenne. Ma voiture ne tient pas le cent vingt.
> — La mienne le tient, bien qu'elle soit ancienne.

🎧 *Exercice 3* Répétez la comptine suivante en faisant bien attention aux voyelles nasales et orales.

> Deux petits papillons roux
> Tourbillonnent, tourbillonnent

---

[22] Tiré de G. Faure et A. DiCristo 1977:46
[23] Tiré de G. Faure et A. DiCristo 1977:47

Deux petits papillons roux
Tourbillonnent dans l'air doux
Et tombe la feuille d'automne.

Exercices écrits et oraux

🎧 **Exercice 1** Mettez un cercle autour des voyelles nasales. Ensuite, répétez après le modèle enregistré.

1. inanimé	12. inauguration
2. important	13. impair
3. inonder	14. inutile
4. interdit	15. inégal
5. inouï	16. indication
6. innocent	17. infidèle
7. incroyable	18. immédiat
8. inepte	19. imparfait
9. immobile	20. immortel
10. imbécile	21. anticonstitutionnellement
11. inopérable	22. intercompréhensibilité

🎧 **Exercice 2** Transcrivez les noms suivants en faisant attention aux voyelles. Ensuite, répétez après le modèle enregistré.

Simon	Simone	Martin	Martine
Adrien	Adrienne	Jean	Jeanne
Valentin	Valentine	Christian	Christiane
Germain	Germaine	Justin	Justine
Lucien	Lucienne	Yvon	Yvonne
Sylvain	Sylvaine	Julien	Julienne

🎧 **Exercice 3** Transcrivez les mots suivants à l'aide de symboles phonétiques. Ensuite, répétez après le modèle enregistré.

1. champagne	9. flanc	17. tentation
2. trône	10. menthe	18. immédiat
3. Simone	11. premier	19. insister
4. instable	12. teinter	20. tantôt
5. ronronne	13. amphithéâtre	21. franche
6. symphonie	14. infester	22. gonfler
7. tenace	15. symétrie	23. amende
8. gommer	16. initial	24. inactif

25. bain	32. antérieur	39. Jeanne
26. imprimeur	33. immobile	40. imprévu
27. grandement	34. tendance	41. printemps
28. inhabitable	35. lancer	42. venir
29. exterminer	36. ennuyer	43. primaire
30. anti-nucléaire	37. annoter	44. mentir
31. syndicat	38. famille	45. enivrer

Exercice 4 Transcrivez les phrases suivantes à l'aide de symboles phonétiques en faisant attention aux voyelles nasales. Ensuite, répétez après le modèle enregistré.

1. Cependant, les pendants pendent.
2. Ils se fatiguent. C'est fatigant.
3. Les résultats nous fascinent. Ils sont fascinants.
4. Ils répondent en réfléchissant.
5. À une conférence ennuyeuse, les étudiants s'endorment en écoutant.
6. Ils préfèrent s'enivrer en buvant du vin au restaurant.

Exercice 5 Transcrivez le poème «Chanson d'automne» par Paul Verlaine, à l'aide de symboles phonétiques. Faites attention aux voyelles nasales. Ensuite, répétez après le modèle enregistré.

Les sanglots longs
Des violons
    De l'automne
Blessent mon cœur
D'une langueur
    Monotone.

Tout suffocant
Et blême, quand
    Sonne l'heure,
Je me souviens
Des jours anciens
    Et je pleure,
Et je m'en vais
Au vent mauvais
    Qui m'emporte
Deçà, delà,
Pareil à la
    Feuille morte.

🎧 *Exercice 6* Transcrivez à l'aide de symboles phonétiques le passage suivant, tiré de «De la Société» par Jean de La Bruyère. Faites attention aux voyelles orales et nasales. Ensuite, répétez après le modèle enregistré.

Combien de belles et inutiles raisons à étaler à celui qui est dans une grande adversité, pour essayer de le rendre tranquille! Les choses de dehors, qu'on appelle les événements, sont quelquefois plus fortes que la raison et que la nature. «Mangez, dormez, ne vous laissez point mourir de chagrin, songez à vivre»: harangues froides, et qui réduisent à l'impossible. «Êtes-vous raisonnable de vous tant inquiéter?» n'est-ce pas dire: «Êtes-vous fou d'être malheureux?»

🎧 *Exercice 7* Transcrivez à l'aide de symboles phonétiques le passage suivant, tiré de *Thérèse Desqueyroux* par François Mauriac. Faites bien attention aux voyelles orales et nasales. Ensuite, répétez après le modèle enregistré.

Jusqu'à la fin de décembre, il fallut vivre dans ces ténèbres. Comme si ce n'eût pas été assez des pins innombrables, la pluie ininterrompue multipliait autour de la sombre maison ses millions de barreaux mouvants. Lorsque l'unique route de Saint-Clair menaça de devenir impraticable, je fus ramenée au bourg, dans la maison à peine moins ténébreuse que celle d'Argelouse. Les vieux platanes de la Place disputaient encore leurs feuilles au vent pluvieux. Incapable de vivre ailleurs qu'à Argelouse, tante Clara ne voulut pas s'établir à mon chevet; mais elle faisait souvent la route, par tous les temps, dans son cabriolet «à la voile»; elle m'apportait ces chatteries que j'avais tant aimées, petite fille, et qu'elle croyait que j'aimais encore, ces boules grises de seigle et de miel, appelées miques; le gâteau dénommé fougasse ou roumadjade.

🎧 *Exercice 8* Transcrivez à l'aide de symboles phonétiques le passage suivant, tiré de *Noces à Tipasa* par Albert Camus. Faites bien attention aux voyelles nasales et orales. Ensuite, répétez après le modèle enregistré.

Je comprends ici ce qu'on appelle gloire: le droit d'aimer sans mesure. Il n'y a qu'un seul amour dans ce monde. Étreindre un corps de femme, c'est aussi retenir contre soi cette joie étrange qui descend du ciel vers la mer. Tout à l'heure, quand je me jetterai dans les absinthes pour me faire entrer leur parfum dans le corps, j'aurai conscience, contre tous les préjugés, d'accomplir une vérité qui est celle du soleil et sera aussi celle de ma mort. Dans un sens, c'est bien ma vie que je joue ici, une vie à goût de pierre chaude, pleine de soupirs de la mer et des cigales qui commencent à chanter maintenant. La brise est fraîche et le ciel bleu. J'aime cette vie avec abandon et veux en parler avec liberté: elle me donne l'orgueil de ma condition d'homme. Pourtant, on me l'a souvent dit: il n'y a pas de quoi être fier. Si, il y a de quoi: ce soleil, cette mer, mon cœur bondissant de jeunesse, mon corps au goût de sel et l'immense décor où la tendresse et la gloire se rencontrent dans le jaune et le bleu. C'est à conquérir cela qu'il me faut appliquer ma force et mes ressources. Tout ici me laisse intact, je n'abandonne rien de moi-même, je ne revêts aucun masque: il me suffit d'apprendre patiemment la difficile science de vivre qui vaut bien tout leur savoir-vivre.

Chapitre 5
Le e muet

On appelle la voyelle [ə] «*e muet*», «*e caduc*» ou «*e instable*» parce qu'elle n'est pas toujours prononcée dans la langue standard. (Comparez le mot *jeudi*, toujours prononcée [ʒø di] à *je dis*, parfois [ʒə di] et parfois [ʒdi].) Plus tard dans ce chapitre, nous allons discuter les cas où le son [ə] peut et quelquefois doit s'amuïr. Mais d'abord, il faut considérer une question qui importe énormément pour l'étudiant anglophone: il faut apprendre à distinguer cette voyelle [ə] des voyelles [e] et [ɛ].

Orthographe

En français, la voyelle [ə] est presque toujours représentée par la lettre *e*, sans signe diacritique[1]. Il n'existe que trois cas exceptionnels dans lesquels le son [ə] n'est pas orthographié *e:*

- Le mot *Monsieur* [mə sjø]
- Le mot *faisan* [fə zɑ̃] (et mots dérivés de ce mot)
- Toutes les formes bisyllabiques du verbe *faire* (*faisons* [fə zɔ̃], *faisable* [fə zabl])

En anglais, par contre, toute voyelle en position inaccentuée peut se prononcer [ə]:

> *vista* [vIstə]   *element* [ɛlImənt]
>
> *foreign* [fɒrən]   *consonant* [kɒnsənənt]

Articulation

Antérieur, arrondi, fermé ou ouvert et oral

---

[1] N'oubliez pas que la lettre *e* surmontée d'un signe (accent ou tréma) se prononce [e] (*é, ë*) ou [ɛ] (*è, ê, ë*).

Comme nous l'avons remarqué (Chapitre 3), l'articulation de la voyelle [ə] est très proche de celle de [ø] et de [œ]. Cette voyelle est orale, antérieure (un peu plus centrale que [ø] et [œ]) et arrondie, et son aperture varie entre fermée et ouverte (voir Tableau 3.1, page 62). Ainsi, pour articuler la voyelle [ə], mettez la pointe de la langue derrière les dents inférieures et soulevez la partie antérieure de la langue vers le palais dur moins haut que pour la voyelle [y] mais plus haut que pour la voyelle [a]. Maintenant arrondissez les lèvres sans bouger la langue. Quand vous prononcez le son [ə], gardez constante la tension musculaire des lèvres, de la langue et des mâchoires, et faites attention à bien arrondir les lèvres.

Tendances à éviter

• Évitez de prononcer la voyelle fermée [e], surtout dans le préfixe *re-* (*refaire* [rə fɛr]) et dans les mots monosyllabiques *je, te, me, le, se, ce, que, de* et *ne* (voir Le son et la grammaire ci-dessous):

je ≠ j'ai	*le ≠ les, l'ai*	*que ≠ quai*
te ≠ tes	*se ≠ ses, s'est*	*de ≠ des*
me ≠ mes	*ce ≠ ces*	*ne ≠ nez*

• Gardez-vous de prononcer la voyelle [ə] dans toutes les syllabes inaccentuées comme en anglais. Le [ə] français se réserve pour les orthographes mentionnées ci-dessus et les contextes présentés en bas.

anglais	*français*
Barbara [bar brə]	*Barbara* [bar ba ra]

Le son et la grammaire

La voyelle [ə] est très importante dans les mots monosyllabiques pour distinguer:

• le singulier du pluriel: *le ≠ les / ce ≠ ces*
• le présent du passé du verbe *faire* et des verbes en *-ir* (première personne du singulier): *je fais ≠ j'ai fait / je finis ≠ j'ai fini*
• l'imparfait du passé composé (verbes en *-er*; première personne du singulier): *je dansais ≠ j'ai dansé*

Choix de voyelle: [ə], [e] ou [ɛ]?

En français, la voyelle [ə] est donc presque toujours représentée dans la langue écrite par la lettre *e*. Mais comme nous le savons, cette lettre se prononce aussi parfois [e] et parfois [ɛ]: *des* [de] / *dette* [dɛt] / *de* [də].

Il faut alors connaître les trois contextes dans lesquels la lettre *e* se prononce [ə] plutôt que [e] ou [ɛ].

1. Tout d'abord, il y a neuf mots d'une syllabe où la lettre *e* se prononce [ə]:

    je   me   te   le   se   ce   que   de   ne

2. Ensuite, à la fin du mot, la lettre *e* représente le son [ə] (mais celui-ci est presque toujours muet dans la langue parlée). La terminaison verbale de la troisième personne pluriel (*-ent*) ou un *s* à la fin du mot pluriel ne change pas la prononciation du [ə]:

    un̸e [yn]   *entr̸e* [ɑ̃tr]   *ils chant̸en̸t* [il ʃɑ̃t]   *chais̸es̸* [ʃɛz]

3. Finalement, à l'initial ou à l'intérieur du mot, la lettre *e* se prononce [ə] dans les deux cas suivants:

    • Si elle est **suivie d'une seule consonne prononcée** plus une voyelle ou une semi-voyelle prononcée:

mener [mə ne]	*recherche* [rə ʃɛrʃ]
jeter [ʒə te]	*revoir* [rə vwar]

    EXCEPTION: Si elle est suivie **d'une consonne doublée,** *e* se prononce [e] ou [ɛ]:

    je verrai [ʒə vɛ re]   *mettons* [mɛ tɔ̃]   *lessive* [le siv]

    CAS PARTICULIERS:
    (1) Les mots *dessous* [də su] et *dessus* [də sy] et les mots dérivés de ceux-ci (*par-dessus* [par də sy], *au-dessus* [od sy])
    (2) Le préfixe *re-* se prononce [rə] même suivi de deux *ss*: *ressource* [rə surs], *ressortir* [rə sɔr tir], *ressort* [rə sɔr]. Par contre, *ressusciter* se prononce [re sy si te].
    (3) Notez la prononciation du mot *dehors* [də ɔr].

    • Si elle est **suivie d'un groupe consonantique consistant d'une consonne prononcée plus [l] ou [r]** et une voyelle ou une semi-voyelle prononcée:

degré [də gre]	*secret* [sə kre]
retraite [rə trɛt]	*replier* [rə pli je]

    Dans les exemples suivants, comparez la colonne de gauche, où *e* se prononce [ə], à la colonne de droite, où *e* se prononce [e] ou [ɛ] (le choix dépend de l'harmonisation vocalique). La colonne de droite montre la lettre *e* suivie d'une consonne doublée à l'écrit ou de deux consonnes prononcées dont la deuxième n'est ni [l] ni [r]:

[ə]	[e] / [ɛ]
il sera [il sə ra] [il sra]	*il serra* [il sɛ ra]
tenir [tə nir]	*tennis* [te nis]
retrait [rə tre]	*respect* [re spe]
replier [rə pli je]	*restaurant* [rɛ stɔ rɑ̃]

Note linguistique

Notez la correspondance entre l'orthographe et la prononciation dans certains verbes de la première conjugaison:

[ə]	[ɛ]
appeler [ap le]	*appelle* [a pɛl]
jeter [ʒə te]	*jette* [ʒɛt]
peler [pə le]	*pèle* [pɛl]
amener [am ne]	*amène* [a mɛn]
mener [mə ne]	*mène* [mɛn]
acheter [a ʃte]	*achète* [a ʃɛt]

Tableau 5.1 Résumé des contextes où *e* = [ə]

Contexte	Exemples
9 monosyllabes	*je, me, te, le, se, ce, que, de, ne*
Fin du mot (presque toujours muet)	*un̸e, fill̸e, chant̸e, parl̸e̸n̸t̸, chais̸e̸s̸*
Initial ou intérieur du mot:	
1. *e* + C + V ou SV	*mener* [mə ne] *recherche* [rə ʃɛrʃ] *revoir* [rə vwar]
2. *e* + Cl, Cr + V ou SV	*degré* [də gre] *replier* [rə pli je]
EXCEPTION:	
e + CC + V = [e], [ɛ]	*serrer* [sɛ re]
CAS PARTICULIERS:	
dessous, dessus, re-	*dessous* [də su] *dessus* [də sy] *ressort* [rə sɔr]

Clé: C = une consonne prononcée (ex. *ch* = [ʃ]), CC = une consonne doublée à l'écrit (ex. *rr*), V = une voyelle prononcée, SV = une semi-voyelle prononcée

Exercices d'application

Exercice de discrimination

🎧 Indiquez si les mots que vous entendez contiennent le son [e], le son [ɛ] ou le son [ə].

	[e]	[ɛ]	[ə]
1.	_____	_____	_____
2.	_____	_____	_____
3.	_____	_____	_____
4.	_____	_____	_____
5.	_____	_____	_____
6.	_____	_____	_____
7.	_____	_____	_____
8.	_____	_____	_____
9.	_____	_____	_____
10.	_____	_____	_____
11.	_____	_____	_____
12.	_____	_____	_____
13.	_____	_____	_____
14.	_____	_____	_____
15.	_____	_____	_____
16.	_____	_____	_____
17.	_____	_____	_____
18.	_____	_____	_____

Exercices écrits

Exercice 1　Écrivez les mots qui correspondent aux symboles suivants. Faites très attention à l'orthographe.

1. [ʒə di] [ʒø di]　　3. [sə] [sø]　　5. [nə] [nø]

2. [də] [dø]　　4. [kə] [kø]　　6. [ʒə] [ʒø]

Exercice 2　Écrivez les mots qui correspondent aux symboles suivants. Faites très attention à l'orthographe.

1. [am ne] [a mɛn]　　4. [də dɑ̃] [de pas]

2. [a plɔ̃] [a pɛl]　　5. [rə gard] [re pɔ̃]

3. [ʒə te] [ʒɛt]　　6. [sə kre] [se nil]

Exercice 3 Écrivez les mots qui correspondent aux symboles suivants. Faites très attention à l'orthographe.

1. [mə zyr] [mɛ saʒ]
2. [pə le] [pɛ li kyl]
3. [lə ve] [le siv]
4. [tə nas] [tɛ ras]
5. [də pɥi] [dɛ rjɛr]
6. [və dɛt] [ve stɔ̃]
7. [rə fɛr] [re zɔ ne]
8. [də dɑ̃] [de dɛ̃]

Exercice 4 Écrivez la phrase qui correspond aux symboles phonétiques suivantes. Faites très attention à l'orthographe.

[lɔ nɛ tə te], [le ze gar e la pɔ li tɛs de pɛr sɔ na vɑ̃ se ɑ̃ naʒ də lɛ̃² u də

lo trə sɛks mə dɔn bɔ nɔ pi njɔ̃ də sə kɔ̃ na pɛl lə vjø tɑ̃]. (La Bruyère)

Exercice 5 Écrivez le passage qui correspond aux symboles phonétiques suivants. Suivez la ponctuation donnée. Faites très attention à l'orthographe.

1. [skə le pɔ ɛt], [le zɔ ra tœr],
2. [mɛm kɛl kə fi lɔ zɔf nu diz syr la mur də la glwar],
3. [ɔ̃ nu lə di ze³ o kɔ lɛʒ pur nu zɑ̃ ku ra ʒe a a vwar le pri].
4. [skə lɔ̃ di o zɑ̃ fɑ̃ pur le zɑ̃ ga ʒe a pre fe re a yn tar tə lɛt le lwɑ̃ʒ də lœr bɔn],
5. [se⁴ skɔ̃ re pɛ to zɔm pur lœr fɛr pre fe re a ɛ̃⁵ nɛ̃ te re⁶ pɛr sɔ nɛl le ze lɔʒ də lœr kɔ̃ tɑ̃ pɔ rɛ̃ u də la pɔ ste ri te].

(Chamfort)

Exercice oral

🎧 Répétez les paires suivantes après le modèle enregistré.

1. le livre / les livres
2. ce cours / ces cours
3. se lever / Il s'est levé
4. te coucher / Tu t'es couché
5. Je le fais / Je l'ai fait
6. Je le finis / Je l'ai fini
7. Je le choisis / Je l'ai choisi
8. Je cherchais / J'ai cherché
9. Je parlais / J'ai parlé
10. Je mangeais / J'ai mangé

---

² [ɛ̃] peut se prononcer aussi [œ̃] ici.
³ [ze] peut se prononcer aussi [zɛ] ici.
⁴ [se] peut se prononcer aussi [sɛ] ici.
⁵ [ɛ̃] peut se prononcer aussi [œ̃] ici.
⁶ [re] peut se prononcer aussi [rɛ] ici.

Exercices écrits et oraux

🎧 **Exercice 1** Transcrivez les paires de mots suivantes à l'aide de symboles phonétiques. Ensuite, répétez les mots après le modèle enregistré.

1. jetons	5. ménage	9. recevoir
jetterons	mener	apercevoir
2. serez	6. cerveau	10. retraite
serrez	cela	respect
3. appeler	7. lecture	11. tenir
appelle	leçon	tennis
4. ressembler	8. dessiner	12. bêtise
dresser	dessous	besoin

🎧 **Exercice 2** Transcrivez les mots suivants à l'aide de symboles phonétiques. Ensuite, répétez les mots après le modèle enregistré.

1. revenir	9. refroidir	17. resservir
2. retour	10. reprendre	18. rectifier
3. revoir	11. reflux	19. rectangle
4. retard	12. retrait	20. respecter
5. revaloir	13. ressusciter	21. respiration
6. resalir	14. ressaisir	22. restituer
7. regret	15. ressort	23. restaurant
8. redresser	16. ressurgir	24. reddition

🎧 **Exercice 3** Transcrivez les mots suivants à l'aide de symboles phonétiques. Ensuite, répétez les mots après le modèle enregistré.

1. reprise	8. jetterions	15. nectar
2. vendredi	9. message	16. ressource
3. spectacle	10. au-dessous	17. velours
4. pessimiste	11. pelle	18. respirer
5. dehors	12. secret	19. lever
6. responsable	13. réflexion	20. dément
7. jeter	14. venir	21. merci

22. guérir	35. peler	48. leçon
23. fessée	36. bestial	49. secrétaire
24. Berlin	37. terrible	50. regrette
25. guetter	38. selon	51. nettoyer
26. ressortir	39. vedette	52. dedans
27. devenir	40. depuis	53. menuet
28. mercredi	41. bercer	54. seller
29. tenace	42. serviette	55. mesure
30. percer	43. pelouse	56. guenille
31. quereller	44. lecture	57. semaine
32. serrement	45. refaire	58. berger
33. demi	46. demeure	59. menotte
34. terrestre	47. fera	60. restreint

Le maintien ou la chute de la voyelle [ə]

Ayant décidé qu'une lettre écrite donne lieu au son [ə], on doit alors savoir si on garde ce son ou s'il s'amuït dans la langue parlée. Dans la langue standard, il existe des cas où il faut garder le son [ə] (obligatoire), d'autres où il faut la laisser tomber (interdit) et d'autres encore où on a le choix de garder ou de laisser tomber le son (facultatif):

| *Obligatoire* | *Interdit* | *Facultatif* |
| *vendredi* | *jeun∅* | *je dis / j∅ dis* |

Pour l'étudiant débutant ou intermédiaire du français, les [ə] interdits et obligatoires sont les plus importants à apprendre, car il s'agit de règles figées dans la langue standard. Quant aux [ə] facultatifs, il s'agit plutôt de style que de standardisation. L'étude du [ə] facultatif peut donc se réserver à l'étudiant plus avancé.

Le [ə] interdit

Le seul contexte où le [ə] n'est jamais prononcé en français standard[7] est à la fin du mot isolé, même si ce mot se trouve à l'intérieur du mot phonétique:

La jeun∅ fill∅ dans∅ avec son pèr∅. [la ʒœn fi dã sa vɛk sɔ̃ pɛr]

---

[7] Pour des variations stylistiques et dialectales, voir pages 172 et 176–178.

EXCEPTIONS:

- Dans les neuf monosyllabes énumérés plus haut, le [ə] est presque toujours facultatif: *Vous n(e) comprenez pas?* Il est à noter toutefois qu'il faut toujours prononcer le [ə] du pronom objet direct *le* à l'impératif affirmatif: *Bois-le!*
- Après une consonne prononcée plus [l] ou [r], le [ə] à la fin du mot est facultatif dans un mot isolé, interdit devant une voyelle et obligatoire devant une consonne:

  Il entr(e) / entr̸e amis / entre nous

Variation dialectale

Un des traits les plus distinctifs du français méridional est que beaucoup de locuteurs gardent les *e muets* dans toutes les positions:

  Maintenant, appelez une jeune fille.   *Je me le demande.*

Le [ə] obligatoire et facultatif
à l'initial du mot isolé ou du mot phonétique

Pour les [ə] qui se trouvent à l'initial du mot isolé et du mot phonétique, **la voyelle est obligatoire si le mot est impossible (ou très difficile) à prononcer avec sa chute.** Dans les exemples suivants, il est très difficile de prononcer le mot à gauche sans la voyelle [ə], mais la phrase à droite se prononce facilement sans cette voyelle:

[ə] *obligatoire*	[ə] *facultatif*
Venez! [və ne]	*J(e) pense qu'il s'en va.* [ʒə pɑ̃/ʃpɑ̃ skil sɑ̃ va].[8]

TENDANCES À SUIVRE:

- En général, on garde le [ə] initial du mot isolé et on le perd plus souvent dans le mot phonétique. Plus ce mot phonétique est long, plus on a tendance à perdre le [ə]:

  Venez! V(e)nez ici! / V̸enez boire un verre![9]

---

[8] Le [ʒ] devient [ʃ] par assimilation. Voir Chapitre 7.
[9] Exemples de Dell 1985:227

• Il est assez facile de perdre le [ə] des mots *je, me, le, se, ce* et *ne* lorsque ceux-ci se trouvent à l'initial du mot phonétique et ne se suivent pas d'une deuxième syllabe contenant la voyelle [ə]. Quand ces mêmes monosyllabes à l'initial du mot sont suivies d'un [ə] dans la deuxième syllabe, on garde normalement le premier [ə]. Le deuxième peut rester ou tomber.

J¢ dirais qu¢ oui.	*Je l(e) dirais.*
[ʒdi re kwi]	[ʒəl di re] / [ʒə lə di re]
M¢ les d¢mandez-vous?	*Me l(e) donnez-vous?*
[mled mɑ̃ de vu]	[məl dɔ ne vu] / [mə lə dɔ ne vu]
L¢ vent commenc¢ à hurler.	*Le p(e)tit est arrivé.*
[lvɑ̃ kɔ mɑ̃ sa yr le]	[ləp ti ɛ ta ri ve] / [lə pə ti ɛ ta ri ve]
S¢ lav¢-t-il?	*Se r(e)gard¢-t-il?*
[slav til]	[sər gard til] / [sə rə gard til]
C¢ n'est pas just¢!	*Ce r(e)ssort est rouillé.*
[sne pa ʒyst]	[sər sɔ re ru je] / [sə rə sɔ re ru je]
N¢ la bois pas.	*Ne l(e) bois pas.*
[nla bwa pa]	[nəl bwa pa] / [nə lə bwa pa]

NOTE: Dans les combinaisons *c¢ que* et *j¢ te*, si on perd un [ə], c'est toujours le premier:

Voilà c¢ que j¢ veux.	*J¢ te l¢ dirai.*
[vwa la skəʒ vø]	[ʃtəl di re][10]

Le [ə] obligatoire et facultatif à l'intérieur du mot ou du mot phonétique

La loi des trois consonnes

Comme dans le cas du [ə] initial, pour les [ə] qui se trouvent à l'intérieur du mot isolé et du mot phonétique, ce qu'il faut se rappeler,

---

[10] Le [ʒ] se prononce [ʃ] par assimilation avec le [t]; voir Chapitre 7.

c'est que **la voyelle est obligatoire si le mot ou la phrase est impossible (ou très difficile) à prononcer avec sa chute.** Dans les exemples suivants, il est impossible de prononcer le mot et la phrase dans la colonne à gauche sans la voyelle [ə], mais les exemples à droite se prononcent facilement sans cette voyelle:

vendr<u>e</u>di	*sam<s>e</s>di*
avec l<u>e</u> garçon	*sans l<s>e</s> garçon*

La règle linguistique qui définit ce phénomène s'appelle **la loi des trois consonnes**[11]. Elle dit que (à l'intérieur du mot / mot phonétique):

- Si la voyelle [ə] est précédée **de deux consonnes** prononcées, il faut la maintenir (évitant ainsi la combinaison de trois consonnes)[12]:

vendr<u>e</u>di	*orph<u>e</u>lin*
mercr<u>e</u>di	*ferm<u>e</u>té*
gouvern<u>e</u>ment	*subv<u>e</u>nir*
appart<u>e</u>ment	*tart<u>e</u>lette*
trist<u>e</u>ment	*pour l<u>e</u> garçon*
brusqu<u>e</u>rie	*Patrick l<u>e</u> veut*

- Cette règle est obligatoire pour le mot isolé, mais elle est suivie beaucoup moins strictement dans le mot phonétique. Le [ə] tombe plus facilement si la première des deux consonnes qui précèdent le [ə] est un [l] ou un [r], ou si le [ə] est dans un mot monosyllabique:

Tu regard(e) ras

Ne parl(e) pas

toujours l(e) même

directeur d(e) musique

avec d(e) la chance

---

[11] Proposée par Grammont (1894:53–90) et précisée par Fouché (1956), cette «loi» admet beaucoup d'exceptions. Néanmoins, elle offre une très bonne introduction au *e muet* pour l'étudiant du français.

[12] Il faut noter que dans quelques-uns des exemples ci-dessus, l'Anglophone n'aura aucune difficulté à prononcer le mot sans [ə] (Il y a souvent un mot équivalent en anglais sans voyelle dans la même syllabe): fr. *appartement* / angl. *apartment;* fr. *gouvernement* / ang. *government.* La différence dans ces paires de mots s'explique par le fait que les Anglophones «mangent» souvent leurs consonnes (surtout à la fin du mot et ici, à la fin de la syllabe) tandis que les Français les prononcent complètement (voir Détente finale, Chapitre 7). Si on prononce bien la consonne qui précède le [ə] dans ces mots français, il faut garder la voyelle.

• Si la voyelle [ə] est précédée **d'une seule consonne prononcée,** la voyelle est la plupart du temps muette. En général, le [ə] est interdit dans le mot isolé et facultatif dans le mot phonétique[13].

app∉lons	*am∉ner*	*nous n(e) venons pas*
méd∉cin	*évén∉ment*	*pas d(e) structure*
mang∉rez	*je jett∉rai*	*nous l(e) voulons*
cél∉ri	*assez d(e) temps*	*trop d(e) fleurs*
par∉-brise	*où est l(e) train*	*sans l(e) garçon*

EXCEPTION: Si le [ə] est suivi d'une consonne prononcée et de la semi-voyelle [j], on garde presque toujours le [ə] dans le mot isolé. La tendance est beaucoup moins forte dans le mot phonétique.

C + ə + C	**C + ə + C + [j]**
Nous app∉lons (présent)	*Nous appe̲lions* (imparfait)
Vous donn∉rez (futur)	*Vous donne̲riez* (conditionnel)
Il ne mang∉ pas	*Il ne mang(e) rien /*
	Tu n(e) viens pas / Je l(e) tiens

CAS PARTICULIER: une succession de [ə] dans un mot phonétique

Il arrive souvent que deux (ou plus) syllabes successives d'un mot phonétique contiennent la voyelle [ə]. Dans ce cas, on suit toujours la loi des trois consonnes. C'est-à-dire que si un [ə] tombe, il faut garder le [ə] suivant pour éviter la combinaison de trois consonnes. Si le premier [ə] se trouve dans la première syllabe, d'habitude on le prononce, le deuxième [ə] s'amuït, et le troisième est prononcée (et ainsi de suite):

> *Je̲ n∉ te̲ l∉ demand∉ pas.* [ʒən təl də mɑ̃d pa]
> *Ne̲ t∉ le̲ d∉mand∉ pas.* [nət ləd mɑ̃d pa]

NOTE: N'oubliez pas les deux combinaisons figées *c∉ que̲* et *j∉ te̲:*

> *C∉ que̲ j∉ veux* [skə ʒvø] / *J∉ te̲ l∉ dis.* [ʃtəl di]

Si le premier [ə] n'est pas dans la première syllabe de la phrase, on a le choix de ne pas le prononcer et de maintenir le deuxième ou bien de le prononcer et de supprimer le deuxième:

> *Vous ne̲ m∉ le̲ d∉mandez pas* ou *Vous n∉ me̲ l∉ demandez pas.*
> [vu nəm ləd mɑ̃ de pa] [vun məl də mɑ̃ de pa]

> *Nous ne̲ l∉ regardons pas* ou *Nous n∉ le̲ r∉gardons pas*
> [nu nəl rə gar dɔ̃ pa] [nun lər gar dɔ̃ pa]

---

[13] Pour des variations stylistiques, voir plus bas.

Tableau 5.2 Résumé: [ə] obligatoire, interdit ou facultatif?

Fin du mot	

[ə] interdit
EXCEPTIONS:
• monosyllabes (facultatif)
• Pronom *le* impératif affirmatif (oblig.)
• Cl, Cr + ə: mot isolé (facultatif)
            devant voyelle (interdit)
            devant consonne (obligatoire)
	La robe̸ verte̸. Ils parte̸nt̸ vite̸.
	
	C(e) garçon
	Bois-le.
	Il entr(e).
	Entre̸ amis
	Entre nous

Initial du mot isolé ou du mot phonétique	
Mot isolé: obligatoire Mot phonétique: facultatif EXCEPTION: monosyllabe suivie d'un 2ᵉ ə: 1ᵉʳ ə obligatoire CAS PARTICULIERS: *Ce que, Je te*	*Venez.* *V(e)nez la voir. J(e) la connais.* *Je l(e) connais.* *Ce̸ que Je̸ te*
Intérieur du mot ou du mot phonétique (loi des trois consonnes)	
C + C + ə + C: Mot isolé: obligatoire Mot phonétique: plus d'exceptions C + ə + C: Mot isolé: interdit EXCEPTION: C + ə + C + [j]: obligatoire Mot phonétique: facultatif	*vendredi appartement* *pour le garçon* *directeur d(e) musique* *ame̸ner méde̸cin* *Nous appelions. Vous donneriez* *Voilà l(e) train. Pas d(e) temps* *Je ne̸ le fe̸rai pas.* *Tu ne̸ le fe̸ras pas. / Tu ne le̸ fe̸ras pas.*

Clé: C = une consonne prononcée

Variations stylistiques

Le maintien ou la chute du [ə] facultatif dépend de plusieurs facteurs stylistiques dont nous citons les principaux ici.

1. **La rapidité du parler:** plus il est rapide, plus on perd de *e muets*. Le [ə] se perd donc plus facilement dans le mot phonétique que dans le mot isolé, puisque ce dernier tend à être prononcé moins rapidement. On peut, par contre, choisir de garder le *e muet* pour donner une valeur expressive à ce qu'on dit:

    C'était petit, petit! [se te pə ti pə ti].

2. **Le niveau de langue:** plus il est élevé, plus on garde de *e muets*. On prononcera donc le *e muet* beaucoup plus souvent dans la poésie[14], dans les chansons, dans les discours et dans la lecture à haute voix. Des deux exemples suivants, le premier s'entendrait dans un discours public et le deuxième dans la conversation familière:

C̲e̲la, je̲ ne̲ le̲ f̲e̲rai jamais! *Ça, je̲ le̲ f̲e̲rai jamais!*

3. On tend à prononcer les [ə] dans un **mot inconnu** ou dans un **mot peu fréquent.**

4. Le maintien du [ə] permet d'éviter de prononcer une **consonne géminée,** c'est-à-dire, de prononcer deux fois de suite la même consonne:

sous le̲ lit [su lə li] *entrons de̲dans* [ɑ̃ trɔ̃ də dɑ̃]

5. Dans la langue courante et dans la langue populaire, quand un [ə] contenu dans la dernière syllabe de certains mots est précédé de deux consonnes dont la deuxième est [r] ou [l], on laisse souvent tomber le [r] ou le [l] avec la voyelle [ə]. Bien que cette prononciation ne soit pas standard, on entend souvent:

tab' ronde̲ *ça doit êt' facile*
quat' kilos *les aut'*
un grand nomb' de gens *il est impossib' de dire*

Dans la langue populaire, on laisse tomber d'autres éléments que le [ə]; on entend souvent par exemple des expressions comme:

m'enfin! *y en a* *i vient pas*
t'as pas compris? *c't'à-dire*

6. Un phénomène intéressant qu'on observe dans le parler populaire consiste en l'addition d'un [ə] à la fin du mot (isolé ou phonétique), que ce mot s'écrive avec un *e* final ou non. Ce [ə] «d'appui» est associé avec des émotions intenses et s'entend le plus souvent dans des phrases exclamatives, interrogatives, impératives et vocatives ainsi que dans les expressions de salutation et de séparation[15]:

Minutə! *Ce soirə?* *Écoutə!*
Philippə! *Bonjourə!* *Je te laissə!*

---

[14] Pour l'emploi du [ə] dans la poésie, voir la Note linguistique suivante.
[15] Fónagy 1989:241–243

Note linguistique: Le [ə] dans la poésie

Dans la poésie, on garde tous les [ə] suivis d'une consonne prononcée dans le même vers. On ne prononce pas les [ə] suivis d'une voyelle ni les [ə] à la fin du vers. En suivant ces règles, on garde le rythme syllabique du poème. Dans l'exemple suivant les vers sont des alexandrins; chacun contient douze syllabes:

Homme, libre-penseur! te crois-tu seul pensant

Dans ce monde où la vie éclate en toute chose?

Des forces que tu tiens ta liberté dispose,

Mais de tous tes conseils l'univers est absent.

Gérard de Nerval, *Vers dorés*

Lectures supplémentaires (*e muet*)

Voir bibliographie.

Exercices d'application

Exercices oraux

🎧 *Exercice 1* Répétez les mots suivants, qui ont tous un [ə] obligatoire.

vendredi	fermeté
gouvernement	subvenir
appartement	nous gagnerions
tartelette	nous mangerions
brusquerie	vous appelleriez
orphelin	vous danseriez

🎧 *Exercice 2* Répétez les mots et les expressions suivants en faisant bien attention à ne pas prononcer les *e muets*.

appeler	je jetterai
amener	pare-choc
pelleter	céleri
chercherons	à demain
regarderez	en retard

au revoir   c'est à refaire
à la retraite   tu recommences
en faisant   tu regardes
au-dessous   tu reviendrais
au-dessus

🎧 ***Exercice 3*** Répétez les phrases suivantes, en faisant bien attention aux *e muets*.

Je dirais que oui. / Je le dirais.
Je pense que non. / Je le pense.
Me les demandez-vous? / Me le demandez-vous?
Se lave-t-il? / Se regarde-t-il?
Ce n'est pas juste! / Ce ressort manque.
Le vent commence à souffler. / Le petit arrive.
Ne la bois pas. / Ne le bois pas.
Ce que tu penses est bête. / Voilà ce que je pense.
Je te le dirai. / Est-ce que je te le dirai?

🎧 ***Exercice 4*** Répétez les phrases suivantes, en faisant bien attention aux *e muets*.

1. Appelons un chat un chat. (proverbe)
2. Ne faites pas à autrui ce que vous ne voudrez pas qu'on vous fasse à vous-même. (proverbe)
3. Mon petit doigt me l'a dit. (expression idiomatique)
4. On leur a jeté de la poudre aux yeux. (expression idiomatique)
5. Il faut en venir au fait. (expression idiomatique)
6. Tu te moques de ce que je pense.
7. Je dirais que la nouvelle directrice n'a pas beaucoup de patience.
8. Je pense qu'il vaut mieux lire le livre avant d'aller voir le film.
9. Je suis étonné que vous ne compreniez pas!
10. Je te passerai un coup de fil un de ces jours.
11. Il se lève tôt le matin et se couche à neuf heures et demie.
12. Je ne veux pas qu'elle se fâche.
13. Je me demande pourquoi vous ne venez pas avec nous.

14. Tout l∅ mond∅ est allé s∅ prom∅ner dans l∅ parc.

15. App∅lez-moi l∅ directeur. Je lui pos∅rai l∅ problèm∅.

Exercices écrits et oraux

🎧 *Exercice 1* Dans les paires suivantes, soulignez les [ə] obligatoires et barrez ceux qui sont facultatifs dans la langue standard. Soyez prêts à justifier vos réponses. Ensuite, répétez les paires après le modèle enregistré.

1. la demande
   une demande

2. la semaine
   cette semaine

3. le semestre
   un autre semestre

4. nous ferons
   nous ferions

5. nous demeurons
   elles demeurent

6. sur le pied
   sous le pied

7. c'est faisable
   il faisait

8. nous donnerions
   je donnerais

9. je recommence
   il recommence

10. au-dessous
    un pardessus

11. il ne discute rien
    il ne discute pas

12. avec ce garçon
    sans ce garçon

🎧 *Exercice 2* Dans les phrases suivantes, soulignez les [ə] obligatoires et barrez ceux qui sont facultatifs dans la langue standard. Soyez prêts à justifier vos réponses. Ensuite, répétez les phrases après le modèle enregistré.

1. Il ne te le redira pas.
   Je ne te le redirai pas.

2. Il me le donne.
   Il ne me le donne pas.

3. Je ne sais pas.
   Je ne le sais pas.

4. Je te le redirai demain.
   Il ne me comprend pas.

5. Achetez la petite voiture.
   Achetez cette petite voiture.

6. Il ne se le redemande pas.
   On ne se le redemande pas.

7. On le dit souvent.
   On ne le dit pas.

8. Ferme la porte noire.
   Parle-lui de ce project.

9. Je me le demande.
   Je ne me le demande pas.

(🎧) *Exercice 3* Dans les phrases suivantes, soulignez les [ə] obligatoires et barrez ceux qui sont facultatifs dans la langue standard. Soyez prêts à justifier vos réponses. Ensuite, répétez les phrases après le modèle enregistré.

1. Nous faisons une longue promenade.
2. Vous ne seriez pas là ce soir?
3. Je suis fatigué, mais je ne suis pas malade.
4. Ne te demandes-tu pas pourquoi il se lève de si bonne heure?
5. Ils ne savent rien et ne comprennent rien.
6. C'est justement ce que je disais.
7. Moi, je ne vois pas de table libre.
8. Il ne le mettra pas sur votre bureau.
9. Ne le prenez pas avant de le faire peser.
10. Est-ce que vous l'appeliez quand je suis venue?
11. Que demande-t-elle maintenant?
12. Venez tout de suite voir ce qui se passe.
13. Est-ce que je t'ai dit ça, moi?
14. Il te parlera quand tu seras là.
15. Celui qui regarde le journal est le facteur.
16. Pourquoi ne veux-tu pas me le dire?
17. Qui pourra me reprocher de ne plus le revoir?
18. Un vieil ami de mon père me demandait la date.
19. Est-ce que tu le recommenceras?
20. Vous ne voulez pas me revoir samedi avant que je ne parte?
21. Qu'est-ce qu'elle se prépare à manger?
22. À quelle heure est-ce que le spectacle commence?
23. Tu ne vas pas chez le médecin avec moi?
24. À demain, tout le monde.
25. Il sera ici ce soir avec le chien.
26. Il ne tiendra jamais cette promesse.
27. Après avoir fini de le regarder, jetons-le au chien.
28. Nous ferons nos devoirs mercredi après le film.

29. Il a honte de ne pas avoir appelé le garçon.

30. Nous avons cherché le professeur pour lui demander d'expliquer une leçon difficile.

31. Amèneriez-vous le petit du voisin au match de football vendredi soir et lui achèteriez-vous des frites, si vous aviez le temps?

32. Je regrette qu'il ne se lève jamais avant neuf heures et demie.

🎧 *Exercice 4* Dans les vers suivants, tirés de «Sa Fosse est fermée» par Stéphane Mallarmé, soulignez les [ə] obligatoires et barrez ceux qui sont facultatifs dans la poésie. Soyez prêts à justifier vos réponses. Ensuite, répétez le poème après le modèle enregistré.

> À notre maison blanche, où chante l'hirondelle
> Dans un bois verdoyant, vous viendrez, disait-elle
> Nous cueillerons les fleurs que cachent les grands blés,
> Le soleil qui les dore a fait mes pieds ailés,
> Et le soir, au foyer où chaque cœur s'épanche,
> Nous ferons pour ma mère une couronne blanche...

🎧 *Exercice 5* Dans le poème «Vendanges» par Paul Verlaine, soulignez les [ə] obligatoires et barrez ceux qui sont facultatifs dans la poésie. Soyez prêts à justifier vos réponses. Ensuite, répétez le poème après le modèle enregistré.

> Les choses qui chantent dans la tête
> Alors que la mémoire est absente,
> Écoutez, c'est notre sang qui chante...
> Ô musique lointaine et discrète!
>
> Écoutez! c'est notre sang qui pleure
> Alors que notre âme s'est enfuie,
> D'une voix jusqu'alors inouïe
> Et qui va se taire tout à l'heure.
>
> Frère du sang de la vigne rose,
> Frère du vin de la veine noire,
> Ô vin, ô sang, c'est l'apothéose!
>
> Chantez, pleurez ! Chassez la mémoire
> Et chassez l'âme, et jusqu'aux ténèbres
> Magnétisez nos pauvres vertèbres.

🎧 *Exercice 6* Dans le poème «Vers dorés» par Gérard de Nerval, soulignez les [ə] obligatoires et barrez ceux qui sont facultatifs dans la poésie. Soyez prêts à justifier vos réponses. Ensuite, répétez le poème après le modèle enregistré.

> Homme, libre-penseur! te crois-tu seul pensant
> Dans ce monde où la vie éclate en toute chose?
> Des forces que tu tiens ta liberté dispose,
> Mais de tous tes conseils l'univers est absent.
>
> Respecte dans la bête un esprit agissant:
> Chaque fleur est une âme à la Nature éclose;
> Un mystère d'amour dans le métal repose;
> «Tout est sensible!» Et tout sur ton être est puissant.
>
> Crains, dans le mur aveugle, un regard qui t'épie:
> À la matière même un verbe est attaché…
> Ne la fais pas servir à quelque usage impie!
>
> Souvent dans l'être obscur habite un Dieu caché;
> Et comme un œil naissant couvert par ses paupières,
> Un pur esprit s'accroît sous l'écorce des pierres!

🎧 *Exercice 7* Dans le passage suivant, tiré de *Thérèse Desqueyroux* par François Mauriac, soulignez les [ə] obligatoires et barrez ceux qui sont facultatifs dans la langue standard. Soyez prêts à justifier vos réponses. Ensuite, répétez le passage après le modèle enregistré.

> Argelouse est réellement une extrémité de la terre; un de ces lieux au-delà desquels il est impossible d'avancer, ce qu'on appelle ici un quartier; quelques métairies sans église, ni mairie, ni cimetière, disséminées autour d'un champ de seigle, à dix kilomètres du bourg de Saint-Clair, auquel les relie une seule route défoncée. Ce chemin plein d'ornières et de trous se mue, au-delà d'Argelouse, en sentiers sablonneux; et jusqu'à l'Océan il n'y a plus rien que quatre-vingts kilomètres de marécages, de lagunes, de pins grêles, de landes où à la fin de l'hiver les brebis ont la couleur de la cendre. Les meilleures familles de Saint-Clair sont issues de ce quartier perdu. Vers le milieu du dernier siècle, alors que la résine et le bois commencèrent d'ajouter aux maigres ressources qu'ils tiraient de leurs troupeaux, les grands-pères de ceux qui vivent aujourd'hui s'établirent à Saint-Clair, et leurs logis d'Argelouse devinrent des métairies. Les poutres sculptées de l'auvent, parfois une cheminée en

marbre témoignent de leur ancienne dignité. Elles se tassent un peu plus chaque année et la grande aile fatiguée d'un de leurs toits touche presque la terre.

🎧 ***Exercice 8*** Dans le passage suivant, tiré de *Thérèse Desqueyroux* par François Mauriac, soulignez les [ə] obligatoires et barrez ceux qui sont facultatifs dans la langue standard. Soyez prêts à justifier vos réponses. Ensuite, répétez le passage après le modèle enregistré.

La dernière nuit d'octobre, un vent furieux, venu de l'Atlantique, tourmenta longuement les cimes, et Thérèse, dans un demi-sommeil, demeurait attentive à ce bruit de l'Océan. Mais au petit jour, ce ne fut pas la même plainte qui l'éveilla. Elle poussa les volets, et la chambre demeura sombre; une pluie menue, serrée, ruisselait sur les tuiles des communs, sur les feuilles encore épaisses des chênes. Bernard ne sortit pas, ce jour-là. Thérèse fumait, jetait sa cigarette, allait sur le palier, et entendait son mari errer d'une pièce à l'autre au rez-de-chaussée; une odeur de pipe s'insinua jusque dans la chambre, domina celle du tabac blond de Thérèse, et elle reconnut l'odeur de son ancienne vie. Le premier jour de mauvais temps... Combien devrait-elle en vivre au coin de cette cheminée où le feu mourait? Dans les angles la moisissure détachait le papier. Aux murs, la trace demeurait encore des portraits anciens qu'avait pris Bernard pour en orner le salon de Saint-Clair — et les clous rouillés qui ne soutenaient plus rien. Sur la cheminée, dans un triple cadre de fausse écaille, des photographies étaient pâles comme si les morts qu'elles représentaient y fussent morts une seconde fois: le père de Bernard, sa grand-mère, Bernard lui-même coiffé «en enfant d'Édouard». Tout ce jour à vivre encore, dans cette chambre; et puis ces semaines, ces mois...

Chapitre 6
Les semi-voyelles

On appelle les trois sons [j], [ɥ] et [w] semi-voyelles (ou semi-consonnes) parce qu'ils sont plus fermés que les voyelles, mais le passage par lequel l'air sort n'est ni obstrué ni aussi étroitement fermé que pour les consonnes. Chaque semi-voyelle correspond à une voyelle très fermée, par rapport à laquelle l'articulation de la semi-voyelle est encore plus fermée. Donc [j] correspond à [i], [ɥ] à [y] et [w] à [u]. De ces trois semi-voyelles, seules [j] et [w] existent en anglais.

Orthographe

Dans la langue écrite, les semi-voyelles sont représentées par les mêmes lettres que les voyelles correspondantes. En général, une voyelle écrite et prononcée suit la semi-voyelle.

Orthographe	Voyelle	Semi-voyelle
i	*si* [si]	*hier* [jɛr]
y	*Yves* [iv]	*yeux* [jø]
u	*bu* [by]	*lui* [lɥi]
ou	*tout* [tu]	*Louis* [lwi]

On trouve aussi le son [w] dans les combinaisons *oi, oî, oy* et parfois *oe, oê* et dans les mots empruntés à l'anglais contenant la lettre *w*.

Orthographe	Semi-voyelle [w]
oi	*loi* [lwa]
	coin [kwɛ̃]
oî	*boîte* [bwat]
oy	*voyelle* [vwa jɛl]
oe	*moelle* [mwal]
oê	*poêle* [pwal]
w (de l'anglais)	*week-end* [wi kɛnd]

Les lettres *il* et *ill* se prononcent parfois [j]:

Orthographe	Semi-voyelle [j]
-il *-ill*	*ail* [aj] *veille* [vɛj]

Articulation

On décrit les semi-voyelles selon les quatre critères employés dans la description de l'articulation des voyelles. Ainsi:

[j][1] est antérieur, écarté, oral (comme [i]) mais très, très fermé
[ɥ] est antérieur, arrondi, oral (comme [y]) mais très, très fermé
[w] est postérieur, arrondi, oral (comme [u]) mais très, très fermé

Étudiez l'articulation des semi-voyelles par rapport à celle des voyelles orales au Tableau 6.1.

Tableau 6.1 L'articulation des voyelles orales et des semi-voyelles

Position de la langue	Antérieure		Postérieure
Position des lèvres	Écartée	Arrondie	Arrondie
Série	1	2	3
Aperture de la bouche			
Très, très fermée	j	ɥ	w
Très fermée	i	y	u
Fermée	e	ø	o
		ə	
Ouverte	ɛ	œ	ɔ
Très ouverte	a		

Tendances à éviter

- L'Anglophone devrait se garder de prononcer la diphtongue dans le mot anglais *boy* pour les combinaisons *oi, oy*. On prononce [wa] ou [wɛ̃] en français: *moi* [mwa], *moins* [mwɛ̃]
- On doit aussi éviter de prononcer [l] dans la combinaison *-ill*: *Cadillac* [ka di jak].

---

[1] appelé «yod»

Le son et la grammaire

La semi-voyelle [j] est très importante:

* dans la formation du subjonctif pour les verbes *aller, valoir, falloir* et *vouloir:*

    Il est important que j'y aille, qu'il vaille, qu'il faille,

    que je veuille...

* pour faire la différence entre le présent de l'indicatif et l'imparfait ou le subjonctif ainsi qu'entre le futur et le conditionnel pour les verbes conjugués aux première et deuxième personnes du pluriel:

Présent	*Imparfait et subjonctif*
Nous trouvons	*Nous trouvions*
Vous cherchez	*Vous cherchiez*

Futur	*Conditionnel*
Nous partirons	*Nous partirions*
Vous danserez	*Vous danseriez*

La semi-voyelle [ɥ] est importante:

* dans le verbe *être* à la première personne du singulier (indicatif), qu'on utilise dans la formation du passé composé de plusieurs verbes:

    je suis arrivé(e)   *je suis né(e)*

* dans le verbe *pouvoir* au subjonctif:

    Il faut que je puisse...

Emploi principal des semi-voyelles

La syllabe en français ne peut contenir qu'une seule voyelle. Donc, quand les lettres *i, y, u* ou *ou* (qui représentent normalement les voyelles [i], [y] et [u]) sont suivies **dans la même syllabe** d'une voyelle prononcée, la combinaison se prononce **semi-voyelle + voyelle**. Étudiez les exemples suivants:

i, y + V → jV	*hier* [jɛr] *yeux* [jø]	*Lyon* [ljɔ̃]	*liant* [ljɑ̃]	*liez* [lje]
u + V → ɥV	*nuit* [nɥi] *lueur* [lɥœr]	*tuant* [tɥɑ̃]	*tuons* [tɥɔ̃]	*tué* [tɥe]
ou + V → wV	*oui* [wi] *ouest* [wɛst]	*louant* [lwɑ̃]	*jouons* [ʒwɔ̃]	*nouer* [nwe]

Clé: V = voyelle prononcée

NOTE IMPORTANTE: Dans le parler plus lent, les syllabes contenant une semi-voyelle se séparent souvent en deux syllabes. Pour les verbes, on entend même très fréquemment la variante à deux syllabes. Ainsi,

lier [lje]	devient	[li je] (avec [j] dans la deuxième syllabe)
ruelle [rɥɛl]	devient	[ry ɛl]
louons [lwɔ̃]	devient	[lu ɔ̃]

Notez la prononciation du mot *gruyère* [gry jɛr] ou [grɥi jɛr].

Note linguistique[2]

Dans les paires de mots suivantes, on prononce voyelle + semi-voyelle dans le premier mot et deux voyelles séparées dans le deuxième:

paie[3] [pɛj]   *pays* [pe i]   *abeille* [a bɛj]   *abbaye* [a be i]

Dans les paires suivantes, par contre, beaucoup de Francophones prononcent des homophones:

il voit [vwa]	*il voua* [vu a] ou [vwa]
la joie [ʒwa]	*il joua* [ʒu a] ou [ʒwa]
il doit [dwa]	*il doua* [du a] ou [dwa]

NOTE IMPORTANTE: Après certains groupes consonantiques, il est impossible de prononcer une voyelle suivie d'une semi-voyelle dans la même syllabe. Les groupes suivants ne sont donc presque jamais suivis de semi-voyelles:

occlusive ([p], [t], [k], [b], [d], [g]) ou [f], [v] + liquide ([r] ou [l])

Comparez:

Une seule syllabe (avec S-V)	Deux syllabes séparées
ruelle [rɥɛl]	*cruel* [kry ɛl]
rouet [rwe]	*trouer* [tru e]
luette [lɥɛt]	*fluet* [fly e]
janvier [ʒɑ̃ vje]	*février* [fe vri je]
lier [lje]	*plier* [pli je]
riant [rjɑ̃]	*friand* [fri jɑ̃]

Clé: S-V = semi-voyelle

---

[2] Levitt 1970:44
[3] ou [pe]

Il faut noter cependant que la combinaison suivante est possible:

occlusive ou [f] + liquide + [ɥ] + [i]

Les mots suivants sont donc monosyllabiques et contiennent des semi-voyelles:

fruit [frɥi], *pluie* [plɥi], *truite* [trɥit], *bruit* [brɥi], *bruine* [brɥin], *bruire* [brɥir], *druide* [drɥid]

EXCEPTION: Le mot *truisme* se prononce [try ism].

Note linguistique: L'emploi du tréma

Dans certains mots on indique par écrit la division syllabique entre deux voyelles en mettant un tréma sur la deuxième voyelle. Les deux voyelles sont alors prononcées et se trouvent dans des syllabes différentes. Sans tréma, les combinaisons de ces voyelles écrites produisent soit une seule voyelle prononcée soit une semi-voyelle plus une voyelle. Comparez:

mais [me]	*maïs* [ma is]
nœud [nø]	*Noël* [nɔ ɛl]
air [ɛr]	*haïr* [a ir]
mois [mwa]	*Moïse* [mɔ iz]
coin [kwɛ̃]	*coïncidence* [kɔ ɛ̃ si dɑ̃s]
goitre [gwatr]	*égoïste* [e gɔ ist]

Dans la combinaison écrite *gu,* on emploie le tréma sur la voyelle qui suit pour indiquer que la lettre *u* donne lieu à un son et n'est donc pas seulement une lettre muette ajoutée à *g* pour assurer qu'il se prononce [g] (voir Chapitre 7):

ligue [lig]   *ambiguë* [ɑ̃ bi gy]   *ambiguïté* [ɑ̃ bi gɥi te]

Autres emplois des semi-voyelles

1. La semi-voyelle [w] est aussi représentée par

   • les combinaisons de lettres *oi, oî* et *oy* ainsi que par les lettres *oe* et *oê* devant une consonne:

moi [mwa]	*moelleux* [mwa lø]
voyage [vwa jaʒ]	*boîtier* [bwa tje]
loin [lwɛ̃]	*poêle* [pwal]

   EXCEPTION IMPORTANTE: Le mot *oignon* se prononce [ɔ ɲɔ̃].

Variation dialectale

Dans le français canadien, pour la graphie *oi* on entend encore la prononciation de l'aristocratie française du XVIIe siècle — [we] en syllabe ouverte et [wɛ] en syllabe fermée: *moi* [mwe], *soir* [swɛr]. La tendance actuelle est cependant à prononcer [wa] comme en français standard.

- la lettre *w* dans les mots empruntés à l'anglais:
  sandwich [sɑ̃d witʃ]
  week-end [wi kɛnd]
  watt [wat]

2. La semi-voyelle [j] est aussi représentée par
- les lettres *-il* à la fin du mot lorsqu'elles suivent une voyelle:
  rail [raj]
  deuil [dœj]
  appareil [a pa rɛj]

- les lettres *-ill.* Notez que *-ill* précédé d'une consonne se prononce [ij] tandis que *-ill* précédé d'une voyelle se prononce [j]:

fille [fij]	*fillette* [fi jɛt]
travaille [tra vaj]	*travaillons* [tra va jɔ̃]
bouteille [bu tɛj]	*embouteillage* [ɑ̃ bu tɛ jaʒ]
feuille [fœj]	*feuillet* [fœ je]
mouille [muj]	*mouiller* [mu je]

NOTES:
a. À l'intérieur du mot phonétique, [j] après [i] tend à disparaître devant une consonne: *La fille s'en va* [la fi sɑ̃ va].
b. Le mot *juillet* se prononce [ʒɥi je].

EXCEPTIONS IMPORTANTES: Dans les mots *mille*, *ville* et *tranquille*, ainsi que dans tous les mots dérivés de ceux-ci, *-ill* se prononce [il]. Le mot *Lille* et le verbe *distiller* se prononcent aussi avec [il]:

mille [mil]	*tranquillisant* [trɑ̃ ki li zɑ̃]
ville [vil]	*distiller* [di sti le]
tranquille [trɑ̃ kil]	*millefeuille* [mil fœj]
Lille [lil]	*villa* [vi la]
millénaire [mi le nɛr]	*tranquillité* [trɑ̃ ki li te]
village [vi laʒ]	*distillons* [di sti lɔ̃]

Tableau 6.2 Résumé de l'emploi des semi-voyelles

Contexte	Exemples
V + V dans la même syllabe = S-V + V EXCEPTION: occlusive/[f]/[v] + V + V = 2 syllabes Mais: occlusive/[f] + [ɥ] + [i] = 1 syllabe (avec S-V)	*hier* [jɛr] *huit* [ɥit] *chouette* [ʃwɛt] *cruel* [kry ɛl] *truite* [trɥit] *fruit* [frɥi]
oi, oî, oy et *oe, oê* + C = [w] + V EXCEPTION: *oignon* [ɔ ɲõ]	*moi* [mwa] *coin* [kwɛ̃] *poêle* [pwal]
V + *-il* (fin de mot) = Vj	*ail* [aj]
C + *-ill* = Cij C + V + *-ill* = CVj EXCEPTIONS: *mille, ville, tranquille*	*fille* [fij] *mouille* [muj] [mil] [vil] [trɑ̃ kil]

Clé: S-V = semi-voyelle, V = voyelle, C = consonne

Lectures supplémentaires (*semi-voyelles*)

Voir bibliographie.

Exercices d'application

Exercices écrits

Exercice 1 Écrivez les phrases qui correspondent aux symboles suivants.

1. [i lɛ te sɑ̃ sjɛl kə ty a ja mar sɛj sə wi kɛnd].
2. [la fij me de fœj dɑ̃ də lo bu jɑ̃t].
3. [də pɥi ʒɑ̃ vje], [lœ ra kœ je mwɛ̃ ʃa lø rø].
4. [sə wi kɛnd], [õ va lwe ɛ̃ ba to] [e õ va a le a la pɛ ʃa la trɥit].
5. [il fo kə ty vœj re y sir] [e kə ty swa fjɛr də tõ tra vaj].
6. [lə pə ti ʃjɛ̃ a bwa su la plɥi].
7. [dɔn mwa yn fœj də pa pje], [sil tə ple].
8. [yn brɥin fi ne tõ be pɑ̃ dɑ̃ la nɥi].

Exercice 2 Faites la transcription en symboles phonétiques.

1. Le travailleur a failli se mouiller dans son village.
2. La femme dans le fauteuil est en deuil; elle a perdu sa famille à Marseille.
3. Les jumelles collectionnent des papillons, des mille-pattes et des chenilles.
4. La veille de Noël, les villageois fêtent le réveillon.
5. Il faut que vous alliez chez Mireille; elle sait préparer les millefeuilles.
6. Les enfants ont cueilli des cailloux pour les jeter à la vieille.
7. En avril, une abeille a piqué un gorille au zoo de Lille.
8. Elle ne pense plus à rien si ce n'est à lui.
9. Attention à ne pas mouiller mon appareil photo dans le ruisseau!
10. Ne bâille pas autant, tu me donnes sommeil!
11. Trois fois, mon œil! Je dirais plutôt mille fois!
12. Il va en ville acheter une bouteille de vin.

Exercices oraux

🎧 *Exercice 1* **Exercice de discrimination** Indiquez si les mots que vous entendez contiennent la semi-voyelle [j], la semi-voyelle [ɥ] ou la semi-voyelle [w].

	[j]	[ɥ]	[w]
1.	___	___	___
2.	___	___	___
3.	___	___	___
4.	___	___	___
5.	___	___	___
6.	___	___	___
7.	___	___	___
8.	___	___	___
9.	___	___	___
10.	___	___	___
11.	___	___	___
12.	___	___	___
13.	___	___	___
14.	___	___	___
15.	___	___	___
16.	___	___	___
17.	___	___	___
18.	___	___	___

🎧 *Exercice 2* Répétez les phrases suivantes, en faisant attention à bien prononcer la semi-voyelle [ɥ] dans le verbe *je suis.*

> Je suis né à Paris.
> Je suis venu en classe.
> Je suis arrivé à l'heure.
> Je suis resté trente minutes.
> Je suis sorti de la classe.
> Je suis rentré chez moi.
> Je suis descendu de la voiture.
> Je suis tombé dans la rue.
> Je ne me suis pas blessé.

Exercices oraux et écrits

🎧 *Exercice 1* Répétez les mots suivants, en faisant attention à bien prononcer la semi-voyelle [j] à la fin du mot. Ensuite, faites la transcription en symboles phonétiques.

aille	veille	orgueil	grenouille
ail	vieille	accueil	mouille
chandail	abeille	œil	nouille
travaille	soleil	seuil	fenouil
bâille	appareil	deuil	
taille		feuille	
		écureuil	

🎧 *Exercice 2* Répétez les mots suivants, en faisant attention à bien prononcer la semi-voyelle [j]. Ensuite, faites la transcription en symboles phonétiques.

piano	feuillet	habiller
janvier	fillette	gaspiller
février	vieillesse	scintiller
juillet	Diane	briller
yeux	bâiller	fouiller
adieu	veiller	réveiller
étudiant	mouillé	accueillir
ciel	travailler	vieillir
aria	ensoleillé	

Exercice 3 **Le son et la grammaire** Répétez les mots suivants en faisant attention à bien prononcer la semi-voyelle [j]. Ensuite, faites la transcription en symboles phonétiques.

Cadillac	grille	vermillon
chantilly	Séville	cotillon
billards	coquille St. Jacques	réveille

Exercice 4 Répétez les mots suivants, qui contiennent tous la semi-voyelle [ɥ]. Ensuite, faites la transcription en symboles phonétiques.

lui	fuir	bruit	fruit
tué	fuite	pluie	accentué
huit	huile	nuit	depuis
qu'il puisse	truite	je suis	appui

Exercice 5 Répétez les mots suivants, qui contiennent tous la semi-voyelle [w]. Ensuite, faites la transcription en symboles phonétiques.

doué	vous croyez	croître	l'oiseau
loué	armoire	trois	le watt
jouer	accessoire	froid	le week-end
foyer	s'asseoir	droit	le western
loyer	abattoir	l'oie	le whisky
aboyer	croire	l'ouest	

Exercice 6 **Le son et la grammaire** Répétez les mots suivants en faisant attention à bien prononcer la semi-voyelle [w]. Ensuite, faites la transcription en symboles phonétiques.

Illinois	Iroquois
Des Moines	Le Roy
Patrick Roy	Détroit
croissant	Sainte Croix

Exercice 7 Répétez les mots suivants, qui contiennent tous un tréma dans la langue écrite. Ensuite, faites la transcription en symboles phonétiques.

maïs	égoïste	haïr
Noël	naïf	ambiguïté
Joëlle	canoë	ambiguë
Moïse	astéroïde	aiguë
coïncidence		

🎧 *Exercice 8* Répétez les proverbes et les expressions idiomatiques suivants en faisant attention aux semi-voyelles. Ensuite, faites la transcription en symboles phonétiques.

1. Tant qu'il y a de la vie, il y a de l'espoir.
2. Il faut garder une poire pour la soif.
3. Chien qui aboie ne mord pas.
4. Le monde appartient à celui qui se lève tôt.
5. Charbonnier est maître chez lui.
6. Rien ne vaut son chez soi.

🎧 *Exercice 9* Répétez le dialogue[4] suivant en faisant bien attention à la semi-voyelle [j]. Ensuite, faites la transcription du dialogue en symboles phonétiques.

— Pierre! Tu sais si Camille est encore à Marseille?
— Voyons, Mireille, tu sais très bien que Camille est encore à Marseille. Elle est toujours rue des Abeilles, et ça ne date pas d'hier!
— Toujours rue des Abeilles? Pierre... il faut qu'elle vienne avec nous prendre une bière!

🎧 *Exercice 10* Répétez le dialogue[5] suivant en faisant bien attention aux semi-voyelles. Ensuite, faites la transcription du dialogue en symboles phonétiques.

— Louis et Louise sont partis tout de suite.
— Je ne pensais pas que Louise puisse partir avec lui avant huit jours!
— Avant huit jours? Le dix-huit juillet, alors?
— Oui, le dix-huit juillet.
— Moi, le dix-huit juillet, je serai en Suisse.
— On pêche la truite en Suisse?
— Je pense que oui.
— Alors, je te suis.

🎧 *Exercice 11* Répétez le poème «Je n'ai pas oublié, voisine de la ville... » par Charles Baudelaire, en faisant bien attention aux semi-voyelles. Ensuite, faites la transcription en symboles phonétiques.

Je n'ai pas oublié, voisine de la ville,
Notre blanche maison, petite mais tranquille;

---

[4] Tiré de G. Faure et A. DiCristo 1977:65
[5] Tiré de G. Faure et A. DiCristo 1977:23–24

Sa Pomone de plâtre et sa vieille Vénus
Dans un bosquet chétif cachant leurs membres nus,
Et le soleil, le soir, ruisselant et superbe,
Qui, derrière la vitre où se brisait sa gerbe,
Semblait, grand œil ouvert dans le ciel curieux,
Contempler nos dîners longs et silencieux,
Répandant largement ses beaux reflets de cierge
Sur la nappe frugale et les rideaux de serge.

Exercice 12 Répétez le poème «Les Plaintes d'un Icare» par Charles
Baudelaire en faisant bien attention aux semi-voyelles. Ensuite, faites la
transcription en symboles phonétiques.

Les amants des prostituées
Sont heureux, dispos et repus;
Quant à moi, mes bras sont rompus
Pour avoir étreint des nuées.

C'est grâce aux astres nonpareils,
Qui tout au fond du ciel flamboient,
Que mes yeux consumés ne voient
Que des souvenirs de soleils.

En vain j'ai voulu de l'espace
Trouver la fin et le milieu;
Sous je ne sais quel œil de feu
Je sens mon aile qui se casse;

Et brûlé par l'amour du beau,
Je n'aurai pas l'honneur sublime
De donner mon nom à l'abîme
Qui me servira de tombeau.

Exercice 13 Répétez le passage suivant, tiré de *L'Exil* par Albert Camus,
en faisant bien attention aux semi-voyelles. Ensuite, faites la transcription
en symboles phonétiques.

Que le désert est silencieux! La nuit déjà et je suis seul, j'ai soif.
Attendre encore, où est la ville, ces bruits au loin, et les soldats
peut-être vainqueurs, non il ne faut pas, même si les soldats sont
vainqueurs, ils ne sont pas assez méchants, ils ne sauront pas
régner, ils diront encore qu'il faut devenir meilleur, et toujours
encore des millions d'hommes entre le mal et le bien, déchirés,
interdits, ô fétiche pourquoi m'as-tu abandonné? Tout est fini,
j'ai soif, mon corps brûle, la nuit obscure emplit mes yeux.

Exercice 14 Répétez le passage suivant, tiré de *La Dormeuse* par Stéphane Mallarmé, en faisant bien attention aux semi-voyelles. Ensuite, faites la transcription en symboles phonétiques.

> À minuit, au mois de juin, je suis sous la lune mystique: une vapeur opiacée, obscure, humide s'exhale hors de son contour d'or et, doucement se distillant, goutte à goutte, sur le tranquille sommet de la montagne, glisse, avec assoupissement et musique, parmi l'universelle vallée. Le romarin salue la tombe, le lys flotte sur la vague, enveloppant de brume son sein, la ruine se tasse dans le repos: comparable au Léthé voyez! le lac semble goûter un sommeil conscient et, pour le monde ne s'éveillerait. Toute Beauté dort: et repose, sa croisée ouverte au ciel, Irène avec ses Destinées!

Troisième partie

Les consonnes

Chapitre 7

Étude détaillée des consonnes

Introduction

Dans la production des sons appelés consonnes, les organes articulatoires de la cavité buccale se rapprochent pour former un obstacle —
parfois complet, parfois partiel — à l'air venant des poumons. Cet
obstacle peut arrêter complètement le passage de l'air, comme le font
les deux lèvres dans l'articulation de la consonne [p], ou resserrer le
passage de l'air si étroitement — sans toutefois le fermer — que l'air
sort bruyamment, comme c'est le cas pour l'obstacle formé par les
dents supérieures et la lèvre inférieure dans la prononciation de la consonne [f]. Rappelez-vous que dans la production des voyelles et des
semi-voyelles, le passage de l'air par la cavité buccale est ininterrompu.

Articulation des consonnes

On décrit l'articulation des consonnes françaises à l'aide des trois
paramètres suivants:

1. **Sonorité**

   Une consonne est **sonore** (voisée) si les cordes vocales vibrent,
   sourde (non-voisée) si les cordes vocales ne vibrent pas. Pour
   sentir si les cordes vocales vibrent ou non, faites l'expérience
   suivante. Mettez la main sur la pomme d'Adam et prononcez
   la voyelle [a]. La vibration que vous sentez vient des cordes
   vocales. (Toutes les voyelles sont sonores.) Maintenant,
   effectuez la même expérience d'abord avec la consonne [b] et
   ensuite avec la consonne [p]. Vous sentez une vibration pour
   [b], qui est sonore, mais pas pour [p], qui est sourde. Il existe
   des paires sourde/sonore: [p] / [b], [t] / [d], [k] / [g], [f] / [v],
   [s] / [z], [ʃ] / [ʒ]. Cela veut dire que l'articulation des deux
   membres de chacune de ces paires est pareille, la seule
   différence étant que le premier son est sourd et le deuxième
   sonore. Les consonnes [m], [n], [ɲ], [ŋ], [l] et [r] sont sonores.

2. **Manière d'articuler**

   On divise les consonnes en quatre groupes selon la manière d'articuler.

   - **Occlusives** (ou **explosives**): Dans l'articulation des consonnes [p], [b], [t], [d], [k] et [g], le passage de l'air se ferme complètement pendant un moment et puis se rouvre pour permettre d'achever la production de la consonne.
   - **Fricatives** (ou **constrictives**): Pour les consonnes [f], [v], [s], [z], [ʃ], [ʒ] et [r], il se produit dans la bouche une constriction qui entraîne une friction au passage de l'air.
   - **Liquides:** Les consonnes [l] et [r] se distinguent des autres consonnes par leur capacité (presque vocalique) de se joindre à d'autres consonnes pour former des groupes consonantiques acceptables en début de syllabe comme [bl], [br], [pl] et [pr]. (Voir Chapitre 2 pour une liste de ces groupes consonantiques.)[1]
   - **Nasales:** Les consonnes [m], [n], [ɲ] et [ŋ] sont nasales; en les prononçant on laisse l'air passer par le nez aussi bien que par la bouche. Toutes les autres consonnes sont orales; pour elles, le palais mou empêche le passage de l'air dans la cavité nasale, forçant ainsi l'air à sortir uniquement par la bouche.

3. **Lieu d'articulation**

   On décrit les consonnes également par le lieu d'articulation, c'est-à-dire le point où un organe articulatoire de la mâchoire inférieure (la lèvre inférieure, les dents inférieures ou la langue) se rapproche d'un des organes de la mâchoire supérieure (la lèvre supérieure, les dents supérieures, les alvéoles, le palais dur ou le vélum). (Voir Figure 1.1, page 2, pour une révision des organes de la parole.) Le lieu d'articulation d'une consonne prend son nom des deux points de contact (inférieur et supérieur). Ainsi, les consonnes sont groupées en six groupes:

   - **bilabiales:** [p], [b] et [m] — contact entre les deux lèvres
   - **labio-dentales:** [f] et [v] — contact entre les dents supérieures et la lèvre inférieure
   - **dentales:** [t], [d], [n] et [l] — contact entre la pointe de la langue et les dents supérieures
   - **alvéolaires:** [s] et [z] — contact entre la pointe de la langue et les alvéoles

---

[1] La consonne [l] s'appelle aussi *latérale* parce que lorsqu'on la prononce, l'air s'échappe des deux côtés de la langue, tandis que pour les autres consonnes, l'air sort par un canal médian.

+ **palatales:** [ɲ], [ʃ] et [ʒ] — contact entre la partie antérieure de la langue et le palais dur
+ **vélaires:** [k], [g], [ŋ] et [r] — contact entre le dos de la langue et le palais mou (le vélum)

Voilà un résumé du lieu d'articulation des consonnes ainsi que leur sonorité et la manière d'articulation:

Tableau 7.1 L'articulation des consonnes françaises

Manière d'articuler	Sonorité	Lieu d'articulation					
		Bilabiale	Labio-dentale	Dentale	Alvéolaire	Palatale	Vélaire
Occlusives	Sourdes	[p]		[t]			[k]
	Sonores	[b]		[d]			[g]
Fricatives	Sourdes		[f]		[s]	[ʃ]	[r]
	Sonores		[v]		[z]	[ʒ]	[r]
Liquides	Sonores			[l]			[r]
Nasales	Sonores	[m]		[n]		[ɲ]	[ŋ]

Consonnes françaises comparées aux consonnes anglaises

La plupart des consonnes en français ressemblent beaucoup aux consonnes «équivalentes» en anglais dans leur prononciation et dans leur rapport avec l'orthographe. Par exemple, la production du [p] français est similaire à celle du [p] anglais, et tous deux correspondent à la lettre *p*. Il existe quand même des différences générales entre les consonnes françaises et anglaises. Voici les quatre facteurs principaux qui distinguent les consonnes dans les deux langues:

1. **Tension musculaire**
   Comme pour les voyelles, il y a plus de tension musculaire dans la production des consonnes françaises que dans celle de leurs équivalentes en anglais. Cela veut dire que les organes de la parole gardent leur position pendant toute l'articulation de la consonne et que les mouvements articulatoires mis en œuvre pour former et détendre les consonnes en français sont plus rapides que ceux qui caractérisent les consonnes en anglais.

2. **Absence d'aspiration initiale**
   Les consonnes qui se trouvent au début du mot, surtout les occlusives sourdes [p], [t], [k], sont aspirées en anglais

(c'est–à-dire qu'un peu d'air les accompagne), mais ne le sont nullement en français. Vous pouvez percevoir cette aspiration en anglais au moyen de l'expérience suivante. Tenez un petit bout de papier juste devant vos lèvres; vous remarquerez qu'un souffle le pousse quand vous prononcez le mot *papa* en anglais. Maintenant, effectuez la même expérience avec le mot *papa* en français. Cette fois-ci il ne doit pas y avoir d'aspiration et le papier ne doit pas bouger.

3. **Antériorité**

   Comme pour la plupart des voyelles, le lieu d'articulation de la plupart des consonnes est plus antérieur en français qu'en anglais. Les consonnes [t], [d], [n] et [l] sont dentales en français — la pointe de la langue touche les dents supérieures. En anglais, ces consonnes sont alvéolaires — la pointe de la langue touche les alvéoles, derrière les dents supérieures. Les consonnes [s], [z], [ʃ] et [ʒ] sont aussi légèrement plus antérieures en français qu'en anglais.

4. **Détente finale**

   En français, on doit détendre complètement les consonnes prononcées à la fin des mots isolés ou des groupes rythmiques, c'est-à-dire qu'on doit rompre le contact articulatoire et rouvrir la bouche. Cette détente est obligatoire après les occlusives et facultative (mais usuelle) après les autres consonnes. En anglais, par contre, on a tendance à laisser la bouche fermée après la prononciation des consonnes qui se trouvent à la fin de l'énoncé et donc à «manger» d'une certaine manière la fin du son consonantique. Comparez les consonnes finales des mots suivants. Dans les mots anglais, on n'est pas obligé de rompre le contact articulatoire de la dernière consonne, tandis que dans les mots français il faut détendre la consonne.

français	*anglais*
soupe	*soup*
tube	*tube*
dette	*debt*
mode	*mud*
bonne	*bun*
maximum	*maximum*
pile	*peel*

Assimilation de sonorité

Il reste à noter un dernier phénomène concernant les consonnes françaises, celui de l'assimilation de sonorité. Il arrive souvent que la sonorité d'une consonne change au contact d'une autre consonne ou d'une voyelle, c'est-à-dire qu'une consonne sourde devient sonore ou une consonne sonore devient sourde.

La désonorisation (assourdissement) d'une consonne

• Dans les combinaisons *bs* et *bt,* la consonne sonore [b] devient sourde [p] au contact de la consonne sourde ([s] ou [t]). La liste des mots contenant *bs* est très longue; en voici quelques exemples:

absent [ap sã]	*obtenir* [ɔp tə nir]
s'abstenir [sap stə nir]	*observation* [ɔp sɛr va sjɔ̃]
absolu [ap sɔ ly]	*obtus* [ɔp ty]

EXCEPTION: Dans le mot *subsister* [syb zi ste], le [b] garde sa sonorité et influence le [s], qui devient aussi sonore, [z].

• Notez l'assourdissement du son [d] dans le mot *médecin* [mɛt sɛ̃].
• On voit la désonorisation aussi dans le mot phonétique:

Je pense [ʃpãs]	*Je te vois* [ʃtə vwa]

La sonorisation d'une consonne

Une consonne sourde se sonorise souvent au contact d'une consonne sonore ou entre deux voyelles (sonores, par définition).

• On rencontre cette sonorisation le plus fréquemment dans des mots contenant la combinaison [ks], représenté par la lettre *x.* Cette lettre, normalement [ks] (*expliquer* [ɛk spli ke]), se prononce presque toujours [gz] entre voyelles:

> *examen* [ɛg za mɛ̃]
> *exode* [ɛg zɔd]
> *exigeant* [ɛg zi ʒã]

• Notez la prononciation des mots *seconde* [sə gɔ̃d] et *anecdote* [a nɛg dɔt].
• On voit la sonorisation aussi dans le mot phonétique dans des expressions telles que:

> *On se dit bonjour* [ɔ̃z di bɔ̃ ʒur]
> *sac de couchage* [sag də ku ʃaʒ]

Exercices d'application

Exercices oraux

Exercice 1 Répétez les phrases suivantes en faisant bien attention à ne pas aspirer la consonne initiale.

    1. Pierre part pour Paris au printemps.

    2. Le président parle des partis politiques au Parlement.

    3. Thierry est très têtu mais toi, tu es trop timide.

    4. Thomas est tenté d'entamer la tarte.

    5. Quelle qualité de café Caroline croit-elle acquérir?

    6. Quand est-ce que Christian comprendra la question?

Exercice 2 Répétez les phrases suivantes en faisant bien attention à prononcer les consonnes dentales.

    1. Alice a lancé la balle à Lucien.

    2. Les allumeurs ont allumé les lampes à Londres.

    3. Notre nièce Nicole nage au nord de Nantes.

    4. Nous n'aimons pas la nationalité du narrateur.

    5. Daniel a demandé au dentiste de déménager.

    6. Denise a décidé de déchirer les documents.

    7. Didon dîna dit-on du dos dodu d'un dindon.

    8. Tonton, ton thé t'a-t-il ôté ta toux?

    9. Toto est tout le temps en train de se tâter la tête.

Exercice 3 Répétez les phrases suivantes en faisant bien attention à la détente des consonnes à la fin de la phrase.

    1. Françoise est très intelligente.

    2. C'est une jeune Américaine.

    3. Michel et Louise attendent le car à Arles.

    4. Tout le monde quitte la ville.

    5. Diane a vu une soucoupe volante.

    6. J'ai perdu le fil.

    7. Préparez-le avec de l'huile.

    8. Il a lancé la balle.

9. Elle est complètement folle.

10. Je vais commander des moules.

11. C'est une vieille femme.

12. On va voir un film.

13. Il habite à Nîmes.

14. Bonjour, Messieurs-Dames.

15. Mais oui, je t'aime.

16. J'écris à Anne.

17. Il se promène.

18. Donnez-m'en une.

19. Elle part en automne.

20. Il y a quelqu'un qui sonne.

Exercice 4 Répétez les vers suivants, tiré du «Crépuscule du Matin» par Charles Baudelaire, en faisant bien attention à la détente finale de la consonne [n].

La diane chantait dans les cours des casernes
Et le vent du matin soufflait sur les lanternes.

Exercices oraux et écrits

Exercice 1 Répétez les mots suivants, qui contiennent des exemples de l'assimilation de sonorité. Ensuite, faites la transcription des mots en symboles phonétiques.

absent	seconde
absolu	anecdote
absurde	examen
observer	exode
obstacle	exigeant
obscur	existence
obsession	exil
obstiné	exercer
obtenir	exact
substance	exemple
médecin	exultation

🎧 ***Exercice 2*** Répétez les vers suivants, tirés du poème «Le Voyage» par Charles Baudelaire, en faisant bien attention à la détente des consonnes à la fin des vers. Ensuite, faites la transcription du poème en symboles phonétiques.

> Un matin nous partons, le cerveau plein de flamme,
> Le cœur gros de rancune et de désirs amers,
> Et nous allons, suivant le rythme de la lame,
> Berçant notre infini sur le fini des mers:
>
> Les uns, joyeux de fuir une patrie infâme;
> D'autres, l'horreur de leurs berceaux, et quelques-uns,
> Astrologues noyés dans les yeux d'une femme,
> La Circé tyrannique aux dangereux parfums.

🎧 ***Exercice 3*** Répétez le poème «Hymne» par Charles Baudelaire, en faisant bien attention à la tension musculaire, au manque d'aspiration et à l'antériorité des consonnes, ainsi qu'à la détente des consonnes à la fin des vers. Ensuite, faites la transcription du poème en symboles phonétiques.

> À la très-chère, à la très-belle
> Qui remplit mon cœur de clarté,
> À l'ange, à l'idole immortelle,
> Salut en l'immortalité!
>
> Elle se répand dans ma vie
> Comme un air imprégné de sel,
> Et dans mon âme inassouvie
> Verse le goût de l'éternel.
>
> Sachet toujours frais qui parfume
> L'atmosphère d'un cher réduit,
> Encensoir oublié qui fume
> En secret à travers la nuit,
>
> Comment, amour incorruptible,
> T'exprimer avec vérité?
> Grain de musc qui gis, invisible,
> Au fond de mon éternité!
>
> À la très-bonne, à la très-belle
> Qui fait ma joie et ma santé,
> À l'ange, à l'idole immortelle,
> Salut en l'immortalité!

Étude détaillée des consonnes

Les occlusives

	Bilabiales	**Dentales**	**Vélaires**
Sourdes	[p]	[t]	[k]
Sonores	[b]	[d]	[g]

Articulation

[p] = occlusif, bilabial, sourd

[b] = occlusif, bilabial, sonore

[t] = occlusif, dental, sourd

[d] = occlusif, dental, sonore

[k] = occlusif, vélaire, sourd

[g] = occlusif, vélaire, sonore

Tendances à éviter

• Dans la prononciation des occlusives sourdes ([p], [t], [k]), on doit éviter d'aspirer la consonne comme on le fait en anglais.

• Quand on prononce les consonnes [t] et [d], on doit faire attention à mettre la pointe de la langue derrière les dents supérieures (ces consonnes sont alvéolaires en anglais).

• Quand les sons occlusifs se trouvent dans la position finale du mot ou du mot phonétique, on doit s'efforcer de les détendre complètement, de ne pas les «manger», comme on le fait en anglais.

Le son et la grammaire

La détente finale des consonnes occlusives est très importante pour distinguer:

• Le féminin du masculin: *indépendant / indépendante*
• Le pluriel du singulier (verbes en *-re* et les verbes *partir, sortir*):
  il vend / ils vendent   il part / ils partent
• Le subjonctif de l'indicatif (verbes en *-ir; partir, sortir*): *il vend / qu'il vende   je sors / que je sorte*

Orthographe

1. [p], [b], [t], [d]

Les sons représentés par les symboles [p], [b], [t] et [d] correspondent normalement aux lettres alphabétiques homologues. Notez qu'une consonne double à l'écrit se prononce comme un son unique:

> *Paris* [pa ri] *appeler* [ap le] / *bonbon* [bɔ̃ bɔ̃] *abbé* [a be] /
>
> *tel* [tɛl] *jette* [ʒɛt] / *dans* [dɑ̃] *addition* [a di sjɔ̃]

EXCEPTIONS ET CAS PARTICULIERS:

- La lettre *d* se prononce [t] en liaison:
  > *grand enfant* [grɑ̃ tɑ̃ fɑ̃]   *vend-il* [vɑ̃ til]
- Les consonnes occlusives peuvent changer de sonorité (voir assimilation de sonorité): *médecin* [mɛt sɛ̃], *absurde* [ap syrd].
- La combinaison *th* se prononce [t] puisque la lettre *h* est toujours muette: *thème* [tɛm], *maths* [mat], mais dans les mots savants empruntés au grec, la combinaison *th* est muette: *asthme* [asm], *isthme* [ism].

2. [k]

Le son [k] correspond aux lettres suivantes:

- *k*, *ck*: *kilo* [ki lo]   *Patrick* [pa trik]
- *c*, *cc* devant un son consonantique ou les lettres *a, o, u*[2]:

clown [klun]	*côte* [kot]
crime [krim]	*accoster* [a kɔ ste]
acclamation [a kla ma sjɔ̃]	*culpabilité* [kyl pa bi li te]
car [kar]	*accuser* [a ky se]
accabler [a ka ble]	

- *cc* devant *i* ou *e* se prononce [ks]: *Occident* [ɔk si dɑ̃] *accent* [ak sɑ̃]
- *ch* dans un nombre limité de mots (voir [ʃ], [ʒ], page 218):
  > *psychologie* [psi kɔ lɔ ʒi]   *chaos* [ka o]

- *qu*, *cqu*: *quand* [kɑ̃]   *qui* [ki]   *acquitter* [a ki te]

---

[2] La lettre *c* devant *i, y, e* se prononce [s]: *cite* [sit], *cycle* [sikl], *ce* [sə]. Voir Les fricatives, à la page 215.

EXCEPTIONS: Les lettres *qu* se prononcent [kw] devant [a] dans un nombre limité de mots:

aquarium [a kwa rjɔm]	*aquarelle* [a kwa rɛl]
équateur [e kwa tœr]	*équanime* [e kwa nim]
quadrangle [kwa drãgl]	*quadrupède* [kwa dry pɛd]

Dans d'autres mots, les lettres *qu* devant [i] se prononcent [kɥ]:

équidistant [e kɥi di stã]	*équilatéral* [e kɥi la te ral]
ubiquité [y bi kɥi te]	

3. [g]

Le son [g] correspond aux lettres suivantes:

• *g*, *gg* suivi d'un son consonantique ou de la lettre *a*, *o* ou *u*[3]:

globe [glɔb]	*aggraver* [a gra ve]	*gars* [gar]
gomme [gɔm]	*aigu* [e gy]	

• *gu* devant *e*, *i* et *y*: *guerre* [gɛr] *guitare* [gi tar] *Guy* [gi]

EXCEPTIONS:
Les lettres *gu* se prononcent [gɥ] devant [i] dans un nombre limité de mots:

aiguille [e gɥij]	*linguiste* [lɛ̃ gɥist]
linguistique [lɛ̃ gɥis tik]	*ambiguïté* [ã bi gɥi te]

Dans d'autres mots, les lettres *gu* devant [a] se prononcent [gw]:

iguane [i gwan]	*jaguar* [ʒa gwar]
lingual [lɛ̃ gwal]	*Guadeloupe* [gwad lup]

• *c*, quand le son [k] devient [g] par **l'assimilation de sonorité:**

second [sə gɔ̃]	*anecdote* [a nɛg dɔt]

4. Cas particulier: la lettre *x*

• À l'initial du mot, *x* se prononce [gz]: *xylophone* [gzi lɔ fɔn]

• À la fin du mot, *x* est presque toujours muet: *eaux* [o]

EXCEPTIONS:
  ✦ Dans les mots étrangers elle se prononce [ks]: *index* [ɛ̃ dɛks]
  ✦ La lettre *x* suivie de *e* à la fin du mot se prononce aussi [ks]: *taxe* [taks]

---

[3] La lettre *g* suivie de *e*, *i* ou *y* se prononce [ʒ]: *âge* [aʒ] *Gilles* [ʒil] *Égypte* [e gipt]. Voir Les fricatives, page 215.

- À l'intérieur du mot, *x* se prononce [ks] devant une consonne sourde et [gz] entre voyelles:

extra [ɛk stra]	*exister* [ɛg zi ste]
excessif [ɛk sɛ sif]	*hexagone* [ɛg za gɔn]

EXCEPTIONS:

- ✦ Entre voyelles, à l'intérieur des mots savants ou étrangers, *x* se prononce [ks]:

taxi [tak si]	*Mexique* [mɛk sik]
Texas [tɛk sas]	*lexique* [lɛk sik]

- ✦ Dans les mots dérivés d'un mot avec [ks] on garde la combinaison sourde:

complexe [kɔ̃ plɛks] → *complexité* [kɔ̃ plɛk si te]

taxe [taks] → *taxer* [tak se]

Voilà un résumé de l'orthographe des consonnes occlusives:

Tableau 7.2 Résumé: Consonnes occlusives et l'orthographe

Son	Orthographe	Exemples
[p]	**p, pp** CAS PARTICULIER: assimilation **bs, bt**	*papa* [pa pa] *nappe* [nap] *absurde* [ap syrd] *obtenir* [ɔp tə nir]
[b]	**b, bb**	*bas* [ba] *abbé* [a be]
[t]	**t, tt, th** CAS PARTICULIERS: assimilation **d** liaison **d**	*tel* [tɛl] *jette* [ʒɛt] *thé* [te] *médecin* [mɛt sɛ̃] *prend-elle* [prɑ̃ tɛl]
[d]	**d, dd**	*des* [de] *addition* [a di sjɔ̃]
[k]	**k, ck** **c (cc)** + **consonne** ou **a, o, u** CAS PARTICULIER: **cc** + **i, e** = [ks] MOTS PARTICULIERS: **ch** **qu, cqu** MOTS PARTICULIERS: **qu** = [kw], [kɥ]	*kilo* [ki lo] *Annick* [a nik] *crime* [krim] *car* [kar] *col* [kɔl] *culte* [kylt] *Occitan* [ɔk si tɑ̃] *accent* [ak sɑ̃] *écho* [e ko] *qui* [ki] *acquitter* [a ki te] *aquarium* [a kwa rjɔm] *ubiquité* [y bi kɥi te]
[g]	**g, gg** + **consonne** ou **a, o, u** CAS PARTICULIER: assimilation **c** **gu** + **e, i, y** MOTS PARTICULIERS: **gu** = [gɥ], [gw]	*grand* [grɑ̃] *gaz* [gaz] *golf* [gɔlf] *aigu* [e gy] *second* [sə gɔ̃] *gueule* [gœl] *guitare* [gi tar] *Guy* [gi] *linguiste* [lɛ̃ gɥist] *iguane* [i gwan]

(Tableau 7.2 continue à la page 212.)

Son	Orthographe	Exemples
[ks]	**x:** fin mot + *e* fin mot étranger intérieur mot + C sourde intérieur mot étranger, savant, entre voyelles mot dérivé de mot avec [ks]	*taxe* [taks] *index* [ɛ̃ dɛks] *extra* [ek stra] *Texas* [tɛk sas] *lexique* [lɛk sik] *complexité* [kɔ̃ plɛk si te]
[gz]	**x:** initial intérieur mot entre voyelles	*xylophone* [gzi lɔ fɔn] *exemple* [ɛg zɑ̃pl]

Exercices d'application

Exercices oraux

Exercice 1 Répétez les paires suivantes en faisant bien attention à la détente finale dans le deuxième mot. Dans le premier groupe, la consonne finale marque le féminin; dans le deuxième, elle marque le pluriel et dans le troisième, le subjonctif.

patient / patiente
indépendant / indépendante
petit / petite
discret / discrète
secret / secrète
intelligent / intelligente
lent / lente
grand / grande
laid / laide
long / longue

Il vend. / Ils vendent.
Elle descend. / Elles descendent.
Il le rend. / Ils le rendent.
Elle part. / Elles partent.

J'y réponds. / Il faut que j'y réponde.
Tu attends. / Il faut que tu attendes.
Elle l'entend. / Il faut qu'elle l'entende.
Je sors. / Il faut que je sorte.

Exercice 2 Répétez les vers[4] suivants, tirés d'une comptine par Marie Tenaille, en faisant bien attention à ne pas aspirer les consonnes initiales.

> Petit-Patapon a perdu son peloton-de-coton!
> Où est donc le peloton-de-coton-de-Petit-Patapon?

Exercice écrit

Écrivez les mots qui correspondent aux symboles suivants. Faites très attention à l'orthographe.

1. [te o ri]
2. [bi bli o tɛk]
3. [kar]
4. [ka fe]
5. [ak sɑ̃]
6. [ka li te]
7. [kɛl]
8. [e kwa tœr]
9. [e kɥi di stɑ̃]
10. [e gal]
11. [gid]
12. [gœl]
13. [lɑ̃ gaʒ]
14. [lɛ̃ gɥist]
15. [lɛ̃ gwal]
16. [a nɛg dɔt]
17. [sə gɔ̃d]
18. [ɛg za mɛ̃]

Exercices écrits et oraux

 Exercice 1 Transcrivez les mots suivants à l'aide de symboles phonétiques. Attention à la prononciation des lettres *th*. Ensuite, répétez les mots après le modèle enregistré.

1. le thé
2. le théâtre
3. la théologie
4. Thérèse
5. le thermomètre
6. la thèse
7. la parenthèse
8. le thermos
9. Thierry
10. Catherine
11. le sociopathe
12. la cathode
13. la cathédrale
14. le catholicisme
15. les maths
16. l'asthme

---

[4] Tenaille 1974:72

17. le Panthéon	24. l'éther
18. rythmique	25. l'isthme
19. la mythologie	26. léthargique
20. apathique	27. la panthère
21. la bibliothèque	28. l'hypothèse
22. athée	29. thermonucléaire
23. l'athlétisme	30. Édith

Exercice 2 Transcrivez les mots suivants à l'aide de symboles phonétiques. Attention à la prononciation de la lettre *x*. Ensuite, répétez les mots après le modèle enregistré.

1. saxophone	7. Texas	13. exulter
2. exagération	8. exaspéré	14. extraordinaire
3. exilé	9. examiner	15. taxe
4. xylophone	10. taxi	16. exercer
5. télex	11. maximum	17. extérieur
6. exécution	12. index	18. exiger

Exercice 3 Transcrivez les phrases suivantes à l'aide de symboles phonétiques. Attention à la prononciation des consonnes en liaison. Ensuite, répétez les phrases après le modèle enregistré.

1. Vend-on des tomates ou des prunes?
2. Prend-il son parapluie et met-il ses bottes?
3. Attend-elle depuis longtemps?
4. Perd-on son temps au théâtre?
5. Ne comprend-il pas la complexité de la question?
6. Papa donne un baba à bébé. Oh! Le bon baba qu'a donné papa!

Exercice 4 Transcrivez le poème «Sonnet en Yx» par Stéphane Mallarmé à l'aide de symboles phonétiques. Attention à la prononciation de la lettre *x*. Ensuite, répétez les phrases après le modèle enregistré.

> Ses purs ongles très haut dédiant leur onyx,
> L'Angoisse, ce minuit, soutient, lampadophore,
> Maint rêve vespéral brûlé par le Phénix
> Que ne recueille pas de cinéraire amphore.

Sur les crédences, au salon vide: nul ptyx,
Aboli bibelot d'inanité sonore,
(Car le Maître est allé puiser des pleurs au Styx
Avec ce seul objet dont le Néant s'honore).

Mais proche la croisée au nord vacante, un or
Agonise selon peut-être le décor
Des licornes ruant du feu contre une nixe,

Elle, défunte nue en le miroir, encor
Que, dans l'oubli fermé par le cadre, se fixe
De scintillations sitôt le septuor.

Les fricatives[5]

	Labiodentales	Alvéolaires	Palatales
Sourdes	[f]	[s]	[ʃ]
Sonores	[v]	[z]	[ʒ]

Articulation

[f] = fricatif, labiodental, sourd

[v] = fricatif, labiodental, sonore

[s] = fricatif, alvéolaire, sourd

[z] = fricatif, alvéolaire, sonore

[ʃ] = fricatif, palatal, sourd

[ʒ] = fricatif, palatal, sonore

Tendance à éviter

Pour toutes les consonnes fricatives, on doit se rappeler de bien détendre le son qui se trouve dans la position finale du mot ou du mot phonétique. Ne «mangez» pas la consonne comme on le fait en anglais.

---

[5] Nous discuterons la fricative vélaire [r] avec Les liquides, page 224.

Le son et la grammaire

1. La détente finale de la consonne [s] est très importante pour distinguer:
   - Le pluriel du singulier (verbes en *-ir* avec *-iss*): *il finit* / *ils finissent*
   - Le subjonctif de l'indicatif (verbes en *-ir* avec *-iss*): *je finis* / *que je finisse*

2. La distinction [s] – [z] est très importante dans des paires comme:
   > *poisson* [pwa sɔ̃] / *poison* [pwa zɔ̃]
   > *dessert* [de sɛr] / *désert* [de zɛr]

3. La différence entre [f] et [v] est importante pour distinguer le masculin du féminin dans un petit groupe d'adjectifs:
   naïf – naïve

Orthographe

1. [f], [v]

Le son [f] correspond aux lettres *f, ff* et *ph:*
> *fertile* [fɛr til]
> *effrayer* [e fre je]
> *œuf* [œf]
> *prophétie* [prɔ fe si]

Le son [v] correspond à la lettre *v* et à la lettre *w* dans quelques mots empruntés à l'allemand:
> *lave* [lav]
> *valse* [vals]
> *wagon* [va gɔ̃]

CAS PARTICULIERS: La lettre *f* se prononce [v] dans les deux expressions *neuf ans* [nœ vɑ̃] et *neuf heures* [nœ vœr]

2. [s], [z]

Le son [s] correspond aux lettres suivantes:

- *s* au début du mot: *salle* [sal]   *statue* [sta ty]
- *s* à la fin du mot, lorsque cette lettre est prononcée (elle est presque toujours muette — voir Consonnes finales, page 233): *as* [as] *hélas* [e las]

- *ss* entre deux voyelles: *passe* [pas]
- *s* suivi ou précédé d'une consonne prononcée à l'intérieur du mot: *moustique* [mu stik]   *autopsie* [o tɔp si]
- *s* précédé d'une voyelle nasale et suivi d'une voyelle (orale ou nasale): *penser* [pã se]   *sensible* [sã sibl]   *ensemble* [ã sãbl]
- *c, sc* suivis de la lettre *i* ou *e*: *citer* [si te]   *ce* [sə]   *science* [sjãs] *scène* [sɛn]
  NOTE: Les lettres *sc* suivies de *a, o* ou *u* se prononcent [sk]: *scandale* [skã dal]   *scorpion* [skɔr pjɔ̃]   *sculpteur* [skyl tœr]
- *ç*: *Français* [frã se]   *déçu* [de sy]
- *x* dans les mots *soixante* [swa sãt], *Bruxelles* [bry sɛl], *six* [sis], *dix* [dis]
- *t* suivi de *i* plus une voyelle prononcée à l'interieur ou à la fin de certains mots. Dans d'autres mots, *t* dans cette combinaison se prononce [t]. La prononciation du mot anglais correspondant (qui a été emprunté au français et a donc subi la même évolution) peut vous aider à déterminer la prononciation du *t* dans cet environ-nement. S'il y a un [t] en anglais, il y en a un en français (*modesty* / *modestie*). Si le mot anglais contient un [s] ou un [ʃ], on prononce [s] en français (*diplomacy* / *diplomatie*):

[s]	[t]
essentiel [ɛ sã sjɛl]	*modestie* [mɔ dɛ sti]
insatiable [ɛ̃ sa sjabl]	*partie* [par ti]
démocratie [de mɔ kra si]	*sortie* [sɔr ti]
autocratie [o tɔ kra si]	*amitié* [a mi tje]
initié [i ni sje]	*pitié* [pi tje]

- *-tion* (la terminaison) *se prononce* [sjɔ̃]: *nation* [na sjɔ̃]
  EXCEPTION: *-stion* = [stjɔ̃]: *question* [kɛ stjɔ̃]

- *-tier* (la terminaison) *se prononce* [sje] dans les infinitifs, mais *-tier/ -tière* se prononce [tje]/[tjɛr] dans les substantifs et les adjectifs:
  différentier [di fe rã sje]   *charpentier* [ʃar pã tje]
  initier [i ni sje]   *cimetière* [sim tjɛr]

  NOTE: La terminaison *-tième* se prononce toujours [tjɛm]:
  trentième [trã tjɛm]

Le son [z] correspond aux lettres suivantes:

- *z*: *zèbre* [zɛbr]   *azur* [a zyr]
- *s* entre deux voyelles: *visite* [vi zit]   *poison* [pwa zɔ̃]   *dise* [diz]

EXCEPTION: Si un préfixe terminé par une voyelle est ajouté à un mot commençant par [s] plus une voyelle prononcée, la prononciation de ce [s] ne change pas:

> *social* [sɔ sjal] → *antisocial* [ɑ̃ ti sɔ sjal]
>
> *supposer* [sy po ze] → *présupposer* [pre sy po ze]
>
> *sensibiliser* [sɑ̃ si bi li ze] → *désensibiliser* [de sɑ̃ si bi li ze]

- *s* dans le préfixe *trans-*, quand celui-ci précède une voyelle: *transalpin* [trɑ̃ zal pɛ̃]
- *x, s* en liaison: *ils_arrivent* [il za riv]   *aux_enfants* [o zɑ̃ fɑ̃]

3. [ʃ], [ʒ]

Le son [ʃ] correspond presque toujours aux lettres, **ch**, **sch** et **sh**:

> *panache* [pa naʃ]
>
> *schéma* [ʃe ma]
>
> *short* [ʃɔrt]

Mais, comme nous l'avons mentionné plus haut, il y a quelques mots dans lesquels *ch* se prononce [k]. Voici la liste de ces mots qu'on rencontre le plus souvent. Tous les mots dérivés de ceux-ci contiennent [k] aussi.

archaïque [ar ka ik]	*chronologie* [krɔ nɔ lɔ ʒi]
archange [ar kɑ̃ʒ]	*chrysanthème* [kri zɑ̃ tɛm]
archéologie [ar ke ɔ lɔ ʒi]	*dichotomie* [di kɔ tɔ mi]
Bach [bak]	*écho* [e ko]
chaos [ka o]	*Machiavel* [ma kja vɛl]
chianti [kjɑ̃ ti]	*Michel-Ange* [mi kɛ lɑ̃ʒ]
chloro- (*le préfix*) [klɔ ro]	*Munich* [my nik]
chœur [kœr]	*orchestre* [ɔr kɛstr]
choléra [kɔ le ra]	*psychologie* [psi kɔ lɔ ʒi]
cholestérol [kɔ lɛ ste rɔl]	*scherzo* [skɛr dzo]
choral [kɔ ral]	*schizophrénie* [ski zɔ fre ni]
Christ [krist]	*technique* [tɛk nik]
chrome [krom]	*Zurich* [zy rik]

Le son [ʒ] correspond aux lettres suivantes:

- *j*: *je* [ʒə]   *jambe* [ʒɑ̃b]
- *g* quand elle est suivie de *i*, *y* ou *e*: *Gigi* [ʒi ʒi]   *Égypte* [e ʒipt]   *âge* [aʒ]

Note linguistique

Dans la conjugaison des verbes en *-ger*, il faut ajouter un *e* aux terminaisons qui commencent par un *o* ou par un *a* pour préserver la prononciation [ʒ] de la consonne *g*:

je mange → *nous mangeons / je mangeais / je mangeai / en mangeant*

Tableau 7.3 Résumé: Consonnes fricatives et l'orthographe

Son	Orthographe	Exemples
[f]	**f, ff, ph**	*faux* [fo] *effacer* [e fa se] *phonétique* [fɔ ne tik]
[v]	**v, w** Cas particuliers: *neuf ans, neuf heures*	*vallée* [va le] *Wagner* [vag nɛr] *9 ans* [nœ vã] *9 heures* [nœ vœr]
[s]	**s** début du mot, fin de qqs mots **ss** entre 2 voyelles **s** intérieur du mot suivi ou précédé de C prononcée; ou précédé de V nasale **c, sc** + *i, e* **ç** **x:** mots particuliers **t** (intérieur) + *i* + V (qqs mots) Exception: *t* + *i* + V = [t] (qqs mots) **-tion** Exception: *-stion* **-tier** (infinitif) Exception: *-tier/tière* (Sb, Adj) = [tje/tjɛr]	*salle* [sal] *hélas* [e las] *dessert* [de sɛr] *moustique* [mu stik] *absent* [ab sã] *penser* [pã se] *cité* [si te] *celle* [sɛl] *science* [sjãs] *scène* [sɛn] *déçu* [de sy] *soixante* [swa sãt] *Bruxelles* [bry sɛl] *six* [sis] *dix* [dis] *démocratie* [de mɔ kra si] *modestie* [mɔ dɛ sti] *lotion* [lo sjɔ̃] *question* [kɛ stjɔ̃] *initier* [i ni sje] *chantier* [ʃã tje] *cimetière* [sim tjɛr]
[z]	**z** **s** entre 2 V Exception: préfix + *s* + V **s** dans **trans-** + V **x, s** en liaison	*zèbre* [zɛbr] *désert* [de zɛr] *antisocial* [ã ti sɔ sjal] *transatlantique* [trã zat lã tik] *deux_ans* [dø zã] *les_œufs* [le zø]
[ʃ]	**ch** Mots exceptionnels: *ch* = [k]	*chanter* [ʃã te] *écho* [e ko]
[ʒ]	**j** **g** + **i, y, e**	*joli* [ʒɔ li] *Gilles* [ʒil] *gymnaste* [ʒim nast] *âge* [aʒ]

Exercices d'application

Exercices oraux

Exercice 1 Répétez les paires suivantes en faisant bien attention au son [s] dans le deuxième mot, ce qui marque le pluriel dans les trois premiers exemples et le subjonctif dans les trois derniers exemples.

> Il finit. – Ils finissent.
> Il grossit. – Ils grossissent.
> Il maigrit. – Ils maigrissent.
> J'obéis. – Il faut que j'obéisse.
> Tu ralentis. – Il faut que tu ralentisses.
> Elle réussit. – Il faut qu'elle réussisse.

Exercice 2 Répétez les paires suivantes en faisant bien attention au changement de consonne finale de [f] à [v] dans la première colonne et à l'addition de la consonne [z] dans la deuxième colonne. Le premier mot dans chaque paire est masculin et le deuxième féminin.

naïf / naïve	français / française
sportif / sportive	anglais / anglaise
actif / active	japonais / japonaise
indicatif / indicative	sénégalais / sénégalaise
neuf / neuve	hollandais / hollandaise
juif / juive	finlandais / finlandaise

Exercice 3 Répétez les paires suivantes en faisant bien attention à la distinction [s] / [z].

le poisson / le poison	embrasser / embraser
le dessert / le désert	casse / case
baisser / baiser	frisson / frison
rasseoir / rasoir	hausse / ose
russe / ruse	deux sœurs / deux heures
douce / douze	assis / Asie
coussin / cousin	les cieux / les yeux
cuisse / cuise	racé / rasé
chausse / chose	dix / dise
cesse / seize	bis / bise
assure / azur	fasse / phase

🎧 *Exercice 4* Répétez les paires suivantes en faisant bien attention à la distinction [s] / [z].

1. ils sont patients / ils ont de la patience
2. ils sont énergiques / ils ont de l'énergie
3. ils sont peureux / ils ont peur
4. ils sont frileux / ils ont froid
5. ils sont honteux / ils ont honte
6. ils sont riches / ils ont de l'argent
7. ils ôtent / ils sautent
8. ils errent / ils serrent
9. ils amusent / ils s'amusent
10. ils inquiètent / ils s'inquiètent
11. ils endorment / ils s'endorment
12. ils invitent / ils s'invitent
13. ils évitent / ils s'évitent
14. ils aiment / ils s'aiment
15. ils adorent / ils s'adorent

🎧 *Exercice 5* Répétez les phrases suivantes en faisant bien attention aux consonnes.

1. Ciel! Si ceci se sait, ses soins sont sans succès.
2. Six francs, six sous, ces saucissons-ci?
3. Si six scies scient six cyprès, six cent scies scient six cent cyprès.
4. Ce sont six chasseurs sachant chasser sans chien.
5. Pour qu'un sage chasseur chasse bien, il faut que son chien de chasse soit sage et sache chasser.
6. Les chemises de l'archiduchesse sont sèches et archisèches.

🎧 *Exercice 6* Répétez les vers[6] suivants, tirés d'une comptine de Marie Tenaille.

Petit souriceau-pas-si-sot
Saute sur le saucisson sec,
Suce le salami salé,
Lèche le chocolat chaud,

---

[6] Tenaille 1974:41

Mange la confiture d'oranges,
Croque les croûtes de fromage.

Assez, petit souriceau-pas-si-sot!
Sauve-toi!

Exercice écrit

Écrivez les mots qui correspondent aux symboles suivants. Faites très attention à l'orthographe.

1. [ɑ̃ fi te atr]	11. [le zø]	21. [ʒə plɔ̃ ʒe]
2. [de sy]	12. [pus]	22. [a ʒɑ̃]
3. [rə sy]	13. [ʒɔ be is]	23. [ʒi raf]
4. [də sy]	14. [pa sjɑ̃]	24. [ʒɛst]
5. [rə sɔr]	15. [pa sjɔ̃]	25. [ʒur]
6. [se na rjo]	16. [ak sjɔ̃]	26. [e ko]
7. [skɔ lɛr]	17. [a ri stɔ kra si]	27. [ɔr kɛstr]
8. [de zɛr]	18. [par sjɛl]	28. [tɛk nik]
9. [il sɔ̃]	19. [ʃɑ̃ ʒɔ̃]	29. [psi kjatr]
10. [prɔ fɛ sœr]	20. [vwa ja ʒɑ̃]	30. [swa sɑ̃t]

Exercices écrits et oraux

🎧 **Exercice 1** Transcrivez les mots suivants à l'aide de symboles phonétiques en faisant bien attention à la lettre *t*. Ensuite, répétez les mots après le modèle enregistré.

1. traction	13. rédaction	25. patienter
2. initier	14. prophétie	26. chantier
3. diplomatie	15. pitié	27. rationnel
4. nation	16. ignition	28. destruction
5. fruitier	17. satiable	29. modestie
6. partiel	18. aristocratie	30. tertiaire
7. construction	19. différentier	31. munition
8. martien	20. initial	32. métier
9. déflation	21. production	33. captieux
10. chantilly	22. centième	34. martial
11. lotion	23. question	35. centigrade
12. routière	24. égotisme	36. amitié

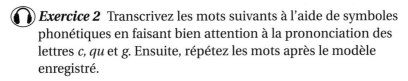 **Exercice 2** Transcrivez les mots suivants à l'aide de symboles phonétiques en faisant bien attention à la prononciation des lettres *c, qu* et *g*. Ensuite, répétez les mots après le modèle enregistré.

1. saucisson	17. incapable	33. quoi
2. couler	18. incorporer	34. grecque
3. façade	19. carton	35. quand
4. facultatif	20. tricoter	36. qui
5. façonner	21. racine	37. aquarium
6. céleri	22. français	38. aquarelle
7. cérémonie	23. France	39. quel
8. recouper	24. cité	40. quitter
9. bougé	25. linge	41. gueule
10. rage	26. aiguille	42. glouton
11. longue	27. agent	43. langue
12. aigu	28. garantie	44. gageure
13. gai	29. guerre	45. flagrant
14. goûter	30. grossir	46. étranger
15. germer	31. Guillaume	47. singulier
16. mélange	32. linguiste	48. singe

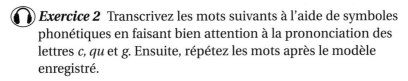 **Exercice 3** Transcrivez les phrases suivantes à l'aide de symboles phonétiques en faisant bien attention à la lettre *s*. Ensuite, répétez les phrases après le modèle enregistré.

1. Qui se ressemble s'assemble. (proverbe)
2. Qui trop embrasse mal étreint. (proverbe)
3. Laissez faire, laissez dire. (proverbe)
4. Les enfants ressemblent à leur mère.
5. Vous savez que dans le désert il y a des scorpions. Faites attention!
6. Vous avez mis le poison dans son café?
7. L'assassin a laissé un arrosoir dans l'ascenseur.
8. Hélas, je pense que les œillets que mes enfants ont transplantés sont morts.
9. Ils se sont pardonné les uns aux autres.

🎧 ***Exercice 4*** Transcrivez les mots suivants à l'aide de symboles phonétiques en faisant bien attention aux lettres *ch*. Ensuite, répétez les mots après le modèle enregistré.

1. bûche	15. éplucher
2. décharger	16. psychologue
3. chœur	17. enchanté
4. machine	18. architecture
5. chagrin	19. archéologue
6. chrétien	20. bouche
7. Chianti	21. archives
8. haché	22. tacher
9. cholestérol	23. chloroforme
10. gâcher	24. déchiffrer
11. écho	25. choléra
12. chapelle	26. chaos
13. Machiavel	27. tricher
14. catéchisme	28. orchestre

🎧 ***Exercice 5*** Transcrivez les vers suivants, tirés du «Lion et le chasseur» par Jean de La Fontaine, en faisant bien attention aux lettres *g* et *ch*. Ensuite, répétez les vers après le modèle enregistré.

> La vraie épreuve de courage
> N'est que dans le danger que l'on touche du doigt.
> Tel le cherchant, dit-il, qui, changeant de langage,
> S'en fuit aussitôt qu'il le voit.

Les liquides

	Dentale	Vélaire
Sourde		[r]
Sonore	[l]	[r]

Articulation

[l] = liquide, dental, sonore

[r] = liquide, vélaire, sourd ou sonore

En prononçant le [l] français, faites bien attention à mettre la pointe de la langue derrière les dents supérieures. Le point d'articulation pour la consonne anglaise est plus postérieur, presque palatal. Efforcez-vous aussi de bien détendre la consonne [l] à la fin du mot.

La consonne française [r] est sonore si elle est suivie d'un son sonore, comme dans les mots «riz» et «rue». Mais si elle est suivie d'un son sourd, elle est aussi sourde, comme dans l'expression «par terre». La variante sonore est de loin la plus commune. Comme nous l'avons déjà indiqué, la consonne [r] est aussi une fricative.

La prononciation de la consonne française [r] est complètement différente de celle de son équivalent en anglais. Le [r] de l'anglais standard est une consonne rétroflexe, pour laquelle la pointe de la langue recule vers le palais mou. Le [r] français est une consonne vélaire: le dos de la langue se rapproche du palais mou et la pointe de la langue est fermement maintenue derrière les dents inférieures. De plus, dans la production de la consonne anglaise les lèvres sont toujours arrondies. En français, par contre, la position des lèvres dépend du son qui suit. Dans le mot «riz», les lèvres sont écartées pour la consonne [r], en anticipation de la voyelle écartée [i]. De la même manière, dans le mot «rue», les lèvres s'arrondissent déjà pour la consonne [r], en anticipation de la voyelle arrondie [y] qui suit. Comparez l'articulation de la consonne [r] française et du [r] anglais à la Figure 7.1.

Quand vous prononcez la consonne française [r], mettez la pointe de la langue derrière les dents inférieures et soulevez le dos de la langue

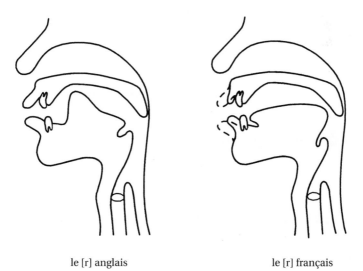

le [r] anglais   le [r] français

Figure 7.1
Le [r] anglais et le [r] français.

vers le palais mou pour produire une friction légère. Pour arriver à ce son, prononcez d'abord la consonne [g] dont le point d'articulation est un peu plus antérieur que celui de [r]. Prononcez [ga], puis ajoutez un peu de friction: [gar]. Maintenant essayez le mot «garage» [ga raʒ]. Une autre expérience à effectuer, c'est de prononcer «gond» [gɔ̃], ensuite «gronde» [grɔ̃d] et finalement «rond» [rɔ̃].

Variation dialectale

Dans le français méridional et dans quelques parlers ruraux d'autres régions de la France ainsi qu'à Montréal et d'autres régions du Canada, le *r* est roulé, prononcé avec la pointe de la langue contre les dents supérieures. (Dans la région québécoise, on entend le [r] vélaire du français standard.)

Orthographe

Le son [l] correspond aux lettres *l* et *ll:*

    lent [lɑ̃]   *appelle* [a pɛl]

CAS PARTICULIERS:

- La lettre *l* n'est pas prononcée après *au* ni dans les mots *fils* et *pouls:*

    Renault [rə no]   *Gaultier* [go tje]
    fils [fis]   *pouls* [pu]

- La lettre *l* se prononce quelquefois [j]: voir Chapitre 6 pour les combinaisons *il* et *ill:*

    ail [aj]   *veille* [vɛj]

Le son [r] correspond aux lettres *r, rr* et *rh:*

    rare [rar]   *terre* [tɛr]   *rhume* [rym]

Exercices d'application

Exercices oraux

Exercice 1 Répétez les phrases suivantes en faisant bien attention à la consonne [l].

    1. Le joli livre! Lili l'a lu.
    2. La cavale de Laval avala l'eau du lac et l'eau du lac lava la cavale de Laval.

Exercice 2 Répétez les mots suivants, qui contiennent la consonne [r].

car	nord	pour
bar	sort	jour
tire	bord	autour
lire	lors	retour
dire	mort	sœur
chère	alors	leur
frère	Andorre	beurre
père	passeport	meurt
mère	tour	pleure
sert	four	docteur
vers	sourd	acteur
corps	cours	chanteur
dort	amour	lecteur
dure	jure	culture
sure	lecture	allure
mur	créature	mesure
pure	voiture	

par avion	leur héros	leur enfant
par erreur	leur ami	une peur animée
leur idée	leur action	une fleur élégante
leur amitié	leur idole	un amour ardent
leur ours	leur importance	un père aimable

prend	craindre	groupe
près	croiser	gros
prison	brut	grenouille
prudent	brin	grimace
train	brasserie	franc
trop	braver	frais
tribu	droit	frotter
truite	drogue	fraternité
cri	draguer	vrai
crème	dresser	vraiment

le rhume	entouré	guérir
la route	irrité	haranguer
héros	attirer	harasser
héroïne	Touraine	iris
enrhumé	errer	irruption

tourner	orgueil	personne
tournure	ordure	permission
artifice	partir	perpétuer
artisan	partisan	nerveux
irlandais	pourboire	hardi
service	poursuivre	mardi
orné	pourtant	mercredi

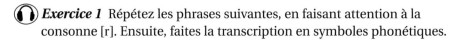

Exercice 3 Répétez les mots suivants, en faisant attention à anticiper l'arrondissement ou l'écartement des lèvres pour la voyelle qui suit la consonne [r].

race	rentrer	rouge
radio	renverse	roue
radius	rincer	roulette
rang	rondeur	routier
rayon	rien	rue
réagir	riche	ruelle
réception	rire	rumeur
réalité	rival	ruine
recette	robinet	russe
recherche	roc	rustique
recul	rôle	rude
regarder	roi	rusé

Exercices oraux et écrits

Exercice 1 Répétez les phrases suivantes, en faisant attention à la consonne [r]. Ensuite, faites la transcription en symboles phonétiques.

1. Faute de grives, on mange des merles. (proverbe)

2. La vérité peut se dire en riant. (proverbe)

3. Il faut avoir plusieurs cordes à son arc. (expression idiomatique)

4. Rat vit riz;
   Riz tenta rat.
   Rat tenté tâta riz.
   Riz tâté tua rat.

5. Nous cherchons notre bonheur hors de nous-même, et dans l'opinion des hommes, que nous connaissons flatteurs, peu sincères, sans équité, pleins d'envie, de caprices et de préventions: quelle bizarrerie! (La Bruyère)

🎧 *Exercice 2* Répétez les vers suivants, tirés du poème «La Nuit de décembre» par Alfred de Musset. Faites bien attention à la consonne [r]. Ensuite, faites la transcription en symboles phonétiques.

> Partout où j'ai voulu dormir,
> Partout où j'ai voulu mourir,
> Partout où j'ai touché la terre,
> Sur ma route est venu s'asseoir
> Un malheureux vêtu de noir,
> Qui me ressemblait comme un frère.

🎧 *Exercice 3* Répétez les vers suivants, tirés du poème «Obsession» par Charles Baudelaire. Faites bien attention à la consonne [r]. Ensuite, faites la transcription en symboles phonétiques.

> Je te hais, Océan! tes bonds et tes tumultes,
> Mon esprit les retrouve en lui; ce rire amer
> De l'homme vaincu, plein de sanglots et d'insultes,
> Je l'entends dans le rire énorme de la mer.

🎧 *Exercice 4* Répétez les deux premières strophes du poème «Artémis» par Gérard de Nerval. Faites bien attention à la consonne [r]. Ensuite, faites la transcription en symboles phonétiques.

> La Treizième revient... C'est encor la première;
> Et c'est toujours la seule, — ou c'est le seul moment;
> Car es-tu reine, ô toi! la première ou dernière?
> Es-tu roi, toi le seul ou le dernier amant?...
>
> Aimez qui vous aime du berceau dans la bière,
> Celle que j'aimai seule m'aime encor tendrement:
> C'est la mort — ou la morte... Ô délice! ô tourment!
> La rose qu'elle tient, c'est la Rose trémière.

🎧 *Exercice 5* Répétez le poème «Le Couvercle» par Charles Baudelaire en faisant bien attention à la consonne [r]. Ensuite, faites la transcription en symboles phonétiques.

> En quelque lieu qu'il aille, ou sur mer ou sur terre,
> Sous un climat de flamme ou sous un soleil blanc,
> Serviteur de Jésus, courtisan de Cythère,
> Mendiant ténébreux ou Crésus rutilant,

Citadin, campagnard, vagabond, sédentaire,
Que son petit cerveau soit actif ou soit lent,
Partout l'homme subit la terreur du mystère,
Et ne regarde en haut qu'avec un œil tremblant.

En haut, le Ciel! ce mur de caveau qui l'étouffe,
Plafond illuminé par un opéra bouffe
Où chaque histrion foule un sol ensanglanté;

Terreur du libertin, espoir du fol ermite:
Le Ciel! couvercle noir de la grande marmite
Où bout l'imperceptible et vaste Humanité.

Les nasales

	Bilabiale	Dentale	Palatale	Vélaire
Sonores	[m]	[n]	[ɲ]	[ŋ]

Articulation

[m] = nasal, bilabial, sonore

[n] = nasal, dental, sonore

[ɲ] = nasal, palatal, sonore

[ŋ] = nasal, vélaire, sonore

Le son [n] est dental en français (pas alvéolaire comme en anglais); faites donc bien attention à mettre la pointe de la langue derrière les dents supérieures en le prononçant. Les sons [m], [ɲ] et [ŋ] ne posent pas de problème pour l'étudiant anglophone puisque leur articulation est très proche de celle de leur équivalent en anglais. (Le son [ɲ] existe dans le mot *canyon*.)

Tendances à éviter

• Faites attention à détendre complètement les consonnes [m] et le [n] à la fin du mot; évitez de les «manger» comme on le fait en anglais:

anglais	*français*
bun	*bonne*
some	*somme*

• Évitez de prononcer [gn] pour les lettres *gn* en français:

anglais	*français*
magnetic [mægnetɪk]	*magnétique* [ma ɲe tik]

• Dans la combinaison *-ing*, évitez de prononcer la voyelle [I] de l'anglais *-ing*. La voyelle française doit être très fermée [i]:

anglais	*français*
jogging [dʒɑgIŋ]	*jogging* [ʒɔ giŋ]

Orthographe[7]

• Le son [m] correspond aux lettres *m* et *mm:*
  matte [mat]   *somme* [sɔm]

• Le son [n] correspond aux lettres *n* et *nn:*
  nappe [nap]   *panne* [pan]

• Le son [ɲ] correspond aux lettres *gn:*
  champagne [ʃɑ paɲ]   *enseignement* [ɑ̃ sɛ ɲə mɑ̃]

  EXCEPTION: Dans certains mots étrangers, *gn* se prononce [gn]. Par exemple:

stagnant [stag nɑ̃]	*diagnostique* [djag nɔ stik]
gnome [gnom]	*magnum* [mag nɔm]
agnostique [ag nɔ stik]	*prognostique* [prɔg nɔ stik]

• La combinaison de lettres *-ing* se prononce [iŋ], mais ne se trouve que dans des mots empruntés à l'anglais:
  le parking [lə par kiŋ]   *le jogging* [lə ʒɔ giŋ]

  EXCEPTION: Le mot *shampooing* se prononce [ʃɑ̃ pwɛ̃]

Exercices d'application

Exercice oral

🎧 *Exercice 1* Répétez les phrases suivantes en faisant bien attention aux consonnes nasales.

  1. Un cheval maure qui mord son mors ne mord plus son mors quand il est mort.
  2. La magnanimité méprise tout pour avoir tout.
     (La Rochefoucauld)

---

[7] Voir Chapitre 4 pour une discussion des cas où les lettres *m* et *n* sont muettes après une voyelle nasale.

Exercices écrits et oraux

🎧 **Exercice 1** Transcrivez les mots suivants à l'aide de symboles phonétiques en faisant bien attention à la prononciation des lettres *gn*. Ensuite, répétez les mots après le modèle enregistré.

1. agneau	11. gnome
2. agnostique	12. montagne
3. peigner	13. règne
4. espagnol	14. oignon
5. Espagne	15. enseigne
6. digne	16. ignition
7. ignoble	17. ligne
8. ignorer	18. signification
9. campagne	19. stagnant
10. soigne	20. magnifique

🎧 **Exercice 2** Transcrivez les expressions suivantes à l'aide de symboles phonétiques. Ensuite, répétez les mots après le modèle enregistré en faisant bien attention à la prononciation des lettres *-ing*.

1. le parking	7. le shampooing
2. le marketing	8. en smoking
3. le babysitting	9. le shopping
4. un meeting	10. le camping
5. le jogging	11. de grand standing
6. le footing	

La lettre h

La lettre *h* est toujours muette en français. Rappelez-vous que la combinaison *th* se prononce [t] et *rh* se prononce [r]:

thon [tɔ̃]	*rhum* [rɔm]
trahison [tra i zɔ̃]	*dehors* [də ɔr]

Normalement devant la lettre *h*, la liaison et l'élision se font, s'il y a lieu:

les‿hommes [le zɔm]	*des‿hôtels* [de zo tɛl]
l'homme [lɔm]	*l'hôtel* [lo tɛl]

Mais dans un certain nombre de mots d'origine germanique, la liaison et l'élision sont interdites devant le *h* initial. Bien que cet *h* ne diffère pas en prononciation du *h* normal (tous les *h* sont muets), on l'appelle **h aspiré** (le nom vient de l'époque où cette lettre était en fait aspirée, comme l'est toujours le *h* anglais). If faut mémoriser les mots commençant par un *h* aspiré (voir Chapitre 2 pour la liste de mots) et ne jamais faire la liaison ni l'élision devant ces mots.

les×*hiboux* [le i bu]   *le homard* [lə ɔ mar]

la hanche [la ɑ̃ʃ]

Consonnes finales

Consonnes finales muettes

La plupart des consonnes ne sont pas prononcées en fin de mot en français:

an [ɑ̃]   *pas* [pa]   *chaud* [ʃo]

tôt [to]   *long* [lɔ̃]   *trop* [tro]

Consonnes finales prononcées: *c, r, f, l*

Mais quand les lettres *c, r, f* et *l* se trouvent à la fin du mot, elles sont la plupart du temps prononcées (vous pouvez vous souvenir de ces consonnes en pensant au mot anglais **careful**, qui contient ces quatre consonnes):

chic [ʃik]   *dur* [dyr]   *positif* [po zi tif]   *miel* [mjɛl]

EXCEPTIONS: Les cas où on ne prononce pas *c, r, f* ou *l* à la fin du mot suivent.

r muet en fin de mot

• Les infinitifs en *-er: danser* [dɑ̃ se]   *parler* [par le]
• Les substantifs et adjectifs **de plus d'une syllabe:**

boucher [bu ʃe]   *berger* [bɛr ʒe]   *papier* [pa pje]

escalier [ɛ ska lje]   *premier* [prə mje]

EXCEPTIONS:

‣ Mots particuliers: *l'amour* [la mur]   *hiver* [i vɛr]   *amer* [a mɛr]

la cuiller (aussi *la cuillère*) [la kɥi jɛr]   *cancer* [kɑ̃ sɛr]   *enfer* [ɑ̃ fɛr]

✦ Mots empruntés à l'anglais: *gangster* [gãg stɛr]   *revolver* [rə vɔl vɛr]
✦ Mots terminés en -*eur: créateur* [kre a tœr]   *directeur* [di rɛk tœr]

CAS SPÉCIAL: N'oubliez pas que le *r* est muet dans *Monsieur* [mə sjø].

c *muet en fin de mot*

• Les mots qui se terminent par voyelle nasale + *c*:

banc [bã]	*franc* [frã]
tronc [trɔ̃]	*vainc* [vɛ̃]

• Mots particuliers:

estomac [ɛ stɔ ma]	*tabac* [ta ba]
caoutchouc [ka u tʃu]	*porc* [pɔr]
clerc [klɛr]	

f *muet en fin de mot*

Mots particuliers:

nerf [nɛr]	*cerf* [sɛr]
clef (*clé*) [kle]	*serf* [sɛr] ou [sɛrf]

CAS SPÉCIAL: dans les mots *œuf/œufs, bœuf/bœufs*, le *f* se prononce dans le singulier mais pas dans le pluriel:

un œuf [ɛ̃ nœf] / *des œufs* [de zø]
un bœuf [ɛ̃ bœf] / *des bœufs* [de bø]

l *muet en fin de mot*[8]

• Mots particuliers: *soûl/saoul* [su]   *cul* [ky]
• Mots de plus d'une syllabe terminés par une consonne + -*il*:

fusil [fy zi]	*gentil* [ʒã ti]	*outil* [u ti]
sourcil [sur si]	*coutil* [ku ti]	

COMPAREZ:

avril [a vril]	*Brésil* [bre zil]
nombril [nɔ̃ bri] ou [nɔ̃ bril]	*persil* [pɛr si] ou [pɛr sil]

---

[8] N'oubliez pas la prononciation [j] de la consonne finale *l* lorsqu'elle est précédée d'une voyelle plus *i* (voir Chapitre 6): *ail* [aj], *pareil* [pa rɛj], *œil* [œj].

Autres consonnes finales prononcées

Il existe aussi des cas où une consonne finale autre que *c*, *r*, *f* ou *l* est prononcée. Par exemple:

1. Les terminaisons *-ct* et *-pt* sont prononcées dans certains mots (il faut les mémoriser). En voici les principaux:

-kt, -pt *prononcés*		**-kt, -pt** *muets*
tact [takt]	*contact* [kɔ̃ takt]	*suspect* [sys pe]
impact [ɛ̃ pakt]	*abject* [ab ʒɛkt]	*aspect* [a spe]
direct [di rɛkt]	*indirect* [[ɛ̃ di rɛkt]	*distinct* [di stɛ̃]
infect [ɛ̃ fɛkt]	*district* [di strikt]	*respect* [re spe]
strict [strikt]	*script* [skript]	
abrupt [a brypt]	*concept* [kɔ̃ sɛpt]	

NOTE: Dans les mots suivants, deux prononciations sont possibles:

exact [ɛg za] ou [ɛg zakt]   *prompt* [prɔ̃] ou [prɔ̃pt]

2. Les mots empruntés aux langues étrangères gardent souvent la consonne finale:

tennis [te nis]	*vasistas* [va zi stas]
oasis [ɔ a zis]	*express* [ɛk sprɛs]
clown [klun]	(mais *exprès* = [ɛk spre])
Islam [i zlam]	*spleen* [splin]
rhum [rɔm]	*Amsterdam* [am stɛr dam]
stop [stɔp]	*handicap* [ɑ̃ di kap]
transit [trɑ̃ zit]	*deficit* [de fi sit]

3. Les mots savants, c'est-à-dire empruntés directement au latin, terminés en *-um*, *-us* et *-en* gardent la consonne finale:

album [al bɔm]	*terminus*	*amen* [a mɛn]
forum [fɔ rɔm]	[tɛr mi nys]	*abdomen* [ab dɔ mɛn]
vélum [ve lɔm]	*rébus* [re bys]	*spécimen* [spe si mɛn]
radius [ra djys]	*virus* [vi rys]	

4. Mots particuliers: voici une liste de mots communs dont la consonne finale est prononcée:

bis [bis]	*fils* [fis]	*sens* [sɑ̃s]
mars [mars]	*hélas* [e las]	*cassis* [ka sis]
ours [urs]	*maïs* [ma is]	*gratis* [gra tis]

jadis [ʒa dis]	*rhinocéros*	*ouest* [wɛst]
biceps [bi sɛps]	[ri nɔ se rɔs]	*sud* [syd]
forceps [fɔr sɛps]	*index* [ɛ̃ dɛks]	(mais *nord* [nɔr])
as [as]	*gaz* [gaz]	*brut* [bryt]
autobus [ɔ tɔ bys]	*net* [nɛt]	*bifteck* [bif tɛk]
Agnès [a ɲɛs]	*chut* [ʃyt]	*cap* [kap]
palmarès	*zut* [zyt]	*coq* [kɔk]
[pal ma rɛs]	*dot* [dɔt]	*un os* [ɛ̃ nɔs]
albatros [al ba tros]	*est* [ɛst]	(mais *les os* [le zo])

Cas particuliers: mots avec deux prononciations possibles

1. Mots particuliers

Les mots suivants peuvent se prononcer de deux façons:

août [u], [ut]   *le but* [lə by], [lə byt]

le fait [lə fe], [lə fɛt]   *les mœurs* [le mœr], [le mœrs]

2. Chiffres

Pour les chiffres *cinq, six, dix, sept* et *huit*:

+ on prononce la consonne finale dans le mot isolé:

    cinq [sɛ̃k]   *six* [sis]   *dix* [dis]   *sept* [sɛt]   *huit* [ɥit]

+ Devant une voyelle, il y a l'enchaînement pour *cinq, sept* et *huit* et la liaison pour *six* et *dix*:

    cinq amis [sɛ̃ ka mi]   *six‿amis* [si za mi]

    huit amis [ɥi ta mi]   *dix‿amis* [di za mi]

    sept amis [sɛ ta mi]

+ Devant une consonne prononcée, *sept* garde sa consonne finale, mais *cinq, six, dix* et *huit* la perdent:

    sept livres [sɛt livr]

    mais:

    cinq livres [sɛ̃ livr]   *six livres* [si livr]

    dix livres [di livr]   *huit livres* [ɥi livr]

3. Donc

+ Devant une consonne, *donc* se prononce [dɔ̃]: *Il était don̸ parti.*

+ En tête de proposition ou devant une voyelle, *donc* se prononce [dɔ̃k]:

    Don̲c, je ne l'ai pas vu. Il était don̲c arrivé.

4. **Tous**

   + Le pronom se prononce [tus]: *Ils sont tous ici. Je les vois tous.*
   + L'adjectif se prononce [tu]: *Tous les enfants sont partis.*

5. **Plus**

   Le -*s* du mot *plus* est toujours **muet** dans:

   + La négation: *Je ne parle plus avec lui. Moi non plus.*
   + Le comparatif ou le superlatif d'un adjectif, d'un adverbe ou d'un substantif devant une consonne[9]:

         Il est plus petit que moi. Plus vite! J'ai plus faim que lui.
         C'est le plus petit. C'est le plus rapide. Qui a le plus
         d'argent?

   Le -*s* du mot *plus* est toujours **prononcé** dans:

   + Le comparatif ou superlatif, fin d'énoncé:

         J'en veux plus. Je l'aime le plus.

   + L'addition: *Un plus un font deux.*
   + La liaison [z] est obligatoire devant une voyelle dans l'expression *plus + phrase, plus + phrase: Plus on lit, plus on apprend.* [ply zɔ̃…]

   Le -*s* du mot *plus* peut être **prononcé ou muet** dans:

   + Le comparatif ou le superlatif d'un verbe si *plus* n'est pas le dernier mot de la phrase (voir plus haut):

         Je travaille plu(s) que lui. [ʒə tra vaj ply kə lɥi] ou
         [ply skə lɥi]
         J'aime Paul plu(s) que Marc. [ʒɛm pɔl ply kə mark] ou
         [ply skə mark]

   + Dans le sens *davantage de*:

         Un peu plus d'eau [ɛ̃ pø ply do] ou [plys do]

   + Dans les expressions *de plus, en plus* et *au plus*:

         En plu(s), il a menti. [ɑ̃ plys] ou [ɑ̃ ply]
         Tout au plu(s) [tu to plys] ou [tu to ply]

Lectures supplémentaires (consonnes)

Voir bibliographie.

---

[9] Note: La liaison devant une voyelle est facultative ici: *plus‿élégant.* Voir Chapitre 2.

Exercices d'application

Exercice écrit

Écrivez les noms propres d'hommes qui correspondent aux symboles suivants. Faites attention à l'orthographe, surtout à la consonne muette à la fin de chaque nom.

1. [lwi]	5. [rɔ lɑ̃]	9. [bɛr nar]	13. [ʒak]
2. [frɑ̃ swa]	6. [rɔ bɛr]	10. [ʃarl]	14. [al bɛr]
3. [də ni]	7. [re mɔ̃]	11. [ʒɔrʒ]	15. [ni kɔ la]
4. [ʒil bɛr]	8. [ʒɑ̃]	12. [lɔ rɑ̃]	16. [tɔ ma]

Exercices écrits et oraux

Exercice 1 Transcrivez les mots suivants à l'aide de symboles phonétiques en faisant bien attention aux consonnes écrites finales. Ensuite, répétez les mots après le modèle enregistré.

1. bon	19. regard	37. froid
2. trop	20. parfois	38. tournesol
3. parc	21. assaut	39. fécond
4. vers	22. lent	40. Chantal
5. ciel	23. possesseur	41. bœuf
6. super	24. mars	42. talent
7. réduit	25. tirer	43. avis
8. trois	26. galop	44. aspect
9. recul	27. actif	45. fleur
10. vif	28. bac	46. script
11. banc	29. salon	47. hors
12. arc	30. central	48. italien
13. bar	31. fugitif	49. plat
14. canard	32. an	50. aller
15. clos	33. abord	51. finir
16. concret	34. sportif	52. beaucoup
17. mal	35. cinq	53. nord
18. dément	36. clair	54. point

55. leur	73. direct	91. filet
56. français	74. porc	92. étroit
57. bœufs	75. maïs	93. paix
58. choisir	76. deux	94. adjectif
59. décent	77. suspect	95. prompt
60. gens	78. quart	96. vingt
61. provençal	79. mois	97. concept
62. état	80. chic	98. chanter
63. pommier	81. star	99. infect
64. parfum	82. arranger	100. Cadillac
65. Charles	83. œuf	101. respect
66. habituel	84. parisien	102. nombril
67. ascenseur	85. calcul	103. chef
68. sud	86. dès	104. avril
69. naturel	87. amour	105. tact
70. bois	88. gros	106. index
71. Chambord	89. truc	107. melon
72. répressif	90. flanc	108. délicat

🎧 ***Exercice 2*** Transcrivez les phrases suivantes à l'aide de symboles phonétiques en faisant bien attention aux consonnes écrites finales. Ensuite, répétez les phrases après le modèle enregistré.

1. Ne vendez pas la peau de l'ours avant de l'avoir tué. (proverbe)

2. Plus on est de fous, plus on rit. (proverbe)

3. Plus on pratique, mieux on sait. (proverbe)

4. Le fils de Chantal et de Charles ne viendra pas ce mois-ci, hélas.

5. Ce billet d'autobus est trop cher, à mon avis.

6. L'adjectif doit s'accorder avec le complément d'objet direct dans ce cas.

7. Tous les aspects du concept traditionnel ne sont pas clairs.

8. Je crois qu'il ajoute trop de sel à son porc; il a déjà mal à l'estomac.

9. Marc attend l'express venant de Paris. Il continue vers le sud.

10. Elle tient un chat blanc dans les bras.

11. Ils chantent sur la côte est du pays, près du lac, dans un parc national.

12. Ils sont arrivés en retard, après dix heures.

🎧 ***Exercice 3*** Transcrivez les vers suivants, tirés du poème «Las de l'amer repos» par Stéphane Mallarmé. Faites bien attention aux consonnes écrites finales. Ensuite, répétez les vers après le modèle enregistré.

> Las de l'amer repos où ma paresse offense
> Une gloire pour qui jadis j'ai fui l'enfance
> Adorable des bois de roses sous l'azur
> Naturel, et plus las sept fois du pacte dur
> De creuser par veillée une fosse nouvelle
> Dans le terrain avare et froid de ma cervelle,
> Fossoyeur sans pitié pour la stérilité,
> — Que dire à cette Aurore, ô Rêves, visité
> Par les roses, quand, peur de ses roses livides,
> Le vaste cimetière unira les trous vides? —

🎧 ***Exercice 4*** Transcrivez le passage suivant, tiré de *Histoire d'un Bon Bramin* par Voltaire, en faisant bien attention aux consonnes écrites finales. Ensuite, répétez le passage après le modèle enregistré.

> Je rencontrai dans mes voyages un vieux bramin, homme
> fort sage, plein d'esprit, et très savant; de plus, il était riche, et
> partant, il en était plus sage encore; car, ne manquant de rien,
> il n'avait besoin de tromper personne. Sa famille était très bien
> gouvernée par trois belles femmes qui s'étudiaient à lui plaire;
> et, quand il ne s'amusait pas avec ses femmes, il s'occupait à
> philosopher.

Exercices de révision (Consonnes)

Exercice écrit

Écrivez les phrases qui correspondent aux symboles phonétiques suivants.

1. [i lja ply də fu kə də saʒ], [e dɑ̃ lə saʒ mɛm],
   [i lja ply də fɔ li kə də sa ʒɛs]. (Chamfort)
2. [lə ply riʃ de zɔm], [se[10] le kɔ nɔm]. [lə ply povr], [se[10] la var].
   (Chamfort)

---

[10] [e] peut se prononcer [ɛ] dans ce verbe

Exercice écrit et oral

Transcrivez à l'aide de symboles phonétiques le passage suivant, tiré des *Gommes* par Alain Robbe-Grillet. Ensuite, répétez le passage après le modèle enregistré.

Dans la pénombre de la salle de café le patron dispose les tables et les chaises, les cendriers, les siphons d'eau gazeuse; il est six heures du matin.

Il n'a pas besoin de voir clair, il ne sait même pas ce qu'il fait. Il dort encore. De très anciennes lois règlent le détail de ses gestes, sauvés pour une fois du flottement des intentions humaines; chaque seconde marque un pur mouvement: un pas de côté, la chaise à trente centimètres, trois coups de torchon, demi-tour à droite, deux pas en avant, chaque seconde marque, parfaite, égale, sans bavure. Trente et un. Trente-deux. Trente-trois. Trente-quatre. Trente-cinq. Trente-six. Trente-sept. Chaque seconde à sa place exacte.

Appendice A

La notation phonétique (de l'alphabet phonétique international)

Le français

voyelles	consonnes	semi-voyelles
[i] *ici*	[p] *p*apier	[j] *y*eux
[e] bé*bé*	[b] *b*é*b*é	[ɥ] l*u*i
[ɛ] b*e*lle	[t] *t*en*t*a*t*ive	[w] lo*u*é
[a] p*a*p*a*	[d] *D*or*d*ogne	
[ɑ] p*â*te	[k] *c*o*qu*ille	
[y] t*u*	[g] *g*orille	
[ø] p*eu*	[f] *f*ace	
[œ] p*eu*r	[v] *v*i*v*e	
[u] t*ou*t	[s] *s*alle	
[o] tr*o*p	[z] *z*odiaque	
[ɔ] d*o*nne	[ʃ] *ch*i*ch*e	
[ə] l*e*	[ʒ] *g*itan	
[ɛ̃] v*in*	[l] *l*es	
[ɑ̃] d*an*s	[r] *r*a*r*e	
[ɔ̃] b*on*	[m] *m*ar*m*ite	
[œ̃] *un*	[n] *n*on*n*e	
	[ɲ] vi*gn*e	
	[ŋ] parki*ng*	

243

D'autres sons prononcés en anglais (américain standard) et employés dans ce livre

voyelles

[ɒ] hot

[ʌ] cup

[æ] cat

[I] bit

[ō] on

[ʌ̄] -un

[æ̃] and

[Ĩ] sing

diphtongues

[uʷ] two

[iʲ] sea

[eʲ] say

[oʷ] sow

Appendice B

Exercices supplémentaires de transcription

I. Proverbes et expressions de tous les jours

Écrivez les phrases qui correspondent aux symboles phonétiques.

1. [ɔ̃ nə pø tu ta vwar]
2. [il nə fo ʒa me[1] rə me tro lɑ̃ də mɛ̃ skə lɔ̃ pø fɛr lə mɛm ʒur]
3. [dø za vi val mjø kɛ̃[2]]
4. [la bi nə fe[3] pa lə mwan]
5. [nə re ve je pa lə ʃa ki dɔr]
6. [il fo də tu pur fɛ rɛ̃[4] mɔ̃d]
7. [tə ne bɔ̃]
8. [mjø vo tar kə ʒa me[1]]
9. [mjø vo ɛ̃[5] pə ti kɛl kə ʃoz kə rjɛ̃ dy tu]
10. [se[6] ta prɑ̃ drə u a lɛ se]
11. [tu ʃɔ̃ dy bwa]
12. [a rɛt dɑ̃ fɛ ryn mɔ̃ taɲ]
13. [vu zɛt tɔ̃ be ʒyst]
14. [sə la mə dɔ na re fle ʃir]
15. [il la mə ne ɑ̃ ba to]
16. [se[6] vjø kɔm lə mɔ̃d]
17. [rə mɛ trə sə la a ɛ̃[5] no trə ʒur]
18. [a vwar ply zjœr kɔr da sɔ̃ nark]
19. [na ʒe ɑ̃ trə dø zo]
20. [sə vɑ̃ drə kɔm de pə ti pɛ̃]
21. [sə pɔr te a mɛr vɛj]

---

[1] ou [ʒa mɛ]
[2] ou [kœ̃]
[3] ou [fɛ]
[4] ou [rœ̃]
[5] ou [œ̃]
[6] ou [sɛ]

II. Sentences et maximes

En faisant la transcription des phrases et des passages suivants, faites attention à la ponctuation donnée.

A. La Bruyère

1. [lɔ̃ nə pø ta le lwɛ̃ dɑ̃ la mi tje], [si lɔ̃ ne[1] pa di spo ze a sə par dɔ ne le zɛ̃[2] o zotr le pə ti de fo]. (La Bruyère)

2. [i le[2] di fi sil də kɔ̃ prɑ̃ drə kɔ̃ bjɛ̃ e[2] grɑ̃d la rə sɑ̃ blɑ̃s e la di fe rɑ̃s kil ja ɑ̃ trə tu le zɔm]. (La Rochefoucauld)

3. [ski lja də sɛr tɛ̃ dɑ̃ la mɔr ɛ tɛ̃[2] pø a du si par ski ɛ tɛ̃ sɛr tɛ̃]: [sɛ tɛ̃[2] nɛ̃ de fi ni dɑ̃ lə tɑ̃ ki tjɛ̃ kɛl kə ʃoz də lɛ̃ fi ni e də skɔ̃ na pɛ le tɛr ni te].

---

[1] [e] dans ce verbe peut se prononcer [ɛ]
[2] [ɛ̃] dans ce mot peut se prononcer [œ̃]

B. Chamfort, *Maximes et Pensées*

1. [kɑ̃ ʒe te[1] ʒœn],

2. [ɛ jɑ̃ le bə zwɛ̃ de pa sjɔ̃ e a ti re pa rɛl dɑ̃ lə mɔ̃d],

3. [fɔr se də ʃɛr ʃe dɑ̃ la sɔ sje te e dɑ̃ le plɛ zir kɛl kə di strak sjɔ̃ a de pɛn krɥɛl],

4. [ɔ̃ mə prɛ ʃe[1] la mur də la rə trɛt], [dy tra vaj],

5. [e ɔ̃ ma sɔ me[1] də sɛr mɔ̃ pe dɑ̃ tɛsk syr sə sy ʒe[2]].

6. [a ri ve a ka rɑ̃ tɑ̃],

7. [ɛ jɑ̃ pɛr dy le pa sjɔ̃ ki rɑ̃d la sɔ sje te sy pɔr tabl],

8. [nɑ̃ vwa jɑ̃ ply kə la mi zɛ re la fy ti li te],

9. [nɛ jɑ̃ ply bə zwɛ̃ dy mɔ̃d pu re ʃa pe a de pɛn ki nɛg zi ste[1] ply],

10. [lə gu də la rə trɛ te te dy tra va je[2] də və ny vif ʃe mwa],

11. [e a rɑ̃ pla se tu lə rɛst].

12. [ʒe sɛ se da le dɑ̃ lə mɔ̃d].

13. [a lɔr], [ɔ̃ na sɛ se də mə tur mɑ̃ te pur kə ʒi rə vɛ̃s[3]].

14. [ʒe e te a ky ze dɛ trə mi zɑ̃ trɔp], [ɛt se te ra].

15. [kə kɔ̃ klyr də sɛt bi zar di fe rɑ̃s]?

16. [lə bə zwɛ̃ kə le zɔ mɔ̃ də tu bla me].

---

[1] [e] dans cette terminaison verbale (imparfait) peut se prononcer [ɛ]
[2] [e] peut se prononcer [ɛ] dans ce mot
[3] forme verbale à l'imparfait du subjonctif

C. La Rochefoucauld, *De l'Amour et de la Vie*

1. [la mu re[1] ty ni maʒ də nɔ trə vi]:

2. [lɛ̃[2] e lotr sɔ̃ sy ʒe[3] o mɛm re vɔ ly sjɔ̃ e o mɛm ʃɑ̃ʒ mɑ̃].

3. [lœr ʒœ nɛ se[1] plɛn də ʒwa e dɛ spe rɑ̃s]:

4. [ɔ̃ sə tru vø rø dɛ trə ʒœn],

5. [kɔ mɔ̃ sə tru vø rø de me].

6. [sɛ te ta si a gre abl nu kɔ̃ dɥi a de zi re do trə bjɛ̃],

7. [e ɔ̃ nɑ̃ vø də ply sɔ lid];

8. [ɔ̃ nə sə kɔ̃ tɑ̃t pa də syb zi ste],

9. [ɔ̃ vø fɛr de prɔ gre[3]],

10. [ɔ̃ ne[1] tɔ ky pe de mwa jɛ̃ də sa vɑ̃ se e da sy re sa fɔr tyn];

11. [ɔ̃ ʃɛrʃ la prɔ tɛk sjɔ̃ de mi nistr],

12. [ɔ̃ sə rɑ̃ y ti la lœ rɛ̃ te re[3]];

13. [ɔ̃ nə pø su frir kə kɛl kɛ̃[2] pre tɑ̃d sə kə nu pre tɑ̃ dɔ̃].

14. [sɛ te my la sjɔ̃ e[1] tra vɛr se də mil swɛ̃ e də mil pɛn],

15. [ki se fas par lə plɛ zir də sə vwa re ta bli]:

16. [tut le pa sjɔ̃ sɔ̃ ta lɔr sa tis fɛt],

17. [e ɔ̃ nə pre vwa pa kɔ̃ pɥis sɛ se dɛ trø rø].

---

[1] [e] peut se prononcer [ɛ] dans ce verbe
[2] [ɛ̃] peut se prononcer [œ̃] dans ce mot
[3] [e] peut se prononcer [ɛ] dans ce mot

D. Chamfort, *Maximes Générales*

1. [si le ve ri te krɥɛl], [le fa ʃøz de ku vɛrt],

2. [le sə kre[1] də la sɔ sje te],

3. [ki kɔ̃ poz la sjɑ̃s dɛ̃[2] nɔm dy mɔ̃d par və ny a laʒ də ka rɑ̃ tɑ̃],

4. [a ve[1] te te kɔ ny də sə mɛ mɔm],

5. [a laʒ də vɛ̃],

6. [u il fy tɔ̃ be dɑ̃ lə de zɛ spwar],

7. [u il sə sə re[1] kɔ rɔ̃ py],

8. [par lɥi mɛm], [par prɔ ʒe[1]];

9. [e sə pɑ̃ dɑ̃ ɔ̃ vwa ɛ̃[2] pə ti nɔ̃ brə dɔm saʒ],

10. [par və ny a sɛ taʒ la],

11. [ɛ̃ strɥi də tut se ʃoz e tre[1] ze klɛ re],

12. [nɛ trə ni kɔ rɔ̃ py], [ni ma lø rø].

13. [la pry dɑ̃s di riʒ lœr vɛr ty]

14. [a tra vɛr la kɔ ryp sjɔ̃ py blik];

15. [e la fɔrs də lœr ka rak tɛr],

16. [ʒwɛ̃ to ly mjɛr dɛ̃² nɛ spri e tɑ̃ dy],

17. [le ze lɛ vo də sy dy ʃa grɛ̃ kɛ̃ spir la pɛr vɛr si te de zɔm].

---

[1] [e] peut se prononcer [ɛ] dans ce mot
[2] [ɛ̃] peut se prononcer [œ̃] dans ce mot

III. Textes littéraires

En faisant la transcription des passages suivants, faites attention à la ponctuation donnée.

A. Guy de Maupassant, «Le Diable», *Contes et Nouvelles*

1. [lə pe i zɑ̃ rɛ ste¹ də bu ɑ̃ fas dy mɛt sɛ̃], *le paysan reste debout en-faso*

2. [də vɑ̃ lə li də la mu rɑ̃t]. *devant le lit de la mourante*

3. [la vjɛj], [kalm], [re zi ɲe], [ly sid], *la vieille, calm, résigné plucid-e*

4. [rə gar de¹ le dø zɔm e le ze ku te¹ ko ze]. *regardait les deux hommes et causer*

5. [ɛ la le¹ mu rir]; *et la lle mourir*

6. [ɛl nə sə re vɔl te¹ pa], *elle se revolait pas*

7. [sɔ̃ tɑ̃ e te¹ fi ni], *son temps était fini*

8. [ɛ la ve¹ ka trə vɛ̃ du zɑ̃]. *elle avé quatre vi ni douzent ans*

---

[1] [e] dans ces terminaisons verbales (imparfait) peut se prononcer aussi [ɛ]

B. Marivaux, *La Vie de Marianne*

1. [ma dam də mi rɑ̃¹ a ve² ply də vɛr ty mɔ ral kə də kre tjɛn],

2. [rɛ spɛk te² ply le zɛg zɛr sis də sa rə li ʒjɔ̃ kɛl ni sa tis fə ze²],

3. [ɔ nɔ re² fɔr le vre³ de vo sɑ̃ sɔ̃ ʒe a də və nir de vɔt],

4. [ɛ me² plys djø kɛl nə lə kre ɲe²],

5. [e kɔ̃ sə ve² sa ʒys tis e sa bɔ̃ te ɛ̃⁴ pø a sa ma njɛr],

6. [e lə tu a vɛk ply də sɛ̃ pli si te kə də fi lɔ zɔ fi].

madame de Miran avait plus de verres tu moral que de cretien respecter plus les exercise de sa religia quelle ni sa tisfase, on aurais fort levrait de vos ansens j'ai à devenir de vot

7. [se te² sɔ̃ kœr],

8. [e nɔ̃ pa sɔ̃ nɛ spri ki fi lɔ zɔ fe² la də sy].

---

[1] Nom propre: de Miran
[2] [e] dans ces terminaisons verbales (imparfait) peut se prononcer aussi [ɛ]
[3] [vre] peut se prononcer aussi [vrɛ]
[4] [ɛ̃] peut se prononcer aussi [œ̃]

C. Marivaux, *La Vie de Marianne*

1. [la sœr dy ky re ma ve¹ di kɛl krɛ ɲe¹ də mu rir dɑ̃ la prə mjɛr fɛ blɛs ki lɥi prɑ̃ dre¹],

2. [e ɛl prɔ fe ti ze¹].

3. [ʒə nə vu ly² pwɛ̃ mə ku ʃe sɛt nɥi la];

4. [ʒə la ve je²].

5. [ɛl rə po za² a se trɑ̃ kil mɑ̃ ʒy ska dø zœ ra pre³ mi nɥi];

6. [me⁴ a lɔr ʒə lɑ̃ tɑ̃ di² sə plɛ̃dr];

7. [ʒə ku ry² a ɛl],

8. [ʒə lɥi par le²],

9. [ɛl ne te¹ ply zɑ̃ ne ta də mə re pɔ̃dr].

10. [ɛl nə fi² kə mə sɛ re la mɛ̃ tre⁵ le ʒɛr mɑ̃],

11. [e ɛ la ve¹ lə vi zaʒ dyn pɛr sɔ nɛk spi rɑ̃t].

---

[1] [e] dans ces terminaisons verbales (imp. / cond.) peut se prononcer [ɛ]
[2] verbe au passé simple
[3] [pre] dans ce mot peut se prononcer [prɛ]
[4] [me] peut se prononcer [mɛ]
[5] [tre] peut se prononcer [trɛ]

D. Guy de Maupassant, «L'Ami Joseph», *Contes et Nouvelles*

1. [ɔ̃ se te¹ kɔ ny ɛ̃ tim mɑ̃ pɑ̃ dɑ̃ tu li vɛ ra pa ri].

2. [a pre² zɛ trə pɛr dy də vy],

3. [kɔm tu ʒur], [a la sɔr ti dy kɔ lɛʒ],

4. [le dø za mi se te¹ rə tru ve], [ɛ̃³ swar],

5. [dɑ̃ lə mɔ̃d], [de ʒa vjø e blɑ̃ ʃi],

6. [lɛ̃³ gar sɔ̃], [lo trə ma rje].

---

[1] [e] dans cette terminaison verbale (imparfait) peut se prononcer [ɛ]
[2] [a pre] peut se prononcer [a prɛ]
[3] [ɛ̃] peut se prononcer aussi [œ̃]

E. Guy de Maupassant, «Le Diable»,
   Contes et Nouvelles

   1. [par la fə nɛ tre la pɔr tu vɛrt],

   2. [lə sɔ lɛj də ʒɥi je[1] ɑ̃ tre[2] a flo],

   3. [ʒə te[2] sa flam ʃod syr lə sɔl də tɛr bryn],

   4. [ɔ̃ dy lø e ba ty par le sa bo də ka trə ʒe ne ra sjɔ̃ də rystr].

   5. [le zɔ dœr de ʃɑ̃ və ne[2] o si],

   6. [pu se par la briz kɥi zɑ̃t],

   7. [ɔ dœr de zɛrb], [de ble], [de fœj], [bry le su la ʃa lœr də mi di].

   8. [le sot rɛl se go zi je[2]],

   9. [ɑ̃ pli se[2] la kɑ̃ paɲ dɛ̃[3] kre pit mɑ̃ klɛr],

   10. [pa rɛ jo brɥi de kri ke də bwa kɔ̃ vɑ̃ o zɑ̃ fɑ̃ dɑ̃ le fwar].

---

[1] [ʒɥi je] peut se prononcer aussi [ʒɥi jɛ]
[2] [e] dans cette terminaison verbale (imparfait) peut se prononcer [ɛ]
[3] [ɛ̃] peut se prononcer aussi [œ̃]

F. Marcel Proust, «À la Recherche du temps perdu»,
   Du Côté de chez Swann

   1. [a kɔ̃ bre[1]],

   2. [tu le ʒur de[2] la fɛ̃ də la pre[3] mi di],

   3. [lɔ̃ tɑ̃ a vɑ̃ lə mɔ mɑ̃ u il fo dre[4] mə mɛ tro li e rɛ ste],

   4. [sɑ̃ dɔr mir],

   5. [lwɛ̃ də ma mɛ re də ma grɑ̃ mɛr],

   6. [ma ʃɑ̃ bra ku ʃe rə də və ne[4] lə pwɛ̃ fik se du lu rø də me pre ɔ
      ky pa sjɔ̃].

   7. [ɔ̃ na ve[4] bjɛ̃ nɛ̃ vɑ̃ te],

   8. [pur mə di strɛr le swa ru ɔ̃ mə tru ve[4] lɛr ma lø rø],

   9. [də mə dɔ ne yn lɑ̃ tɛrn ma ʒik dɔ̃],

   10. [ɑ̃ na tɑ̃ dɑ̃ lœr dy di ne],

   11. [ɔ̃ kwa fe[4] ma lɑ̃p].

---

[1] Nom de ville: Combray
[2] [de] peut se prononcer aussi [dɛ]
[3] [pre] peut se prononcer [prɛ]
[4] [e] dans ces terminaisons verbales (imp. / cond.) peut se prononcer aussi [ɛ]

G. Guy de Maupassant, «L'Ami Joseph»,
Contes et Nouvelles

1. [mə sjø də me rul[1] a bi te[2] si mwa pa ri],

2. [e si mwa sɔ̃ pə ti ʃa to də tur bə vil[3]].

3. [ɛ jɑ̃ e pu ze la fij dɛ̃[4] ʃat lɛ̃ de zɑ̃ vi rɔ̃],

4. [i la ve[2] ve ky dyn vi pɛ zi ble bɔn dɑ̃ lɛ̃ dɔ lɑ̃s dɛ̃[4] nɔm ki na rjɛ̃ na fɛr].

5. [də tɑ̃ pe ra mɑ̃ kalm e dɛ spri ra si],

6. [sɑ̃ zo das dɛ̃ tɛ li ʒɑ̃s],

7. [ni re vɔl tɛ̃ de pɑ̃ dɑ̃t],

8. [il pa se[2] sɔ̃ tɑ̃ a rə grɛ te dus mɑ̃ lə pa se],

9. [a de plɔ re le mœrs e le zɛ̃ sti ty sjɔ̃ do ʒur dɥi],

10. [e a re pe te a tu mɔ mɑ̃ a sa fam],

11. [ki sə lə ve[2] le zjø o sjɛl],

12. [e par fwa o si le mɛ̃ ɑ̃ siɲ da sɑ̃ ti mɑ̃ e nɛr ʒik]:

13. «[su kɛl gu ver nə mɑ̃ vi vɔ̃ nu], [mɔ̃ djø]»?

---

[1] Nom propre: de Méroul
[2] [e] dans cette terminaison verbale (imparfait) peut se prononcer aussi [ɛ]
[3] Nom propre: Tourbeville
[4] [ɛ̃] peut se prononcer aussi [œ̃]

H. Marivaux, *La Vie de Marianne*

1. [i lja de ʒɑ̃ dɔ̃ la va ni te sə mɛl də tu skil fɔ̃],

2. [mɛm də lœr lɛk tyr].

3. [dɔ ne lœr li stwar dy kœ ry mɛ̃ dɑ̃ le grɑ̃d kɔ̃ di sjɔ̃],

4. [sə də vjɛ̃ la pu rø ɛ̃[1] nɔb ʒe[2] ɛ̃ pɔr tɑ̃];

5. [me[3] nə lœr par le pa de ze ta me djɔkr],

6. [il nə vœl vwa ra ʒir kə de sɛ ɲœr],

7. [de prɛ̃s],

8. [de rwa],

9. [u dy mwɛ̃ de pɛr sɔn ki e[4] fe[5] yn grɑ̃d fi gyr].

10. [il nja kə sə la ki ɛg zist pur la nɔ blɛs də lœr gu].

11. [lɛ se la lə rɛst de zɔm]:

12. [kil viv],

13. [me[3] kil nɑ̃ swa pa kɛ stjɔ̃].

14. [il vu di re⁶ vɔ lɔ̃ tje kə la na ty rɔ re⁶ bjɛ̃ py sə pa se də le fɛr nɛtr],

15. [e kə le bur ʒwa la de zɔ nɔr].

---

¹ [ɛ̃] peut se prononcer aussi [œ̃]
² [ʒe] dans ce mot peut se prononcer aussi [ʒɛ]
³ [me] peut se prononcer aussi [mɛ]
⁴ [e] (subjonctif) peut se prononcer aussi [ɛ]
⁵ [fe] peut se prononcer aussi [fɛ]
⁶ [e] dans cette terminaison verbale (conditionnel) peut se prononcer aussi [ɛ]

I. Stéphane Mallarmé, *Plainte d'automne*

1. [də pɥi kə ma rja¹ ma ki te pu ra le dɑ̃ zy no tre twal] —

2. [la kɛl],

3. [ɔ rjɔ̃]², [al ta ir]², [e twa], [vɛr tə ve nys]?² —

4. [ʒe tu ʒur ʃe ri la sɔ li tyd].

5. [kə də lɔ̃g ʒur ne ʒe pa se sœ la vɛk mɔ̃ ʃa]!

6. [par sœl],

7. [ʒɑ̃ tɑ̃ sɑ̃ zɛ̃³ nɛ trə ma te rjɛl e mɔ̃ ʃa ɛ tɛ̃³ kɔ̃ pa ɲɔ̃ mi stik],

8. [ɛ̃³ nɛ spri].

9. [ʒə pɥi dɔ̃ dir kə ʒe pa se də lɔ̃g ʒur ne sœ la vɛk mɔ̃ ʃa],

10. [e], [sœl], [a ve kɛ̃³ de dɛr nje zo tœr də la de ka dɑ̃s la tin];

11. [kar də pɥi kə la blɑ̃ʃ kre a tyr ne⁴ ply],

12. [e trɑ̃ʒ mɑ̃ e sɛ̃ gy ljɛr mɑ̃ ʒe e me tu ski sə re zy me⁵ ɑ̃ sə mo]: [ʃyt].

13. [ɛ̃ si], [dɑ̃ la ne],

14. [ma sɛ zɔ̃ fa vɔ rit], [sə sɔ̃ le dɛr nje ʒu ra lɑ̃ gi də le te],

15. [ki pre sɛ di me djat mɑ̃ lo tɔn e],

16. [dɑ̃ la ʒur ne],

17. [lœ ru ʒə mə prɔ mɛ ne⁵ kɑ̃ lə sɔ lɛj sə rə poz a vɑ̃ də se va nwir],

18. [a vɛk de rɛ jɔ̃ də kɥi vrə ʒon syr le myr gri e də kɥi vrə ruʒ syr le ka ro].

---

¹ Nom propre
² Noms d'étoiles
³ [ɛ̃] peut se prononcer [œ̃] ici
⁴ [e] peut se prononcer [ɛ] ici
⁵ [e] dans cette terminaison verbale (imparfait) peut se prononcer [ɛ]

J. Albert Camus, *Les Muets*

1. [ɔ̃ ne te¹ o plɛ̃ də li vɛr e sə pɑ̃ dɑ̃ yn ʒur ne ra djøz sə lə ve¹ syr la vil de ʒa ak tiv].

2. [o bu də la ʒə te], [la mɛ re lə sjɛl sə kɔ̃ fɔ̃ de¹ dɑ̃ zɛ̃² mɛ me kla].

3. [i var³], [pur tɑ̃], [nə le vwa je¹ pa].

4. [il ru le¹ lur də mɑ̃ lə lɔ̃ de bul var ki dɔ min lə pɔr].

5. [syr la pe dal fiks də la bi si klɛt],

6. [sa ʒɑ̃ bɛ̃ firm rə po ze¹ i mɔ bil],

7. [tɑ̃ di kə lotr pɛ ne¹ pur vɛ̃ krə le pa ve ɑ̃ kɔr mu je də ly mi di te nɔk tyrn].

8. [sɑ̃ rə lə ve la tɛt],

9. [tu mə ny syr sa sɛl],

10. [i le vi te¹ le raj də lɑ̃ sjɛ̃ tram we],

11. [il sə rɑ̃ ʒe¹ dɛ̃² ku də gi dɔ̃ brysk pur lɛ se pa se le zɔ tɔ mɔ bil ki lə du ble¹ e],

12. [də tɑ̃ zɑ̃ tɑ̃],

13. [il rɑ̃ vwa je¹ dy kud], [syr se rɛ̃],

14. [la my ze tu fɛr nɑ̃d⁴ a ve¹ pla se sɔ̃ de ʒø ne].

15. [il pɑ̃ se¹ ta lɔ ra vɛ ka mɛr tym o kɔ̃ tə ny də la my zɛt].

16. [ɑ̃ trə le dø trɑ̃ʃ də gro pɛ̃],

17. [o ljø də lɔm lɛ ta lɛ spa ɲɔl ki lɛ me¹],

18. [u dy bif tɛk fri dɑ̃ lɥil],

19. [i la ve¹ sœl mɑ̃ dy frɔ maʒ].

---

¹ [e] dans cette terminaison verbale (imparfait) peut se prononcer [ɛ]
² [ɛ̃] peut se prononcer aussi [œ̃] ici
³ Nom propre: Yvars
⁴ Nom propre: Fernande

K. Marcel Proust, «À la Recherche du temps perdu», *Du Côté de chez Swann*

1. [ʒa pɥi je¹ tɑ̃ drə mɑ̃ me ʒu kɔ̃ trə le bɛl ʒu də lɔ re je ki],

2. [plɛ ne frɛʃ],

3. [sɔ̃ kɔm le ʒu də nɔ trɑ̃ fɑ̃s].

4. [ʒə frɔ te¹ y na ly mɛt pur rə gar de ma mɔ̃tr].

5. [bjɛ̃ to mi nɥi].

6. [se² lɛ̃ stɑ̃ u lə ma lad ki a e te ɔ bli ʒe də par ti rɑ̃ vwa jaʒ e a dy ku ʃe dɑ̃ zɛ̃³ no tɛ lɛ̃ kɔ ny],

7. [re ve je pa ryn kriz],

8. [sə re ʒwi ɑ̃ na pɛr sə vɑ̃ su la pɔr tyn re⁴ də ʒur].

9. [kɛl bɔ nœr],

10. [se² de ʒa lə ma tɛ̃]!

11. [dɑ̃ zɛ̃³ mɔ mɑ̃ le dɔ mɛ stik sə rɔ̃ lə ve],

12. [il pu ra sɔ ne],

13. [ɔ̃ vjɛ̃ dra lɥi pɔr te sə kur].

14. [lɛ spe rɑ̃s dɛ trə su la ʒe lɥi dɔn dy ku raʒ pur su frir].

15. [ʒy stə mɑ̃ i la kry ɑ̃ tɑ̃ drə de pa];

16. [le pa sə ra prɔʃ], [pɥi se lwaɲ].

17. [e la re⁴ də ʒur ki e te¹ su sa pɔr ta di spa ry].

18. [se² mi nɥi];

19. [ɔ̃ vjɛ̃ də tɛ̃ drə lə gaz];

20. [lə dɛr nje dɔ mɛ sti ke² par ti e il fo dra rɛ ste tut la nɥi a su frir sɑ̃ rə mɛd].

---

¹ [e] dans cette terminaison verbale (imparfait) peut se prononcer [ɛ]
² [e] peut se prononcer [ɛ] ici
³ [ɛ̃] peut se prononcer [œ̃] ici
⁴ [re] peut se prononcer [rɛ] ici

L. Marguerite Duras, *L'Amant*

1. [lɔr skə lœr dy de pa ra prɔ ʃe¹],

2. [lə ba to lɑ̃ se¹ trwa ku də si rɛn], [tre² lɔ̃],

3. [dyn fɔrs tɛ ribl],

4. [il sɑ̃ tɑ̃ de¹ dɑ̃ tut la vil e dy ko te dy pɔr lə sjɛl də və ne¹ nwar].

5. [le rə mɔr kœr sa prɔ ʃe¹ ta lɔr dy ba to e lə ti re¹ vɛr la tra ve sɑ̃ tral də la ri vjɛr].

6. [lɔr skə se te¹ fe³],

7. [le rə mɔr kœr lar ge¹ lœr za mar e rə və ne¹ vɛr lə pɔr].

8. [a lɔr lə ba to ɑ̃ kɔ ryn fwa di ze¹ a djø],

9. [il lɑ̃ se¹ də nu vo se my ʒis mɑ̃ tɛ ribl e si mi ste rjøz mɑ̃ trist ki fə ze¹ plø re le ʒɑ̃],

10. [nɔ̃ sœl mɑ̃ sø dy vwa jaʒ],

11. [sø ki sə se pa re[1] me[4] sø ki e te[1] la sã rɛ zɔ̃ pre siz],

12. [ki na ve[1] pɛr sɔ na ki pɑ̃ se].

13. [lə ba to], [ɑ̃ sɥit], [tre[2] lɑ̃t mɑ̃],

14. [a vɛk se prɔ prə fɔrs],

15. [sɑ̃ ga ʒe[1] dɑ̃ la ri vjɛr].

16. [lɔ̃ tɑ̃ ɔ̃ vwa je[1] sa fɔr mə o ta vɑ̃ se vɛr la mɛr].

17. [bo ku də ʒɑ̃ rɛ ste[1] la a lə rə gar de],

18. [a fɛr de siɲ də ply zɑ̃ ply ra lɑ̃ ti],

19. [də ply zɑ̃ ply de ku ra ʒe],

20. [a vɛk lœr ze ʃarp], [lœr mu ʃwar].

21. [e pɥi], [a la fɛ̃],

22. [la tɛ rɑ̃ pɔr te[1] la fɔrm dy ba to dɑ̃ sa kur byr].

23. [par tɑ̃ klɛr ɔ̃ lə vwa je[1] lɑ̃t mɑ̃ sɔ̃ bre].

---

[1] [e] dans cette terminaison verbale (imparfait) peut se prononcer [ɛ]
[2] [tre] peut se prononcer [trɛ]
[3] [fe] peut se prononcer [fɛ]
[4] [me] peut se prononcer [mɛ]

M. Georges Boucher de Boucherville, *La Tour de Trafalgar*

1. [pa rɛ̃[1] bo di mɑ̃ʃ], [a pre[2] la mɛs],

2. [le ɔ ka di[3] e sɔ̃ na mɑ̃ par ti rɑ̃[4] sɑ̃bl pu ra le sə prɔm ne a la mɔ̃ taɲ],

3. [e ʒwir dy fre[5]],

4. [su le zar bro fœ jaʒ tu fy].

5. [il ʃə mi ne[6] pɑ̃ sif].

6. [le ɔ ka di[3] sa pɥi je[6] lɑ̃ gi sa mɑ̃ syr lə bra də ʒo zɛf[7]]

7. ([se te[6] lə nɔ̃ də sə lɥi kɛ lɛ me[6]]);

8. [e tu le dø],

9. [le zjø za ta ʃe lɛ̃[1] syr lotr],

10. [il gar de[6] tɛ̃[1] si lɑ̃s prɔ fɔ̃],

11. [me[8] ki ɑ̃ di ze[6] plys kə le dis kur le ply pa sjɔ ne];

12. [tɑ̃ lə lɑ̃ gaʒ dy kœ ra dɛk sprɛ sjɔ̃ pur le dø zam pyr ki sɛ̃ pa ti ze sɑ̃ tɑ̃d].

13. [o]! [kɔm lə kœr də le ɔ ka di[3] ba te[6] ra pid su lə bra də ʒo zɛf[7] ki la su tə ne[6] a vɛk de lis], [a vɛk trɑ̃ spɔr].

14. [o]! [kɔ mi le te[6] tø rø ʒo zɛf[7]],

15. [kɑ̃ le ɔ ka di[3] lɥi di ze[6] ta vɛk sa ʃar mɑ̃ tɛk sprɛ sjɔ̃ də na iv te],

16. «[a], [si ty sa ve[6] kɔm ʒə tɛm]!»

17. [e sə pɑ̃ dɑ̃ le zœr fɥi je[6] nɔ̃ brøz],

18. [e il ne te[6] tɑ̃ kɔ ra ri ve ko pje də la mɔ̃ taɲ].

19. [il mə zy re[6] lœr pa syr lə plɛ zir e lə bɔ nœr də mar ʃe ɑ̃ sɑ̃bl].

20. [se[9] tɛ̃ si kil sə rɑ̃ dir[4] ʒy ska la pə tit tur];

21. [e kɑ̃ til zi a ri vɛr[4]],

22. [le ɔ ka di[3] e te[6] fa ti ge].

---

[1] [ɛ̃] peut se prononcer [œ̃] ici
[2] [a pre] peut se prononcer [a prɛ]
[3] Nom propre: Léocadie
[4] verbe au passé simple
[5] [fre] peut se prononcer [frɛ] ici
[6] [e] dans cette terminaison verbale (imparfait) peut se prononcer [ɛ]
[7] Nom propre
[8] [me] peut se prononcer aussi [mɛ]
[9] [se] peut se prononcer aussi [sɛ]

Appendice C

Exercices de prononciation

I. Une histoire

Prononcez les lettres suivantes. Elles racontent une histoire.

```
L   N   N   É   O   P   I
É   L   N   I   A   É   T   L   V
L   I   A   V   Q
L   I   A   M   É
L   I   A   É   T   M   É   É   A   I
L   I   A   É   T   H   T
L   I   A   V   G   T
L   I   A   R   I   T
L   I   É   D   C   D
```

II. Sentences et maximes

Lisez les phrases suivantes, en faisant bien attention à la prononciation.

A. Chamfort, *Maximes et Pensées*

1. La plus perdue de toutes les journées est celle où l'on n'a pas ri.

2. Il y a des sottises bien habillées, comme il y a des sots très bien vêtus.

3. Célébrité: l'avantage d'être connu de ceux qui ne vous connaissent pas.

4. Un homme amoureux est un homme qui veut être plus aimable qu'il ne peut; et voilà pourquoi tous les amoureux sont ridicules.

5. L'homme sans principes est aussi ordinairement un homme sans caractère, car s'il était né avec du caractère, il aurait senti le besoin de se créer des principes.

B. La Bruyère, *Les Caractères*

1. L'on est plus sociable et d'un meilleur commerce par le cœur que par l'esprit.

2. Il est souvent plus court et plus utile de cadrer aux autres que de faire que les autres s'ajustent à nous.

3. De tous les moyens de faire sa fortune, le plus court et le meilleur est de mettre les gens à voir clairement leurs intérêts à vous faire du bien.

4. C'est une grande misère que de n'avoir pas assez d'esprit pour bien parler, ni assez de jugement pour se taire. Voilà le principe de toute impertinence.

5. Il n'y a au monde que deux manières de s'élever, ou par sa propre industrie, ou par l'imbécilité des autres.

6. L'esclave n'a qu'un maître; l'ambitieux en a autant qu'il y a de gens utiles à sa fortune.

7. Un homme d'esprit, et qui est né fier, ne perd rien de sa fierté et de sa roideur pour se trouver pauvre; si quelque chose au contraire doit amollir son humeur, le rendre plus doux et plus sociable, c'est un peu de prospérité.

C. La Rochefoucauld, *Maximes*

1. Il est du véritable amour comme de l'apparition des esprits: tout le monde en parle, mais peu de gens en ont vu.

2. Il n'y a pas moins d'éloquence dans le ton de la voix que dans le choix de paroles.

3. Un homme d'esprit serait souvent bien embarrassé sans la compagnie des sots.

4. Nous oublions aisément nos fautes lorsqu'elles ne sont sues que de nous.

5. Qui vit sans folie n'est pas si sage qu'il croit.

6. La parfaite valeur est de faire sans témoins ce qu'on serait capable de faire devant tout le monde.

7. La passion fait souvent un fou du plus habile homme et rend souvent les plus sots habiles.

D. La Fontaine, *Fables*

1. Qu'un ami véritable est une douce chose.

2. Rien n'est si dangereux qu'un ignorant ami;
   Mieux vaudrait un sage ennemi.

3. Laissez dire les sots; le savoir a son prix.

4. Les gens sans bruit sont dangereux:
   Il n'en est pas ainsi des autres.

5. La jeunesse se flatte, et croit tout obtenir;
   La vieillesse est impitoyable.

6. Imprudence, babil, et sotte vanité
   Et vaine curiosité,
   Ont ensemble étroit parentage.
   Ce sont enfants d'un lignage.

7. Amusez les rois des songes,
   Flattez-les, payez-les d'agréables mensonges.
   Quelque indignation dont leur cœur soit rempli,
   Ils goberont l'appât, vous serez leur ami.

8. Petits princes, videz vos débats entre vous:
   De recourir aux rois vous seriez de grands fous.
   Il ne les faut jamais engager dans vos guerres,
   Ni les faire entrer sur vos terres.

III. Mots d'Heures: Gousses, Rames

Quelque chose pour vous amuser Si vous prononcez bien les vers suivants à haute voix vous entendrez des comptines en anglais. Faites bien attention à laisser tomber tous les «e muet» facultatifs.

A. Un petit d'un petit
   S'étonne aux Halles[1]
   Un petit d'un petit
   Ah! degrés te fallent
   Indolent qui ne sort cesse
   Indolent qui ne se mène
   Qu'importe un petit d'un petit
   Tout Gai de Reguennes.

B. Lit-elle messe, moffette
   Satan ne te fête
   Et digne somme cœurs et nouez.
   À longue qu'aime est-ce pailles d'Eure
   Et ne Satan bise ailleurs
   Et ne fredonne messe, Moffette, ah ouais!

---

[1] (pas de liaison)

C. Chacun Gille
Houer ne taupe de hile
Tôt fait, j'appelle au boiteur
Chaque fêle dans un broc, est-ce crosne[2]?
Un Gille qu'aime tant berline à fêtard.

D. Et qui rit des curés d'Oc?
De Meuse reine houp! de cloques.
De quelles loques ce turque coin
Et ne d'ânes ni rennes.
Écuries des curés d'Oc.

E. Reine, reine, gueux éveille
Gomme à gaine, en horreur, taie.

F. Tine, queue
T'es Laure
Salle de jeu
C'est l'or
Riz chemin
Pour mène
Bec à romaine
Dive.

G. «Pousse y gâte, pousse y gâte
Et Arabe, yeux bine?»
«A ben, tout l'on donne
Toluca de couenne.»
«Pousse y gâte, pousse y gâte
Oh, a dit Dieu d'hère?»
«Y fraternelle Lydie, Moïse,
Honneur de chair.»

---

[2] [kron]

Appendice D
Textes littéraires

Les textes suivants peuvent être transcrits en symboles phonétiques, appris par cœur, présentés en classe ou simplement lus à haute voix.

La prononciation du *e muet* dans la poésie: Dans la poésie, on prononce tous les *e muets* suivis d'une consonne prononcée dans le même vers. On ne prononce pas les *e muets* suivis d'une voyelle, ni ceux à la fin du vers. Étudiez les *e muets* dans l'exemple suivant:

> Homm**e**, libr**e**-penseur! t**e** crois-tu seul pensant
> Dans c**e** mond~~e~~ où la vi~~e~~ éclat~~e~~ en tout**e** chos~~e~~?
> Des forc**e**s qu**e** tu tiens ta liberté dispos~~e~~,
> Mais d**e** tous tes conseils l'univers est absent.

> Nerval, «Vers dorés»

I. Poésie

A. Charles Baudelaire, «L'Albatros»

> Souvent, pour s'amuser, les hommes d'équipage
> Prennent des albatros, vastes oiseaux des mers,
> Qui suivent, indolents compagnons de voyage,
> Le navire glissant sur les gouffres amers.
>
> À peine les ont-ils déposés sur les planches,
> Que ces rois de l'azur, maladroits et honteux,
> Laissent piteusement leurs grandes ailes blanches
> Comme des avirons traîner à côté d'eux.
>
> Ce voyageur ailé, comme il est gauche et veule!
> Lui, naguère si beau, qu'il est comique et laid!
> L'un agace son bec avec un brûle-gueule,
> L'autre mime, en boitant, l'infirme qui volait!
>
> Le Poète est semblable au prince des nuées
> Qui hante la tempête et se rit de l'archer;
> Exilé sur le sol au milieu des huées,
> Ses ailes de géant l'empêchent de marcher.

B. Charles Baudelaire, «Correspondances»

> La Nature est un temple où de vivants piliers
> Laissent parfois sortir de confuses paroles;
> L'homme y passe à travers des forêts de symboles
> Qui l'observent avec des regards familiers.
>
> Comme de longs échos qui de loin se confondent
> Dans une ténébreuse et profonde unité,
> Vaste comme la nuit et comme la clarté,
> Les parfums, les couleurs et les sons se répondent.
>
> Il est des parfums frais comme des chairs d'enfants,
> Doux comme les hautbois, verts comme les prairies,
> — Et d'autres, corrompus, riches et triomphants,
>
> Ayant l'expansion des choses infinies,
> Comme l'ambre, le musc, le benjoin et l'encens,
> Qui chantent les transports de l'esprit et des sens.

C. Charles Baudelaire, «L'Invitation au voyage»

> Mon enfant, ma sœur,
> Songe à la douceur
> D'aller là-bas vivre ensemble!
> Aimer à loisir,
> Aimer et mourir
> Au pays qui te ressemble!
> Les soleils mouillés
> De ces ciels brouillés
> Pour mon esprit ont les charmes
> Si mystérieux
> De tes traîtres yeux,
> Brillant à travers leurs larmes.
>
> Là, tout n'est qu'ordre et beauté,
> Luxe, calme et volupté.
>
> Des meubles luisants,
> Polis par les ans,
> Décoreraient notre chambre;
> Les plus rares fleurs
> Mêlant leurs odeurs
> Aux vagues senteurs de l'ambre,
> Les riches plafonds,
> Les miroirs profonds,

La splendeur orientale,
   Tout y parlerait
   À l'âme en secret
Sa douce langue natale.

Là, tout n'est qu'ordre et beauté,
Luxe, calme et volupté.

   Vois sur ces canaux
   Dormir ces vaisseaux
Dont l'humeur est vagabonde;
   C'est pour assouvir
   Ton moindre désir
Qu'ils viennent du bout du monde.
   Les soleils couchants
   Revêtent les champs,
Les canaux, la ville entière,
   D'hyacinthe et d'or;
   Le monde s'endort
Dans une chaude lumière.

Là, tout n'est qu'ordre et beauté,
Luxe, calme et volupté.

D. Charles Baudelaire, «La Vie antérieure»

J'ai longtemps habité sous de vastes portiques
Que les soleils marins teignaient de mille feux,
Et que leurs grands piliers, droits et majestueux,
Rendaient pareils, le soir, aux grottes basaltiques.

Les houles, en roulant les images des cieux,
Mêlaient d'une façon solennelle et mystique
Les tout-puissants accords de leur riche musique
Aux couleurs du couchant reflété par mes yeux.

C'est là que j'ai vécu dans les voluptés calmes,
Au milieu de l'azur, des vagues, des splendeurs
Et des esclaves nus, tout imprégnés d'odeurs,

Qui me rafraîchissaient le front avec des palmes,
Et dont l'unique soin était d'approfondir
Le secret douloureux qui me faisait languir.

E. Stéphane Mallarmé, «Soupirs»

Mon âme vers ton front où rêve, ô calme sœur
Un automne jonché de taches de rousseur,
Et vers le ciel errant de ton œil angélique
Monte, comme dans un jardin mélancolique,
Fidèle, un blanc jet d'eau soupire vers l'Azur!
— Vers l'Azur attendri d'Octobre pâle et pur
Qui mire aux grands bassins sa langueur infinie
Et laisse, sur l'eau morte où la fauve agonie
Des feuilles erre au vent et creuse un froid sillon,
Se traîner le soleil jaune d'un long rayon.

F. Molière, Extrait des *Femmes savantes,* III, 2

ARMANDE

Pour la langue, on verra dans peu nos règlements,
Et nous y prétendons faire des remuements.
Par une antipathie ou juste, ou naturelle,
Nous avons pris chacune une haine mortelle
Pour un nombre de mots, soit ou verbes ou noms,
Que mutuellement nous nous abandonnons;
Contre eux nous préparons de mortelles sentences,
Et nous devons ouvrir nos doctes conférences
Par les proscriptions de tous ces mots divers
Dont nous voulons purger et la prose et les vers.

PHILAMINTE

Mais le plus beau projet de notre académie,
Une entreprise noble, et dont je suis ravie,
Un dessein plein de gloire, et qui sera vanté
Chez tous les beaux esprits de la postérité,
C'est le retranchement de ces syllabes sales,
Qui dans les plus beaux mots produisent des scandales,
Ces jouets éternels des sots de tous les temps,
Ces fades lieux communs de nos méchants plaisants,
Ces sources d'un amas d'équivoques infâmes,
Dont on vient faire insulte à la pudeur de femmes.

G. Molière, Extrait des *Femmes savantes,* V, 3

MARTINE

Les savants ne sont bons que pour prêcher en chaise;
Et pour mon mari, moi, mille fois je l'ai dit,

Je ne voudrais jamais prendre un homme d'esprit.
L'esprit n'est point du tout ce qu'il faut en ménage,
Les livres cadrent mal avec le mariage;
Et je veux, si jamais on engage ma foi,
Un mari qui n'ait point d'autre livre que moi,
Qui ne sache A ne B, n'en déplaise à Madame,
Et ne soit en un mot docteur que pour sa femme.

H. Alfred de Musset, «Derniers Vers»

L'heure de ma mort, depuis dix-huit mois,
De tous les côtés sonne à mes oreilles.
Depuis dix-huit mois d'ennuis et de veilles,
Partout je la sens, partout je la vois.

Plus je me débats contre ma misère,
Plus s'éveille en moi l'instinct du malheur;
Et, dès que je veux faire un pas sur terre,
Je sens tout à coup s'arrêter mon cœur.

Ma force à lutter s'use et se prodigue.
Jusqu'à mon repos, tout est un combat,
Et, comme un coursier brisé de fatigue,
Mon courage éteint chancelle et s'abat.

I. George Rodenbach, «Du Silence»

Douceur du soir! Douceur de la chambre sans lampe!
Le crépuscule est doux comme la bonne mort
Et l'ombre lentement qui s'insinue et rampe
Se déroule en fumée au plafond. Tout s'endort.

Comme une bonne mort sourit le crépuscule
Et dans le miroir terne, en un geste d'adieu,
Il semble doucement que soi-même on recule,
Qu'on s'en aille plus pâle et qu'on y meure un peu.

Sur les tableaux pendus aux murs, dans la mémoire
Où sont les souvenirs en leurs cadres déteints,
Paysages de l'âme et paysages peints,
On croit sentir tomber comme une neige noire.

Douceur du soir! Douceur qui fait qu'on s'habitue
À la sourdine, aux sons de viole assoupis;
L'amant entend songer l'amante qui s'est tue
Et leurs yeux sont ensemble aux dessins du tapis.

Et langoureusement la clarté se retire;
Douceur! Ne plus se voir distincts. N'être plus qu'un!
Silence! deux senteurs en un même parfum:
Penser la même chose et ne pas se le dire.

II. Prose

A. Albert Camus, *La Mer au plus près*

Certaines nuits dont la douceur se prolonge, oui, cela aide à
mourir de savoir qu'elles reviendront après nous sur la terre et la
mer. Grande mer, toujours labourée, toujours vierge, ma religion
avec la nuit! Elle nous lave et nous rassasie dans ses sillons
stériles, elle nous libère et nous tient debout. À chaque vague,
une promesse, toujours la même. Que dit la vague? Si je devais
mourir, entouré de montagnes froides, ignoré du monde, renié
par les miens, à bout de forces enfin, la mer, au dernier moment,
emplirait ma cellule, viendrait me soutenir au-dessus de moi-
même et m'aider à mourir sans haine.

B. André Gide, *Journal 1889–1939*

La pauvre vieille femme qu'on appelle ici «Grand'mère» a 86 ans. Si
voûtée, ou du moins si pliée en deux (car elle a le dos droit) par les
constants travaux du jardinage, qu'elle ne peut plus se redresser, et
qu'elle marche le derrière plus haut que la tête, à petits pas, pesant
sur sa canne. Elle a toujours travaillé, toujours peiné. D'Hyères elle
est allée à Saint-Clair, d'où Mme Théo l'a amenée ici, par pitié, et
plutôt que de la laisser entrer à l'hospice. Ses mains sont complètement déformées par les rhumatismes; il paraît que ses pieds
sont pires. La nuit elle souffre tant qu'elle ne peut dormir. Du
matin au soir on la voit travailler dans le jardin, car elle craint
toujours d'être à charge, et veut gagner sa vie. Elle enlève les
mauvaises herbes — et les bonnes parfois avec, mais avec tant de
zèle qu'on ne lui fait pas de reproches. On lui dit: «Grand'mère,
reposez-vous. C'est dimanche». Mais quand elle ne travaille pas,
elle s'ennuie. Elle envie ceux qui savent lire. Elle reste, assise sur
le parapet du canal, les yeux à demi clos, à ruminer de vieux souvenirs. Je m'approche d'elle, car elle dit qu'elle s'ennuie et cela
lui fait plaisir de causer. Mais lorsqu'elle se plaint, dit qu'elle
voudrait mourir, que la vie n'est plus pour elle qu'une longue
souffrance et: «je ne veux pourtant pas me tuer...» et qu'elle
ajoute: «je voudrais bien» — je reste sans savoir quoi dire.

C. André Gide, *Journal 1939–1949, Souvenirs,*
Si le grain ne meurt

> Bernard Tissaudier était un gros garçon réjoui, franc, coloré, aux cheveux noirs taillés en brosse; plein de bon sens, aimant à causer, et vers qui me poussait une sympathie assez vive. Le soir, quittant M. Richard, chez qui nous n'étions l'un et l'autre que demi-pensionnaires, nous faisions volontiers un bout de route ensemble, en bavardant; un de nos thèmes favoris était l'éducation des enfants. Nous nous entendions à merveille pour reconnaître que les Richard élevaient déplorablement les leurs, et nous naviguions de conserve sur l'océan des théories — car en ce temps je ne savais pas encore à quel point le natif l'emporte sur l'acquis, et qu'à travers tous les apprêts, les empois, les repassages et les plis, la naturelle étoffe reparaît, qui se tient, d'après le tissu, raide ou floche. Je projetais alors d'écrire un traité sur l'éducation et en promettais à Bernard la dédicace.

D. Jean de La Bruyère, «De la Stupidité», *Les*
Caractères de Théophraste

> La stupidité est en nous une pesanteur d'esprit qui accompagne nos actions et nos discours. Un homme stupide, ayant lui-même calculé avec des jetons une certaine somme, demande à ceux qui le regardent faire à quoi elle se monte. S'il est obligé de paraître dans un jour prescrit devant ses juges pour se défendre dans un procès que l'on lui fait, il l'oublie entièrement et part pour la campagne. Il s'endort à un spectacle, et il ne se réveille que longtemps après qu'il est fini et que le peuple s'est retiré. Après s'être rempli de viandes le soir, il se lève la nuit pour une indigestion, va dans la rue se soulager, où il est mordu d'un chien du voisinage. Il cherche ce qu'on vient de lui donner, et qu'il a mis lui-même dans quelque endroit, où souvent il ne peut le retrouver. Lorsqu'on l'avertit de la mort de l'un de ses amis afin qu'il assiste à ses funérailles, il s'attriste, il pleure, il se désespère, et prenant une façon de parler pour une autre: «À la bonne heure», ajoute-t-il, ou une pareille sottise. Cette précaution qu'ont les personnes sages de ne pas donner sans témoins de l'argent à leurs créanciers, il l'a pour en recevoir de ses débiteurs. On le voit quereller son valet, dans le plus grand froid de l'hiver, pour ne lui avoir pas acheté des concombres. S'il s'avise un jour de faire exercer ses enfants à la lutte ou à la course, il ne leur permet pas de se retirer qu'ils ne soient tout en sueur et hors d'haleine. Il va

cueillir lui-même des lentilles, les fait cuire, et oubliant qu'il y a mis du sel, il les sale une seconde fois, de sorte que personne n'en peut goûter. Dans le temps d'une pluie incommode, et dont tout le monde se plaint, il lui échappera de dire que l'eau du ciel est une chose délicieuse; et si on lui demande par hasard combien il a vu emporter de morts par la porte Sacrée: «Autant, répond-il, pensant peut-être à de l'argent ou à des grains, que je voudrais que vous et moi en pussions avoir».

E. Marcel Proust, «À la Recherche du temps perdu»,
Du Côté de chez Swann

Longtemps, je me suis couché de bonne heure. Parfois, à peine ma bougie éteinte, mes yeux se fermaient si vite que je n'avais pas le temps de me dire: «Je m'endors». Et, une demi-heure après, la pensée qu'il était temps de chercher le sommeil m'éveillait; je voulais poser le volume que je croyais avoir encore dans les mains et souffler ma lumière; je n'avais pas cessé en dormant de faire des réflexions sur ce que je venais de lire, mais ces réflexions avaient pris un tour un peu particulier; il me semblait que j'étais moi-même ce dont parlait l'ouvrage: une église, un quatuor, la rivalité de François Ier et de Charles-Quint. Cette croyance survivait pendant quelques secondes à mon réveil; elle ne choquait pas ma raison, mais pesait comme des écailles sur mes yeux et les empêchait de se rendre compte que le bougeoir n'était plus allumé. Puis elle commençait à me devenir inintelligible, comme après la métempsycose les pensées d'une existence antérieure; le sujet du livre se détachait de moi, j'étais libre de m'y appliquer ou non; aussitôt je recouvrais la vue et j'étais bien étonné de trouver autour de moi une obscurité, douce et reposante pour mes yeux, mais peut-être plus encore pour mon esprit, à qui elle apparaissait comme une chose sans cause, incompréhensible, comme une chose vraiment obscure. Je me demandais quelle heure il pouvait être; j'entendais le sifflement des trains qui, plus ou moins éloigné, comme le chant d'un oiseau dans une forêt, relevant les distances, me décrivait l'étendue de la campagne déserte où le voyageur se hâte vers la station prochaine; et le petit chemin qu'il suit va être gravé dans son souvenir par l'excitation qu'il doit à des lieux nouveaux, à des actes inaccoutumés, à la causerie récente et aux adieux sous la lampe étrangère qui le suivent encore dans le silence de la nuit, à la douceur prochaine du retour.

Vocabulaire phonétique

accent affectif accent d'émotion, surajouté à l'accent tonique et placé au début du mot. Ex: C'est <u>fan</u>tastique!

accent didactique (ou «intellectuel») accent porté sur la première syllabe du groupe rythmique, trouvé dans le parler de gens qui ont l'habitude de s'adresser à un groupe d'auditeurs.

accent d'insistance accent surajouté à l'accent tonique, placé au début du mot, et qui a comme fonction, a) l'opposition (pas <u>ce</u> soir, mais <u>de</u>main soir!) b) l'emphase (c'est <u>fan</u>tastique!) ou c) la différenciation (des échanges <u>lin</u>guistiques, <u>cul</u>turelles...).

accent tonique accent qui tombe toujours sur la dernière syllabe du mot ou du mot phonétique en français. Ex: possibili<u>té</u>; venez avec <u>nous</u>.

accentuation dans la langue parlée, procédé par lequel on fait ressortir certaines syllabes du mot ou de la phrase. En anglais les syllabes accentuées sont prononcées plus fortement que les autres syllabes. En français on accentue une syllabe en la prononçant plus longue que les autres syllabes.

alphabet phonétique international (API) système de symboles qui correspondent aux sons de la langue parlée.

alvéolaire adjectif employé pour décrire un son articulé avec la pointe de la langue au niveau des alvéoles. Les consonnes [s] et [z] sont alvéolaires en français.

alvéoles partie de la mâchoire supérieure située entre les dents supérieures et le palais dur; voir Figure 1.1.

antériorité se réfère au lieu d'articulation d'un son dans la bouche; plus le point d'articulation est proche des lèvres (et éloigné de la luette), plus le son est antérieur. Ex: La voyelle [y], articulée entre la partie antérieure de la langue et le palais dur, est plus antérieure que la voyelle [u], articulée entre la partie postérieure de la langue et le palais mou.

aperture (de la bouche) largeur de la cavité formée par les organes articulatoires des mâchoires inférieure et supérieure. L'aperture est un des trois paramètres qui définissent l'articulation des voyelles.

apical adjectif employé pour décrire un son articulé avec la pointe de la langue. Ex: Les consonnes [t] et [d] sont apicales.

arrondissement (des lèvres) position des lèvres, qui forment un cercle pour articuler certains sons, dits arrondis. Ex: Les voyelles [y] et [o] sont arrondies.

articulation (d'un son) description de la position des organes de la parole dans la formation d'un son. Ex: Dans l'articulation de la voyelle [i], les lèvres sont écartées, la langue est dans une position antérieure, la bouche est très fermée et l'air passe uniquement par la bouche.

aspiration petite explosion d'air qui suit, en anglais, une occlusive sourde ([p], [t], [k]). Ex: le *p* en anglais dans «party».

assimilation de sonorité le fait qu'une consonne sourde devienne sonore sous l'influence d'un son (voyelle ou consonne) sonore voisin, ou qu'une consonne sonore devienne sourde sous l'influence d'une consonne sourde voisine. Ex: se*c*onde [sə gɔ̃d]; a*b*sent [ap sɑ̃].

bilabiale adjectif décrivant un son articulé par les deux lèvres. Les consonnes [p] et [b] sont bilabiales.

cavité buccale intérieur de la bouche; cavité située entre le gosier et les dents, où passe l'air dans l'articulation des sons.

cavité nasale passage entre le gosier et les narines, où passe une partie de l'air dans l'articulation des sons nasals.

consonantique qui concerne des consonnes. Ex: enchaînement consonantique = enchaînement d'une consonne à la voyelle initiale de la syllabe suivante (pour elle [pu rɛl].

consonne son dans l'articulation duquel l'air venant des poumons rencontre un obstacle — soit complet, soit partiel — dans son passage vers l'extérieur. Ex: [p]; [f].

consonne géminée consonne articulée deux fois de suite dans un énoncé. Ex: La consonne [l] est géminée dans «Il l'a vu» [il la vy].

consonne nasale consonne dans la production de laquelle l'air s'échappe par la bouche et par le nez. Les quatre consonnes nasales en français sont [n], [m], [ɲ] et [ŋ].

consonne non-voisée Voir consonne sourde.

consonne rétroflexe consonne dans la production de laquelle la pointe de la langue recule vers le palais dur. La consonne [r] est rétroflexe en anglais.

consonne sonore (ou consonne voisée) consonne dans la production de laquelle les cordes vocales vibrent. Ex: [b]; [z].

consonne sourde (ou consonne non-voisée) consonne dans la production de laquelle les cordes vocales ne vibrent pas. Ex: [p]; [s].

consonne voisée Voir consonne sonore.

constrictive Voir fricative.

cordes vocales deux membranes situées dans le pharynx et que l'air fait vibrer pour former les sons sonores (voisés) comme [b], ou bien qui s'ouvrent pour laisser passer l'air sans vibrer, formant alors les sons sourds (non-voisés) comme [p]; voir Figure 1.1.

débit manière d'énoncer, de réciter («delivery», en anglais).

dénasalisation (d'une voyelle nasale) procédé par lequel une voyelle nasale perd sa nasalité lorsque la consonne nasale suivante ([n] ou [m]) se prononce en liaison. Ex: bon anniversaire [bɔ na ni vɛr sɛr].

dental adjectif employé pour décrire un son articulé contre les dents. Les consonnes [t], [d], [n] et [l] sont dentales en français.

désonorisation (d'une consonne) procédé par lequel une consonne sonore devient sourde en contact avec un son sourd. Ex: observer [ɔp sɛr ve].

détente finale rouverture de la bouche à la fin d'une consonne en français (surtout les occlusives) et donc rupture de tout contact entre les organes articulatoires. (Comparez à l'anglais, où ce contact est souvent maintenu: français «coupe», anglais «coop»).

diphtongue augmentation d'une voyelle par une semi-voyelle dans la même syllabe. Ex: dans le mot anglais «bay» [beʲ].

distribution (de sons) emploi d'un son selon l'environnement phonétique. Ex: On n'entend la voyelle ouverte [ɔ] en position tonique que dans les syllabes fermées.

dorsal adjectif employé pour décrire un son articulé avec le dos de la langue. Les consonnes [ɲ], [ʃ], [ʒ], [k], [g], [ŋ] et [r] sont dorsales.

e muet (caduc, instable) la voyelle [ə], voyelle antérieure, arrondie et orale, qui varie entre les positions fermée et ouverte et dont l'articulation est proche de celle de [ø] et de [œ], mais qui peut s'amuïr dans la langue parlée. Ex: mon petit [mɔ̃ pə ti] / mon p̸etit [mɔ̃ pti].

écartement (des lèvres) position des lèvres où les coins de la bouche s'étirent vers les joues, pour former les sons qu'on appelle écartés. Ex: Les voyelles [i] et [e] sont écartées.

élision à l'écrit aussi bien qu'à l'oral, perte de la voyelle finale d'un mot devant un mot commençant par un son vocalique. Ex: l'étudiant; l'île; l'homme; s'ils; qu'on.

enchaînement absence de pause, en français, entre syllabes à l'intérieur du mot ou du mot phonétique; chaque syllabe est donc étroitement liée à celle qui la suit. Ainsi les consonnes se prononcent-elles souvent avec la voyelle qui les suit (enchaînement consonantique) et n'y a-t-il pas de rupture entre voyelles (enchaînement vocalique). Ex: Il est resté avec elle [i lɛ rɛ ste a vɛ kɛl]; Il a été à Haïti [i la e te a a i ti].

énoncé ensemble de sons qui forme un message oral.

environnement phonétique position d'un son dans l'énoncé. Un son peut se trouver, par exemple, à l'initiale ou à la fin de l'énoncé, à l'intérieur de l'énoncé entre deux voyelles ou adjacent à des consonnes dans une syllabe tonique.

explosive Voir occlusive.

fricative (ou constrictive) consonne dans la production de laquelle l'air venant des poumons rencontre une constriction buccale, ce qui produit une friction. Les fricatives sont [f], [v], [s], [z], [ʃ], [ʒ] et [r].

groupe consonantique suite de deux ou trois consonnes qu'on peut trouver normalement au début du mot isolé et qui, dans un groupe rythmique, se prononcent dans la même syllabe. Ex: [pl]; [br]; [skr].

groupe grammatical groupe de mots qui forme une unité grammaticale. Ex: groupe nominal (dont le noyau est un nom), «le petit oiseau bleu»; groupe verbal (dont le noyau est un verbe), «a chanté joyeusement et longuement».

groupe rythmique (ou mot phonétique) division rythmique de la phrase française supérieure à la syllabe; chaque groupe porte un accent tonique, est divisé en syllabes (pas en mots) et correspond à un groupe grammatical (c'est-à-dire, nominal ou verbal). Ex: La phrase suivante est divisée en cinq groupes rythmiques: Patrick et sa femme Annick │ habitent à Lille │ mais ils passent le mois de février │ chez sa mère │ qui est parisienne.

h aspiré lettre *h* initiale et muette, qui, dans certains mots français (la plupart d'origine germanique), empêche la liaison et l'élision. Ex: les hiboux [le i bu]; le hibou [lə i bu].

harmonisation vocalique phénomène par lequel la prononciation d'une voyelle moyenne ([e] ou [ɛ], [ø] ou [œ], [o] ou [ɔ]) dans une syllabe prétonique est influencée par l'aperture de la voyelle dans la syllabe tonique. Quand celle-ci est fermée, la voyelle prétonique tend à se fermer aussi, et quand la voyelle tonique est ouverte, on prononce le plus souvent la variante ouverte dans la syllabe prétonique. Ex: aimer [e me]; aimant [ɛ mɑ̃].

hauteur (d'un son) place du son dans la gamme musicale. Un son «plus haut» correspond à une note (un ton) plus haute dans la gamme. Dans l'intonation, par exemple, les syllabes correspondent à une suite de hauteurs ascendantes ou descendantes.

intonation trait prosodique d'une langue qui marque les différences de hauteur du ton dans les phrases. Il existe en français des courbes intonatives montantes et des courbes descendantes. Ex:

Vas-tu à l'école? Il revient au bureau.

joncture manière dont les sons d'une langue parlée se relient pour former des mots et des phrases. En français, l'enchaînement et la liaison sont les principaux moyens employés pour relier les sons dans un énoncé d'une certaine longueur.

labial adjectif employé pour décrire un son dont l'articulation met en jeu les lèvres. Les consonnes [p], [b], [m], [f] et [v] sont labiales.

labio-dental adjectif employé pour décrire un son articulé avec la lèvre inférieure contre les dents supérieures. Les consonnes [f] et [v] sont labio-dentales.

langue standard forme normalisée d'une langue, qu'on décrit généralement dans les livres de grammaire. Le français standard est le français de la région parisienne, des classes cultivées et de la conversation soignée, ce qu'on appelle «le bon usage».

latérale La consonne [l] en français est dite «latérale» parce que pour la prononcer, on laisse l'air s'échapper des deux côtés de la langue, tandis que pour les autres consonnes, l'air passe par un canal médian.

liaison forme de joncture qui relie les mots en faisant apparaître, devant une voyelle, une consonne normalement muette. Ex: les_acteurs [le zak tœr]. Certaines liaisons sont obligatoires, d'autres sont facultatives et d'autres interdites.

liquide Les consonnes [l] et [r] sont appelées «liquides» à cause de leur capacité de se joindre à d'autres consonnes pour former des groupes consonantiques. Ex: [bl]; [pr].

locuteur celui qui parle (comparez: auditeur = celui qui écoute).

loi des trois consonnes règle linguistique qui explique le maintien ou la chute du *e muet* dans un mot ou mot phonétique: si la voyelle [ə] est précédée de deux consonnes prononcées, il faut la maintenir, évitant ainsi la combinaison de trois consonnes.

luette (ou uvule) partie extrême du palais mou qui pend à l'entrée du gosier et qui sert à fermer l'entrée de la cavité nasale dans la production des sons oraux; voir Figure 1.1.

mot dérivé mot (appartenant souvent à une catégorie grammaticale différente de celle du mot original) qui a son origine dans un autre mot. Ex: Le mot «héroïque» est dérivé de «héros».

mot phonétique Voir groupe rythmique.

nasalité Un son est nasal si l'air venant des poumons s'échappe aussi bien par la cavité nasale que par la cavité buccale. (Les sons nasals s'opposent aux sons oraux.) Les sons nasals sont [ɛ̃], [œ̃], [ɑ̃], [ɔ̃], [n], [m], [ɲ], et [ŋ].

niveau de langue les différents registres d'une langue dont l'emploi est déterminé par des facteurs sociaux et culturels. Ex: la langue populaire; la langue familière; la langue argotique; la langue standard; la langue littéraire.

non-voisé Voir consonne sourde, cordes vocales.

occlusive (ou explosive) consonne dans la production de laquelle le passage de l'air se ferme complètement pendant un moment et puis se rouvre pour permettre de finir la consonne. Les consonnes occlusives sont [p], [t], [k], [b], [d] et [g].

oral Un son est oral si l'air venant des poumons sort uniquement par la bouche. (Les sons oraux s'opposent aux sons nasals.) Ex: Les sons [i], [o], [p] et [b] sont oraux.

organe articulatoire (ou organe de la parole) organe employé dans l'articulation des sons de la langue; voir Figure 1.1. Ex: les cordes vocales; la langue; les lèvres.

orthographe représentation d'un son par des lettres de la langue écrite.

palais organe articulatoire situé dans la bouche sur la mâchoire supérieure et formant une voûte.

palais dur partie du palais située entre les alvéoles et le palais mou; voir Figure 1.1.

palais mou (ou vélum) partie du palais située entre le palais dur et la luette; voir Figure 1.1.

palatal adjectif employé pour décrire un son articulé par contact avec le palais dur. Les consonnes palatales en français sont [ɲ], [ʃ] et [ʒ].

pharynx passage situé entre la cavité orale et le larynx, où passe l'air dans la production des sons.

postériorité se réfère au lieu d'articulation d'un son. Plus le point d'articulation est proche de la luette (et éloigné des lèvres), plus le son est postérieur. Ex: [k], articulé avec le dos de la langue contre le palais dur, est plus postérieur que [p], articulé avec les deux lèvres.

prosodie éléments de la langue parlée qui sont au-delà du niveau des sons. Les traits prosodiques sont la joncture (dont l'enchaînement et la liaison sont les manifestations principales), le rythme, l'accentuation et l'intonation.

rythme trait prosodique qui décrit la distribution des accents des syllabes d'un énoncé. Le rythme tient compte de la durée et de l'intensité du ton de chaque syllabe. Le français a un *rythme syllabique,* c'est-à-dire, un rythme mesuré, ayant une force égale sur toutes les syllabes excepté la dernière du groupe rythmique, qui est plus longue. L'anglais, par contre, a un *rythme accentuel,* déterminé par les accents à l'intérieur de la phrase, et donc marqué par une force inégale sur les syllabes.

sémantique adjectif qui se réfère à la signification. Par exemple, la division sémantique est la division d'un énoncé en mots, ceux-ci ayant tous une signification.

semi-consonne Voir semi-voyelle.

semi-voyelle (ou semi-consonne) son dans l'articulation duquel le passage de l'air venant des poumons est plus fermé que pour les voyelles mais n'est toutefois ni obstrué ni étroitement fermé comme pour les consonnes. Les trois semi-voyelles [j], [ɥ] et [w] correspondent aux voyelles [i], [y] et [u].

série vocalique série de voyelles orales d'apertures différentes mais identiques quant aux autres paramètres de l'articulation (antériorité dans la bouche et position des lèvres). Les trois séries vocaliques sont [i]-[e]-[ɛ]-[a], [y]-[ø]-[œ], [u]-[o]-[ɔ].

sonores Voir consonnes sonores.

sonorisation (d'une consonne) procédé par lequel une consonne sourde devient sonore en contact avec un son sonore. Ex: seconde [sə g̃ɔd].

sonorité trait qui, dans la description d'une consonne, indique que celle-ci est sourde ou bien sonore. Ex: [p] est sourde; [b] est sonore.

sourdes Voir consonnes sourdes.

syllabation division en syllabes d'un mot ou d'un mot phonétique.

syllabe unité à l'intérieur du mot ou du mot phonétique qui contient une seule voyelle et la consonne (ou groupe consonantique) qui la précède, et qui peut aussi inclure des semi-voyelles et la consonne (ou groupe de consonnes) qui suit la voyelle. Ex: Le mot «intercompréhensibilité» a neuf syllabes: [ɛ̃ tɛr kɔ̃ pre ɑ̃ si bi li te].

syllabe accentuée Voir syllabe tonique.

syllabe fermée syllabe dont le dernier son est une consonne. Ex: Char*les* [ʃarl].

syllabe inaccentuée Voir syllabe prétonique.

syllabe ouverte syllabe dont le dernier son est une voyelle. Ex: m*o*t [mo].

syllabe prétonique (ou syllabe inaccentuée) syllabe qui ne porte pas l'accent tonique; c'est-à-dire, toutes les syllabes du mot ou du mot phonétique excepté la dernière, qui porte l'accent tonique. Ex: Les syllabes soulignées dans le mot suivant sont les syllabes prétoniques: sen-si-bi-li-té.

syllabe tonique (ou syllabe accentuée) syllabe qui porte l'accent tonique; c'est-à-dire, la dernière syllabe du mot ou du mot phonétique. Ex: La syllabe soulignée dans le mot suivant est la syllabe tonique: sen-si-bi-li-té.

syntaxe étude de l'énoncé au niveau du mot et de la phrase (à l'écrit) ou du groupe rythmique (à l'oral).

tension musculaire (pour les sons du français) contraction des muscles et maintien de cette tension pendant toute l'articulation du son.

timbre qualité d'un son qui le distingue d'un autre son. Le son [o] est distingué du son [ɔ] par son timbre.

ton qualité de la voix qui correspond aux notes musicales de la gamme.

transcription (phonétique) représentation des sons par des symboles phonétiques de l'alphabet phonétique international.

tréma symbole diacritique; deux points au-dessus d'une voyelle qui indiquent que cette voyelle se prononce indépendamment de la voyelle voisine. Ex: maïs [ma is].

uvulaire adjectif employé pour décrire un son articulé au niveau de la luette (l'uvule). Dans certains dialectes non-standard du français, la consonne [r] est uvulaire.

uvule Voir luette.

vélaire adjectif employé pour décrire un son articulé au niveau du palais mou (le vélum). Les consonnes vélaires en français sont [k], [g], [ŋ] et [r].

vélum Voir palais mou.

vocalique qui concerne des voyelles. Ex: enchaînement vocalique = enchaînement d'une voyelle à la syllabe suivante (à eux).

voisé Voir consonne sonore, cordes vocales.

voyelle son dans l'articulation duquel l'air venant des poumons sort sans obstacle par la bouche (et aussi par le nez, dans le cas des voyelles nasales). Ex: [i]; [a].

voyelle antérieure voyelle qui est articulée dans la partie antérieure de la bouche; la partie antérieure de la langue se soulève vers le palais dur. Les voyelles antérieures sont [i], [e], [ɛ], [a], [y], [ø], [œ], [ə], [ɛ̃] et [œ̃].

voyelle arrondie voyelle dans la production de laquelle les lèvres sont arrondies. Les voyelles arrondies sont [y], [ø], [œ], [ə], [œ̃], [u], [o], [ɔ], et [ɔ̃].

voyelle d'aperture moyenne (ou voyelle moyenne) voyelle pour laquelle le passage de l'air est moins ouvert que pour les voyelles très ouvertes et moins fermé que pour les voyelles très fermées. Il en existe trois paires (fermée-ouverte): [e]-[ɛ], [ø]-[œ], [o]-[ɔ].

voyelle écartée voyelle dans la production de laquelle les lèvres ne sont pas arrondies. Les voyelles écartées sont [i], [e], [ɛ], [ɛ̃], [a], [ɑ] et [ɑ̃].

voyelle fermée voyelle dans la production de laquelle le passage de l'air est plus fermé que pour les voyelles ouvertes mais moins fermé que pour les voyelles très fermées. Les voyelles fermées sont [e], [ø], [o] et [ɔ̃].

voyelle intermédiaire son vocalique caractérisé par un degré d'aperture de la bouche plus petit que pour les voyelles ouvertes mais plus grand que pour les voyelles fermées. Les trois voyelles intermédiaires sont [E] (entre [e] et [ɛ]), [Œ] (entre [ø] et [œ]) et [O] (entre [o] et [ɔ]).

voyelle moyenne   Voir voyelle d'aperture moyenne.

voyelle nasale   voyelle dans la production de laquelle l'air sort aussi bien par le nez que par la bouche. Les quatre voyelles nasales sont [ɛ̃], [œ̃], [ɑ̃] et [ɔ̃].

voyelle neutre   expression employée pour désigner une voyelle «centrale» en anglais, une voyelle dont l'articulation est proche de celle du *e muet*.

voyelle orale   voyelle dans la production de laquelle l'air s'échappe uniquement par la bouche. Ex: [a], [o].

voyelle ouverte   voyelle dans la production de laquelle le passage de l'air est plus ouvert que pour les voyelles fermées mais moins ouvert que pour les voyelles très ouvertes. Les voyelles ouvertes sont [ɛ], [ɛ̃], [œ], [œ̃] et [ɔ].

voyelle postérieure   voyelle articulée dans la partie postérieure de la bouche; le dos de la langue se soulève vers le palais mou. Les voyelles postérieures sont [u], [o], [ɔ], [ɔ̃], [ɑ] et [ɑ̃].

voyelle prétonique   voyelle qui ne porte pas l'accent tonique; c'est-à-dire, toutes les voyelles à l'exception de celle qui se trouve dans la dernière syllabe du mot ou du mot phonétique.

voyelle tonique   voyelle qui porte l'accent tonique; c'est-à-dire, la voyelle de la dernière syllabe du mot ou du mot phonétique.

voyelle très fermée   voyelle dans la production de laquelle le passage de l'air est plus fermé que pour les voyelles fermées. Les voyelles très fermées sont [i], [y] et [u].

voyelle très ouverte   voyelle dans la production de laquelle le passage de l'air est plus ouvert que pour voyelles ouvertes. Les voyelles très ouvertes sont [a], [ɑ] et [ɑ̃].

yod   la semi-voyelle [j].

Bibliographie

Avant-Propos

La langue standard

Duménil, Annie. Mid Vowels and Mute e: a Discussion of Phonological Variations in French. *Polylingua 1.1* (1990): 45–57. (Voir pp. 45–46)

Léon, Pierre R. Standardisation vs. diversification dans la prononciation du
français contemporain. *Current issues in the phonetic sciences,* édité par H.
et P. Hollien. Amsterdam: Benjamins, 1979: 541–549.

Valdman, Albert. *Introduction to French Phonology and Morphology.* Rowley,
MA: Newbury House, 1976. (Voir pp. 114–125)

Chapitre 1

Les symboles phonétiques

International Phonetic Association. *The principles of the International Phonetic
Association.* London: University College, 1975.

La syllabation

Delattre, Pierre. Les attributs physiques de la parole et de l'esthétique du
français. *Revue de l'esthétique* 13/3–4 (1965): 246–251.

Chapitre 2

La joncture

Léon, Pierre. *Phonétisme et prononciations du français.* Paris: Nathan, 1992.
(Voir pp. 151–160)

Léon, Pierre, Parth Bhatt et Renée Baligand. *Structure du français moderne.*
Toronto: Canadian Scholar's Press, 1992. (Voir pp. 67–73)

Ozzello, Yvonne Rochette. Le Coup de glotte et comment s'en débarrasser.
French Review 5 (avril 1989): 831–842.

La syllabation

Kayne, Jonathan D., et Jean Lowenstamm. De la syllabicité. *Forme sonore du
langage,* édité par François Dell, D. Hirst et J.-R. Vergnaud. Paris: Hermann,
1984: 135–139 et 144–148.

L'accentuation

Dell, François. L'accentuation dans les phrases en français. *Forme sonore du langage,* édité par François Dell, D. Hirst et J.-R. Vergnaud. Paris: Hermann, 1984: 65–122.

Fónagy, Ivan. L'accent français: Accent probabilitaire. *L'accent en français contemporain,* édité par Ivan Fónagy et Pierre Léon. Ottawa: Didier, 1979: 123–133.

Fónagy, Ivan & Pierre Léon (éditeurs). *L'accent en français contemporain/Studia Phonetica 15.* Ottawa: Didier, 1979.

Grundstrom, Allan W. *L'Analyse du français.* New York: UPA, 1983. (Voir pp. 67–79)

Léon, Pierre. *Phonétisme et prononciations du français.* Paris: Nathan, 1992. (Voir pp. 95–118)

Léon, Pierre, Parth Bhatt et Renée Baligand. *Structure du français moderne.* Toronto: Canadian Scholar's Press, 1992. (Voir pp. 57–63)

Lucci, Vincent. L'accent didactique. *L'accent en français contemporain,* édité par Ivan Fónagy et Pierre Léon. Ottawa: Didier, 1979: 107–121.

Malécot, André. *Introduction à la phonétique française.* The Hague: Mouton, 1977. (Voir pp. 26–28)

Rossi, Mario. Le Français, langue sans accent? *L'accent en français contemporain,* édité par Ivan Fónagy et Pierre Léon. Ottawa: Didier, 1979: 13–51.

L'intonation

Delattre, Pierre. *Comparing the Phonetic Features of English, French, German and Spanish.* Heidelberg: Groos, 1965.

Fónagy, Ivan & Eva Bérard. Questions simples et implicatives en français parisien. *Studia phonetica 8* (1973): 53–97.

Léon, Pierre. *Phonétisme et prononciations du français.* Paris: Nathan, 1992. (Voir pp. 119–139)

Léon, Pierre, Parth Bhatt et Renée Baligand. *Structure du français moderne.* Toronto: Canadian Scholar's Press, 1992. (Voir pp. 57–63)

La liaison

Ashby, William. French Liaison as a Sociolinguistic Phenomenon. *Linguistic Symposium on Romance Languages 9,* édité par William W. Cressey et Donna Jo Napoli. Washington, D.C.: Georgetown University Press, 1981: 46–57.

Delattre, Pierre. La liaison en français, tendances et classification. *Studies in French and Comparative Phonetics.* The Hague: Mouton, 1966: 39–48.

—. La Fréquence des liaisons facultatives en français. *Studies in French and Comparative Phonetics.* The Hague: Mouton, 1966: 49–54.

—. Les Facteurs de la liaison facultative en français. *Studies in French and Comparative Phonetics.* The Hague: Mouton, 1966: 55–62.

Faure, G. et A. Di Cristo. *Le Français par le dialogue.* Paris: Hachette (Collection Outils), 1977.

Grundstrom, Allan W. *L'Analyse du français.* New York: UPA, 1983. (Voir pp. 83–91)

Malécot, André. *Introduction à la phonétique française.* The Hague: Mouton, 1977. (Voir pp. 32–37)

Valdman, Albert. *Introduction to French Phonology and Morphology.* Rowley, MA: Newbury House, 1976. (Voir pp. 97–111)

Chapitre 3

Les voyelles très fermées

Léon, Pierre, Parth Bhatt et Renée Baligand. *Structure du français moderne.* Toronto: Canadian Scholar's Press, 1992. (Voir p. 214)

Faure, G. et A. Di Cristo. *Le Français par le dialogue.* Paris: Hachette (Collection Outils), 1977.

[a], [ɑ]

Bourciez, E. et J. Bourciez. *Phonétique française: Étude historique.* Paris: Klincksieck, 1967. (Voir p. 58)

Léon, Pierre. *Prononciation du français standard: Aide mémoire d'orthoépie.* Paris: Didier, 1966. (Voir pp. 62–66)

—. Standardisation vs. diversification dans la prononciation du français contemporain. *Current issues in the phonetic sciences,* édité par H. et P. Hollien. Amsterdam: Benjamins, 1979: 541–549. (Voir p. 547)

—. *Phonétisme et prononciations du français.* Paris: Nathan, 1992. (Voir pp. 87–89)

Léon, Pierre, Parth Bhatt et Renée Baligand. *Structure du français moderne.* Toronto: Canadian Scholar's Press, 1992. (Voir pp. 46–47)

Lewitt, Jesse. The French Vowel Phonemes: Some Conflicting Interpretations. *Linguistics 58* (1970): 38–51. (Voir p. 49)

Martinet, André. *La Prononciation du français contemporain.* Genève: Droz, 1971. (Voir pp. 71–78)

Les voyelles d'aperture moyenne: [e]-[ɛ], [ø]-[œ], [o]-[ɔ]

Casagrande, Jean. La syllabe dans l'optique de la loi de position, ou procès et sentence de douteuses notions. *General Linguistics 23* (1983): 246–264.

Dauses, August. *Études sur l'e instable dans le français familier.* Tübingen: Max Niemeyer Verlag, 1973. (Voir pp. 37–38)

Deyhime, Guiti. Enquête sur la phonologie du français contemporain. *La Linguistique 2* (1967): 57–84.

Duménil, Annie. Mid Vowels and Mute e: a Discussion of Phonological Variations in French. *Polylingua 1.1* (1990): 45–57. (Voir pp. 46–49)

Faure, G. et A. Di Cristo. *Le Français par le dialogue.* Paris: Hachette (Collection Outils), 1977.

Houdebine, Anne-Marie. L'opposition d'aperture [e]-[ɛ] en français contemporain. Étude d'un français régional (Poitou). *La Linguistique 15.1* (1979): 111–125.

Léon, Pierre. *Phonétisme et prononciations du français.* Paris: Nathan, 1992. (Voir pp. 85–89)

—. *Prononciation du français standard: Aide-mémoire d'orthoépie.* Paris: Didier, 1966. (Voir p. 62)

Léon, Pierre et Monique Léon. *Introduction à la phonétique corrective.* Paris: Hachette et Larousse, 1964. (Voir p. 62)

Léon, Pierre, Parth Bhatt et Renée Baligand. *Structure du français moderne.* Toronto: Canadian Scholar's Press, 1992. (Voir pp. 44–47)

Lewitt, Jesse. The French Vowel Phonemes: Some Conflicting Interpretations. *Linguistics 58* (1970): 38–51. (Voir pp. 46–48, 51)

Martinet, André. *La Prononciation du français contemporain.* Genève: Droz, 1971. (Voir pp. 83–93, 113–142)

Valdman, Albert. The 'loi de position' and the Direction of Phonological Change in the French Mid-vowel System. *Contemporary Studies in Romance Linguistics,* édité par Margarita Suñer. Washington, D.C.: Georgetown University Press, 1978.

—. The 'Loi de Position' as a Pedagogical Norm. *Papers in Linguistics and Phonetics to the Memory of Pierre Delattre,* édité par Albert Valdman. The Hague: Mouton, 1972: 473–485.

Chapitre 4

Les voyelles nasales

Deyhime, Guiti. Enquête sur la phonologie du français contemporain. *La Linguistique 2* (1967): 57–84. (Voir p. 80)

Faure, G. et A. Di Cristo. *Le Français par le dialogue.* Paris: Hachette (Collection Outils), 1977.

Fónagy, Ivan. Le français change de visage? *Revue Romane 24.2* (1989): 225–254.

Grundstrom, Allan W. *L'Analyse du français.* New York: UPA, 1983. (Voir pp. 23–25)

Léon, Pierre. *Phonétisme et prononciations du français.* Paris: Nathan, 1992. (Voir p. 88)

—. Standardisation vs. diversification dans la prononciation du français contemporain. *Current issues in the phonetic sciences,* édité par H. et P. Hollien. Amsterdam: Benjamins, 1979: 541–549. (Voir p. 548)

Léon, Pierre, Parth Bhatt et Renée Baligand. *Structure du français moderne.* Toronto: Canadian Scholar's Press, 1992. (Voir p. 214)

Tenaille, Marie. *Comptines d'hier et d'aujourd'hui.* Paris: Éditions Fleurus, 1974.

Tranel, Bernard. *The Sounds of French.* Cambridge: Cambridge University Press, 1987. (Voir pp. 66–85)

Chapitre 5

Le e muet

Anderson, Stephen. The analysis of French schwas. *Language 58* (1982): 534–573.

Dauses, August. *Études sur l'e instable dans le français familier.* Tübingen: Max Niemeyer Verlag, 1973.

Delattre, Pierre. Le jeu de l'e instable initial en français. *Studies in French and Comparative Phonetics.* The Hague: Mouton, 1966: 17–27.

—. Le jeu de l'e instable de monosyllabe initiale en français. *Studies in French and Comparative Phonetics.* The Hague: Mouton, 1966: 28–35.

Dell, François. Épenthèse et effacement de schwa dans les syllabes contiguës en français. *Études de phonologie française,* édité par Benoit de Cornulier et François Dell. Paris: CNRS. 1978: 75–81.

—. *Les règles et les sons.* 2/e. Paris: Hermann, 1985. (Voir p. 227)

Duménil, Annie. Mid Vowels and Mute e: a Discussion of Phonological Variations in French. *Polylingua 1.1* (1990): 45–57. (Voir pp. 50–53)

Fónagy, Ivan. Le français change de visage? *Revue Romane 24.2* (1989): 225–254. (Voir pp. 238–244)

Fouché, Pierre. *Prononciation française.* Paris: Klincksieck, 1956.

Grammont, Maurice. La loi des trois Consonnes. *Mémoire de la Société de Linguistique de Paris 8* (1894): 53–90.

Grundstrom, Allan W. *L'Analyse du français.* New York: UPA, 1983. (Voir pp. 95–103)

Léon, Pierre. Apparition, maintien et chute du E caduc. *La Linguistique 2* (1966): 111–122.

—. *Phonétisme et prononciations du français.* Paris: Nathan, 1992. (Voir pp. 141–144)

—. *Prononciation du français standard: Aide-mémoire d'orthoépie.* Paris: Didier, 1966. (Voir pp. 66–73)

Malécot, André. *Introduction à la phonétique française.* The Hague: Mouton, 1977. (Voir pp. 28–32)

Martinet, André. *La Prononciation du français contemporain.* Genève: Droz, 1971. (Voir pp. 39–63)

Valdman, Albert. *Introduction to French Phonology and Morphology.* Rowley, MA: Newbury House, 1976. (Voir pp. 114–125)

Chapitre 6

Les semi-voyelles

Faure, G. et A. Di Cristo. *Le Français par le dialogue.* Paris: Hachette (Collection Outils), 1977.

Grundstrom, Allan W. *L'Analyse du français.* New York: UPA, 1983. (Voir pp. 50–54)

Kayne, Jonathan D., et Jean Lowenstamm. De la syllabicité. *Forme sonore du langage,* édité par François Dell, D. Hirst et J.-R. Vergnaud. Paris: Hermann, 1984: 135–139 et 144–148.

Lewitt, Jesse. The French Vowel Phonemes: Some Conflicting Interpretations. *Linguistics 58* (1970): 38–51. (Voir p. 44)

Lombard, A. *Le rôle des semi-voyelles et leur concurrence avec les voyelles correspondantes dans la prononciation parisienne.* Paris: Lund, 1964.

Chapitre 7

Les consonnes

Léon, Pierre. *Prononciation du français standard: Aide-mémoire d'orthoépie.* Paris: Didier, 1966. (Voir pp. 74–117)

Malécot, André. *Introduction à la phonétique française.* The Hague: Mouton, 1977. (Voir pp. 9–16)

Tenaille, Marie. *Comptines d'hier et d'aujourd'hui.* Paris: Éditions Fleurus, 1974.

Appendice C

D'Antin van Rooten, Luis. *Mots d'Heures: Gousses, Rames.* New York: Penguin Books, 1980. (Voir sections 1, 2, 6, 10, 15, 16, 34)

FR 3010 Savoir Dire: index aux auteurs cités

Appolinaire, Guillaume	1880-1918
Baudelaire, Charles	1821-1867
La Bruyère, Jean de	1645-1696
Camus, Albert	1913-1960
Chamfort, Nicolas de	1741-1794
Duras, Marguerite	1914-1996
Gide, André	1869-1951
Hugo, Victor	1802-1885
La Fontaine, Jean de	1621-1695
Lamartine, Alphonse de	1790-1869
Mallarmé, Stéphane	1842-1898
Maupassant, Guy de	1850-1893
Mauriac, François	1885-1970
Molière, Jean-Baptiste	1622-1673
Musset, Alfred de	1810-1857
de Nerval, Gérard	1808-1855
Prévert, Jacques	1900-1977
Proust, Marcel	1871-1922
Robbe-Grillet, Alain	1922-2008
La Rochefoucauld, François	1613-1680
Rodenbach, Georges	1855-1898
Verlaine, Paul	1844-1896
Vian, Boris	1920-1959

17e siècle

La Bruyère, Jean de	1645-1696
La Fontaine, Jean de	1621-1695
Molière, Jean-Baptiste	1622-1673
La Rochefoucauld, François	1613-1680

18e siècle

Chamfort, Nicolas de	1741-1794

19e siècle

Baudelaire, Charles	1821-1867
Hugo, Victor	1802-1885
Lamartine, Alphonse de	1790-1869
Mallarmé, Stéphane	1842-1898
Maupassant, Guy de	1850-1893
Musset, Alfred de	1810-1857
de Nerval, Gérard	1808-1855
Rodenbach, Georges	1855-1898
Verlaine, Paul	1844-1896

20e siècle

Appolinaire, Guillaume	1880-1918
Camus, Albert	1913-1960
Duras, Marguerite	1914-1996
Gide, André	1869-1951
Mauriac, François	1885-1970
Prévert, Jacques	1900-1977
Proust, Marcel	1871-1922
Robbe-Grillet, Alain	1922-2008
Vian, Boris	1920-1959

Index

Page numbers followed by the letter "n" refer to footnotes on that page.

Credits

p. xii: Adaptation en alexandrines par Sophie Raynard Leroy (mai 2004) du poème de Julian Bravo, étudiant dans la classe de phonétique de Mme Dansereau (décembre 1995).

pp. 49, 68, 94, 96, 109, 113, 117, 123, 138, 145, 153, 159, 195: Excerpts from Georges Faure and Andre DiCristo, Le Francais Par Le Dialogue, (Paris: Hachette, 1977). Reprinted by permission of the estate of Andre DiCristo.

pp. 139, 140, 145, 150, 213, 221: As seen in Marie Tenaille, Comptines d'Hier À Aujourd'Hui (Paris: Groupe Fleurus, 1974).

p. 139: As appeared on http://comptine.free.fr

p. 259: From Luis Antin Van Rooten, Mots d'Heures: Gousses, Rames (New York: Penguin, 1967).